基金原理与实务

尹海英 袁 帅 主 编
李梓祎 副主编

高职高专经济管理类创新教材

清华大学出版社
北京

内容简介

本书是财富管理、证券投资实务等专业的核心课程教材，是作者根据基金运作流程框架、基金运行实际情况和基金从业要求，结合多年教学积累编写而成的。

本书坚持以培养应用型、技术型人才为目标，精心选择教学内容、整合知识结构，全书共三篇内容，第一篇"投资基金基础"介绍了居民理财及资产管理、投资基金、证券投资基金和另类投资基金的概念及类型，阐述了投资基金作为资产管理的方式对金融市场发展及解决居民理财需求的重要性；第二篇"基金运作管理"介绍了基金运作过程中的基金募集交易与终止、基金份额登记、基金估值与会计核算、基金信息披露四个业务环节；第三篇"基金投资管理"介绍了基金投资管理过程中制定投资政策说明书、资产配置、投资交易管理、风险管理、基金业绩评价五个业务环节。

本书将理论分析与市场实践相结合，提供丰富的案例和数据，注重系统性、实用性和实效性，既可以作为院校专业课程的教材，又可以作为基金从业者的参考资料。

本书提供拓展资料、习题及课件，请读者扫描正文中的二维码和封底二维码获取。

本书封面贴有清华大学出版社防伪标签，无标签者不得销售。

版权所有，侵权必究。举报：010-62782989，beiqinquan@tup.tsinghua.edu.cn。

图书在版编目(CIP)数据

基金原理与实务 / 尹海英，袁帅主编. -- 北京：
清华大学出版社，2025.3. -- (高职高专经济管理类
创新教材). -- ISBN 978-7-302-68221-9
Ⅰ. F830.59
中国国家版本馆 CIP 数据核字第 20256B02P2 号

责任编辑：施　猛　王　欢
封面设计：常雪影
版式设计：方加青
责任校对：马遥遥
责任印制：宋　林

出版发行：清华大学出版社
　　　网　　址：https://www.tup.com.cn, https://www.wqxuetang.com
　　　地　　址：北京清华大学学研大厦 A 座　　　邮　　编：100084
　　　社 总 机：010-83470000　　　　　　　　　邮　　购：010-62786544
　　　投稿与读者服务：010-62776969, c-service@tup.tsinghua.edu.cn
　　　质 量 反 馈：010-62772015, zhiliang@tup.tsinghua.edu.cn
印 装 者：三河市少明印务有限公司
经　　销：全国新华书店
开　　本：185mm×260mm　　　印　　张：19.25　　　字　　数：422 千字
版　　次：2025 年 3 月第 1 版　　印　　次：2025 年 3 月第 1 次印刷
定　　价：59.00 元

产品编号：106881-01

前 言

当前,全球经济金融格局发生了重大调整,在地缘政治关系紧张制约经济增长的背景下,全球经济增速持续下降,总体动力不足,不断累积的外部风险显著增加了全球金融市场的不确定性,区域经济分化趋势显著,各国经济复苏之路坎坷异常。在如此错综复杂的环境中,中国在"一带一路"倡议下拓展与各国经贸合作的增长空间的同时,纵深推进资本市场改革,不断引导基金行业健康、规范发展,以满足居民财富管理需求,为经济发展发挥"供血"功能,推动金融普惠,助力共同富裕。

党的二十大报告指出:"深化金融体制改革,建设现代中央银行制度,加强和完善现代金融监管,强化金融稳定保障体系,依法将各类金融活动全部纳入监管,守住不发生系统性风险底线。健全资本市场功能,提高直接融资比重。加强反垄断和反不正当竞争,破除地方保护和行政性垄断,依法规范和引导资本健康发展。"

如今,经过二十多年发展的公募基金行业已步入高质量发展的新征程,在经济金融的发展中,基金行业需要承担更多责任,发挥更大作用。为了实现理论对实践的指导作用、教育教学对人才培养的引导作用,我们编写了本书。本书根据基金行业发展实践,坚持以培养应用型人才为目标,精心选择内容素材,系统整合结构体系,力求具有创新性、时效性和实务性。

首先,本书通过二维码的形式提供大量的学习参考资料,体现了纸质教材和数字学习资源的融合,凸显立体化新形态教材的优势。本书设置了"知识拓展""拓展训练""思考"等专栏,能够拓宽学生的视野,提高学生深入思考和解决问题的能力。另外,本书提供国家资源库建设中的动态资源链接,有助于学生更加轻松地掌握知识重点,突破学习难点。

其次,本书中的"知识链接""视野拓展""经典案例"等分享了国内外基金行业发展的重要事件、法规变革等实践问题,有助于学生掌握行业发展态势,增强风险管理意识和理性投资意识。

最后,本书每章章末提供以基金从业资格考试历年真题为主的习题,有助于学生深入了解从业资格考试形式和行业需求,为学生考取资格证书打下基础。

本书编写工作由尹海英副教授主持。本书共分三篇十五章,具体分工如下:尹海英编写第五、十、十一、十二、十三、十四、十五章,并负责拟定全书框架及总撰、定稿;袁帅编写第一、二、三、四章;李梓祎编写第六、七、八、九章。

  编者在编写本书过程中,参考了大量相关教材、著作、报刊和论文,在此向相关作者表示感谢。由于水平有限,书中难免有纰漏之处,诚请读者批评指正。反馈邮箱:shim@tup.tsinghua.edu.cn。

编者

2024年8月

目 录

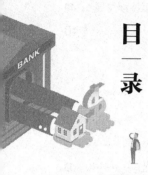

第一篇　投资基金基础

第一章　导论

第一节　居民理财与金融市场 …… 2
　　一、金融与居民理财 …………… 2
　　二、金融市场 …………………… 3
　　三、金融资产 …………………… 12

第二节　资产管理与投资基金 ……… 16
　　一、资产管理 …………………… 16
　　二、投资基金简介 ……………… 22
习题 …………………………………… 24

第二章　证券投资基金概述

第一节　证券投资基金的概念与特点 … 25
　　一、证券投资基金的概念 ……… 25
　　二、证券投资基金的特点 ……… 26

第二节　证券投资基金的参与主体 …… 27
　　一、证券投资基金当事人 ……… 27
　　二、证券投资基金服务机构 …… 28
　　三、证券投资基金监管机构和行业
　　　　自律组织 ……………………… 30
　　四、证券投资基金参与主体的运作
　　　　关系 …………………………… 31

第三节　证券投资基金的法律形式和
　　　　运作方式 ……………………… 32
　　一、证券投资基金的法律形式 … 32
　　二、证券投资基金的运作方式 … 34

第四节　我国证券投资基金的产生与
　　　　发展 …………………………… 37
　　一、我国证券投资基金的产生 … 37
　　二、我国证券投资基金的发展 … 37

第五节　基金业在金融体系中的地位与
　　　　作用 …………………………… 39

一、丰富中小投资者投资渠道……39
二、优化金融结构，促进经济增长……39
三、促进证券市场健康发展……39
四、完善金融体系和社会保障体系……40
五、推动责任投资，实现可持续发展……40
习题……40

第三章 证券投资基金的类型

第一节 证券投资基金分类概述……41
一、证券投资基金分类的意义……41
二、证券投资基金的分类标准……42
第二节 股票基金……45
一、股票基金与股票的区别……45
二、股票基金的类型……46
第三节 债券基金……48
一、债券基金与债券的区别……48
二、债券基金的类型……49
第四节 货币市场基金……50
一、货币市场基金的投资对象……50
二、货币市场基金的特点……51
三、货币市场基金的功能……51
第五节 基金中基金……52
一、基金中基金的概念与特点……52
二、基金中基金的运作规范……53
三、基金中基金的类型……55
第六节 混合基金……56
一、混合基金的概念……56
二、混合基金的类型……56
第七节 ETF与LOF……59
一、ETF……59
二、LOF……62
三、ETF与LOF的区别……63
第八节 QDII基金与QFII基金……64
一、QDII基金……64
二、QFII基金……67
习题……70

第四章 另类投资基金

第一节 另类投资基金概述……71
一、另类投资基金的概念……71
二、另类投资基金的优势与局限……71
第二节 私募股权投资基金……72
一、私募股权投资基金的概念与特点……72
二、私募股权投资的类型……74
三、私募股权投资基金的组织形式……76
四、私募股权投资的退出机制和J曲线……78
第三节 不动产投资基金……80
一、不动产投资概述……80
二、不动产投资基金的概念和典型架构……83
三、不动产投资基金的类型……84
第四节 大宗商品投资基金……86
一、大宗商品和大宗商品基金概述……86
二、大宗商品基金投资对象……87
三、大宗商品投资基金的类型……88
习题……89

第二篇　基金运作管理

第五章　基金运作流程与运作机构

第一节　基金运作流程 ………… 92
　一、产品设计 ………… 92
　二、募集与销售 ………… 92
　三、投资管理 ………… 93
　四、收益分配 ………… 93
　五、清算退出 ………… 94
第二节　基金管理公司 ………… 94
　一、行业进入资格 ………… 94
　二、职责 ………… 94
　三、机构设置 ………… 95
第三节　基金销售机构 ………… 100
　一、基金销售机构的主要类型 ………… 100
　二、基金销售机构的现状及发展趋势 ‥ 101
　三、基金销售机构的准入条件 ………… 102
　四、基金销售机构的职责规范 ………… 104
第四节　基金托管人 ………… 106
　一、基金托管人的市场准入 ………… 106
　二、基金托管人的机构设置 ………… 106
　三、基金托管人的职责 ………… 106
　四、基金托管业务流程 ………… 107
习题 ………… 108

第六章　基金募集、交易与终止

第一节　基金募集程序 ………… 109
　一、基金募集申请 ………… 109
　二、基金募集注册 ………… 109
　三、基金份额发售 ………… 110
　四、基金合同生效 ………… 110
第二节　基金认购 ………… 111
　一、开放式基金的认购 ………… 112
　二、封闭式基金的认购 ………… 113
　三、ETF和LOF份额的认购 ………… 114
　四、QDII基金份额的认购 ………… 115
第三节　基金交易、申购和赎回 ……… 115
　一、封闭式基金的上市与交易 ………… 115
　二、开放式基金的申购和赎回 ………… 117
　三、ETF的上市交易与申购和赎回 ‥ 122
　四、LOF的上市交易与申购和赎回 ‥ 127
　五、QDII基金的申购和赎回 ………… 129
第四节　基金终止与清算 ………… 130
　一、基金终止 ………… 130
　二、基金清算 ………… 130
习题 ………… 131

第七章 基金份额登记与营销

第一节 基金份额登记 ……………132
 一、基金份额登记的概念 ………… 132
 二、我国基金份额登记机构及其职责 … 132
 三、基金份额登记流程 …………… 133

第二节 基金营销 …………………133
 一、基金营销的概念和特征 ……… 133
 二、基金客户和目标客户的选择 …… 134
 三、基金营销的内容和渠道 ……… 135
 四、基金营销的方式和策略 ……… 136

习题 ………………………………138

第八章 基金估值、费用、收益分配与会计核算

第一节 基金估值概述 ……………139
 一、基金估值的概念 ……………… 139
 二、基金估值的意义 ……………… 140
 三、基金估值的法律依据 ………… 140
 四、基金估值应注意的问题 ……… 140
 五、基金估值的原则与方法 ……… 141
 六、基金估值的责任人 …………… 143
 七、基金估值的程序 ……………… 144
 八、暂停基金估值的情形 ………… 145
 九、计价错误的处理与责任担当 …… 145

第二节 基金费用 …………………146
 一、基金费用的种类 ……………… 146
 二、各种费用的计提方式和计提标准 … 147
 三、不列入基金费用的项目 ……… 148

第三节 基金利润与税收 …………149
 一、基金利润概述 ………………… 149
 二、基金利润分配 ………………… 150
 三、基金份额分拆与合并 ………… 151
 四、基金税收 ……………………… 152

第四节 基金会计核算 ……………154
 一、基金会计核算的概念 ………… 154
 二、基金会计核算的特点 ………… 154
 三、基金会计核算的主要内容 …… 155

第五节 基金财务会计报告分析 …156
 一、基金财务会计报告分析的主要内容 …………………………… 156
 二、基金财务会计报告分析的目的 … 158

习题 ………………………………158

第九章 基金信息披露

第一节 基金信息披露概述 ………159
 一、基金信息披露的概念与目的 …… 159
 二、基金信息披露的作用 ………… 159
 三、基金信息披露的要求和原则 …… 160
 四、基金信息披露的内容 ………… 161
 五、基金信息披露的禁止行为 …… 162
 六、我国基金信息披露制度体系 …… 163

第二节 基金主要当事人的信息披露义务 ……………………………165
 一、基金管理人的信息披露义务 …… 165

二、基金托管人的信息披露义务……166
　　三、基金份额持有人的信息披露义务……167
第三节　基金募集信息披露……167
　　一、基金合同……168
　　二、基金招募说明书……169
　　三、基金托管协议……171
第四节　基金运作信息披露……172
　　一、基金净值公告……172
　　二、基金季度报告……172
　　三、基金半年度报告……172
　　四、基金年度报告……173
　　五、基金上市交易公告书……176
第五节　特殊基金品种的信息披露……176
　　一、QDII基金的信息披露……176
　　二、ETF的信息披露……178
习题……178

第三篇　基金投资管理

第十章　投资管理流程与投资管理架构

第一节　投资管理流程……180
　　一、投资组合管理的基本流程……180
　　二、投资组合管理的基本步骤……181
第二节　基金公司投资管理架构……182
　　一、投资管理部门设置……182
　　二、投资管理交易流程……184
习题……185

第十一章　投资者分析

第一节　投资者的类型和特征……186
　　一、个人投资者与机构投资者……186
　　二、普通投资者与专业投资者……189
第二节　投资者需求和投资政策
　　　　说明书……190
　　一、投资者需求……190
　　二、投资政策说明书……195
习题……196

第十二章　投资组合管理

第一节　投资管理的理论框架……197
　　一、投资理论体系……197
　　二、现代投资管理理论发展概述……197
第二节　现代投资组合理论……199
　　一、现代投资组合理论概述……199
　　二、均值—方差分析……200

三、收益—方差界面 ················ 204
　　四、最小方差前沿与有效前沿 ········ 206
　　五、效用、无差异曲线和最优组合 ···· 209
第三节　资本市场理论 ················ 211
　　一、资本市场理论的假设及主要观点 ·· 211
　　二、资本配置线 ···················· 212
　　三、资本市场线和市场投资组合 ······ 215
　　四、β系数——投资风险的衡量指标 ·· 216
　　五、证券市场的风险结构 ············ 217
　　六、资本资产定价模型 ·············· 218
第四节　有效市场理论 ················ 222
　　一、市场有效性 ···················· 222
　　二、投资策略的选择 ················ 224
第五节　行为金融理论 ················ 228
　　一、行为金融理论对有效市场理论的
　　　　挑战 ·························· 228
　　二、行为金融理论的基础 ············ 230
　　三、行为金融理论的主要模型 ········ 231
　　四、行为投资策略 ·················· 233
第六节　资产配置与投资组合构建 ······ 235
　　一、资产配置 ······················ 235
　　二、投资组合构建 ·················· 238
习题 ································ 241

第十三章　投资交易管理

第一节　证券市场的交易机制 ·········· 242
　　一、交易制度 ······················ 242
　　二、交易方式 ······················ 246
第二节　交易执行 ···················· 251
　　一、最佳执行 ······················ 251
　　二、交易成本 ······················ 251
　　三、执行缺口 ······················ 254
　　四、算法交易 ······················ 256
习题 ································ 258

第十四章　风险管理

第一节　风险的类型 ·················· 259
　　一、投资风险 ······················ 259
　　二、操作风险 ······················ 262
　　三、合规风险 ······················ 263
　　四、业务连续风险 ·················· 265
第二节　风险管理体系 ················ 266
　　一、风险管理组织架构 ·············· 266
　　二、风险管理程序 ·················· 268
第三节　不同类型基金的风险管理 ······ 269
　　一、股票基金的风险管理 ············ 270
　　二、债券基金的风险管理 ············ 271
　　三、混合基金的风险管理 ············ 273
　　四、货币市场基金的风险管理 ········ 273
　　五、指数基金和ETF的风险管理 ······ 275
　　六、避险策略基金的风险管理 ········ 275
　　七、跨境投资的风险管理 ············ 276
习题 ································ 276

第十五章　基金业绩评价

第一节　基金业绩评价概述 …………277
 一、基金业绩评价的作用 …………… 277
 二、基金业绩评价的原则 …………… 278
 三、基金业绩评价应考虑的因素 …… 278
第二节　基金业绩度量 …………………279
 一、绝对收益 ………………………… 279
 二、相对收益 ………………………… 282
 三、风险调整后收益 ………………… 283
第三节　基金绩效归因分析 ………287
 一、基金绩效分解 …………………… 287
 二、基金选股和择时能力分析 ……… 289
第四节　基金业绩持续性和风格分析··291
 一、基金业绩持续性分析 …………… 291
 二、基金投资风格检验方法 ………… 292
第五节　基金业绩评价体系 ………292
 一、国内基金业绩评价业务介绍 …… 292
 二、国外主流基金业绩评价框架 …… 293
习题……………………………………294

参考文献

第一篇

投资基金基础

本篇导读

本篇从金融市场和居民理财的角度出发,介绍资产管理的本质和特点、资产管理行业的发展,讲解投资基金的概念和分类、基金的法律形式和运作方式,阐述各类证券投资基金和另类基金的特点及风险收益特征。

第一章 导 论

第一节 居民理财与金融市场

一、金融与居民理财

动态资源
居民理财与
资产管理

知识链接
2023年第四季度
城镇储户问卷
调查报告

金融通常被理解为货币资金融通(简称融资),即在资金盈余部门和资金短缺部门之间调剂货币资金。由于融资对象主要是货币或货币资金,融资大多采用信用方式,通过买卖(交易)金融资产来进行。融资的中介或组织形式是银行、非银行金融机构及金融市场。融资过程包含资源和风险的转移与配置,催生了融资管理和调控机构。综上,金融活动涉及货币、信用、金融机构、金融市场、金融监管等诸多方面。据此,金融可以界定为货币流通、信用活动以及由此形成的经济组织、交易行为、运行机制的集合。金融是现代经济的核心。

货币资金源于居民(包括个人和企业)从事的生产活动。居民是社会中最古老、最基本的经济主体,在从自给自足经济向市场经济逐步发展的过程中,居民的经济活动与金融的联系越来越紧密。现代居民经济生活中的收入和支出等日常经济活动、储蓄和投资等理财活动构成了现代金融供求的重要组成部分。

居民通过开展生产经营活动、提供劳务等各种渠道获得收入。现代经济中,居民收入中的大部分是货币性收入。个人居民的收入用来满足个人和家庭的生活消费支出,企业居民的收入用来满足再生产或者扩大再生产的支出。居民的货币收入大于支出会产生盈余;反之,则产生赤字。产生盈余的居民希望用他们的货币盈余获得更多的回报,因此产生理财需求。

理财是指对财务进行管理,以实现财产的保值、增值为目的的经济活动。目前,居民理财方式主要是货币储蓄与投资两类。储蓄是居民将暂时不用或结余的货币收入存入银行或其他金融机构的一种存款活动。储蓄具有保值性,接受居民储蓄的银行或其他金融机构首先需要保证储蓄的本金安全。除本金外,储蓄还会带来一定的利息收益。但如果居民希望获得比储蓄利息更多的收益回报，可以在预估风险的前提下尝试投资。

投资是指投资者为了在未来获得回报而将一定数额的资金投入到某个项目中的行为。投资所得回报应该能覆盖投资资金占用成本、通货膨胀造成的成本以及预期收益，但这是一种理想情况，实际上，投资有一定的风险，投资收益具有不确定性。股票、债券、基金等金融工具是较为常见的投资产品。

长期以来，我国居民偏爱货币储蓄。改革开放后，随着居民收入的快速增加，我国居民的投资理财需求迅速增长，越来越多的人通过各类金融工具进入金融市场，获取投资收益，而居民的消费、储蓄与投资意愿与金融市场的表现相关。

二、金融市场

金融市场是市场体系中的重要组成部分，从一般意义上说，市场是一种交易机制，任何一种有关商品和劳务的交易机制都可形成一种市场。市场既包括有特定场所的有形市场，也包括无形市场。因此，可以把金融市场定义为对金融交易机制的概括，即通过金融工具交易进行资金融通的场所与行为的总和。金融市场和金融服务机构是现代金融体系的两大运作载体，金融服务机构通过在金融市场开展金融活动，以各种金融工具将资金供给者和资金需求者连接起来，从而实现货币资金的有效配置。不同的金融活动形成了不同的金融市场，这些市场彼此关联，构成一个有机体系。狭义的金融市场一般指有价证券市场，也就是股票和债券的发行与流通市场。广义的金融市场还包括货币资金融通的场所，具体来说，包括货币流通以及与其相关的货币发行与回笼，吸收存款、发放贷款，有价证券、外汇和金银等贵金属买卖，国内、国际货币支付和结算等金融活动的场所。

(一) 金融市场的分类

1. 货币市场与资本市场

按照交易工具的期限，可以把金融市场划分为货币市场和资本市场。

货币市场是短期资本融通的场所，是指融资期限在1年以内(含1年)的资金市场。筹借短期资本主要用于满足短期生产周转需要。短期资本偿还期短、流动性高、风险小，与货币的差别不大，往往被作为货币的替代品。货币市场包括同业拆借市场、短期债券市场、债券回购市场、票据市场、大额可转让存单市场等。

资本市场是长期资本融通的场所，是指融资期限在1年以上的资金市场。筹借长期资本主要用于满足固定资产投资的需要。长期资本偿还期长、风险大，但可以给证券持有人带来定期收益。广义的资本市场包括两大部分：一是银行中长期存贷款市场；二是有价证券市场，包括中长期债券市场和股票市场。狭义的资本市场专指中长期债券市场和股票市场。

货币市场和资本市场存在一定的区别，前者为调节短期资本流动性的场所，而后者在资本盈缺部门之间起桥梁作用，将实际储蓄变为实际投资。但货币市场与资本市场并不是截然不同的事物，它们之间有着必然的联系，主要体现在以下两个方面：一方面，资本市场上的证券发行必须由证券包销者垫付所需资本，而这部分资本通常是依靠货币市场来满足的；另一方面，当资本市场上交易旺盛、证券价格上涨时，往往需要较多的资金支撑，此时短期资本市场的资本需求就会增加，供不应求。可见，货币市场与资本市场既有区别又有联系，两者共同构成了统一的金融市场。

2. 发行市场与流通市场

按照金融交易程序，可以把金融市场划分为发行市场和流通市场。

发行市场也称为一级市场、初级市场，是指筹集资金的公司或政府机构将其新发行的股票和债券等证券销售给最初购买者的金融市场。发行市场为资金需求者提供筹措资金的渠道，为资金供给者提供投资机会，从而实现储蓄向投资的转化，促进资源配置的不断优化。

流通市场也称为二级市场、次级市场，是指买卖、转让和流通已发行证券的市场。二级市场的作用在于为有价证券提供流动性，这样证券持有者可以随时卖掉手中的有价证券，得以变现。

发行市场与流通市场的区别是显而易见的。由于有价证券具有可以自由转让的特点，从而形成了有价证券的交易流通市场。如果有价证券发行以后，没有二级市场为其流通转让服务，有价证券不能流通转让，不容易变成现款，那么居民就不会购买这种证券。所以，没有有价证券的发行市场，就没有有价证券的流通市场；没有有价证券的流通市场，也就没有有价证券的发行市场。发行市场与流通市场相辅相成，共同构成了金融市场上的金融商品交易整体。

3. 有形市场与无形市场

按照金融交易存在的场所空间，可以把金融市场划分为有形市场和无形市场。

有形市场是指固定、具体的交易场所，如证券交易所。

无形市场是指观念上的市场，没有固定的场所，如资金拆借、证券交易的场外买卖可以通过柜台联系成交，也可以通过电话和信息网络联系成交。无形市场交易包括场外交易、店头交易、柜台交易、电话交易、网络交易等多种形式。

有形市场和无形市场的区别不仅在于有无固定的交易场所，还在于交易场所准入的规定和约束，因为有些证券既可以在有形市场交易，也可以在无形市场交易，但有些证券只能在场外交易而不能进入有形市场交易，这些差异主要源于不同国家和地区交易法律规定的差异、金融市场管理的差异以及技术因素。

4. 现货市场与期货市场

按照金融交易的交割时间，可以把金融市场划分为现货市场和期货市场。

现货市场是指市场上的买卖双方成交后须在若干个交易日内办理交割的金融市场。现货交易的特点包括交割迅速，交割风险低；实物交易，卖方向买方转移证券，买方向卖方转移资金；操作简单，投资性弱。由于现货市场的成交与交割几乎没有时间间隔，对于交易双方来说，利率和汇率风险很小。

期货市场的交易在协议达成后并不立刻交割，而是约定在某一特定时间进行交割，协议成交和标的交割是分离的。在期货交易中，由于交割要按成交时的协议价格进行，交易对象价格的上涨和下跌可能使交易者获得利润或承受损失。因此，买方和卖方只能依靠自己对市场形势的判断进行交易。

总体来看，现货市场和期货市场的区别在于交割时间的差别。从成交日到交割日有一段时间，这段时间内有价证券的市场价格可能会发生变化，所以，相较于现货市场，期货市场为参与者提供了较多的投机机会和可能性。投资者投资现货市场，一般是为了追求正常的证券交易收入；而投资期货市场的目的，除了套期保值，更主要的是试图在市场价格变化的预期中谋取价格差异，从中获得投机收益，故投资期货市场的投资者往往有投机心理。前者风险小，后者风险大；前者收益相对较低，后者收益往往相对更高。为了规避证券行市变动可能带来的风险，投资者可以将现货交易与期货交易相结合，进行套期保值，从而避开证券行市变动风险，获得相对稳定的投资收益。

5. 拆借市场、贴现市场、证券市场、外汇市场、黄金市场与保险市场

按照金融交易的标的物，或者按照金融资产存在的形式，可以把金融市场划分为拆借市场、贴现市场、证券市场、外汇市场、黄金市场和保险市场等。

拆借市场也称"银行同业拆借市场""同业拆借市场"，是指金融机构之间通过买卖它们在中央银行存款账户上的存款余额的方式相互进行短期资金拆借交易的场所。

贴现市场是指银行以现款买进未到期票据或其他短期债券，为持票人提供资金的市场。可贴现票据主要有商业本票、商业承兑汇票、银行承兑汇票、政府债券和金融债券等。

证券市场是指一切以证券为对象的交易关系的总和，主要是指股票、债券等有价证券发行和转让流通的市场。其中，股票市场是股票发行和转让交易的市场；债券市场是政府债券、公司(企业)债券、金融债券发行和流通的市场。

外汇市场是指在国际上从事外汇买卖、调剂外汇供求的交易场所，是由各国中央银行、外汇银行、外汇经纪人及客户组成的外汇买卖、经营活动的总和，包括外汇批发市场以及银行同企业、个人进行外汇买卖的零售市场。

知识链接

上海黄金交易所介绍

黄金市场是指专门集中进行黄金买卖的交易中心或场所。目前黄金仍然是国际储备资产之一，在国际支付中占据一定的地位，因此黄金市场仍被看作金融市场的组成部分。

保险市场是指从事各种保险业务的市场，它以保单和年金单的发行和转让为交易对象，属于一种特殊的金融市场。

6. 间接金融市场与直接金融市场

按照融资是否通过银行等中介机构来进行，可以把金融市场划分为间接金融市场和直接金融市场，如图1-1所示。

在间接金融市场上，资金供给者将资金存入金融机构，金融机构再将集中起来的资金贷放给资金需求者。这种以金融机构为信用中介的融资市场就是间接金融市场，如货币资金借贷市场(或称存款市场、放款市场)等。

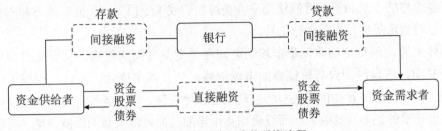

图1-1　间接融资与直接融资流程

直接金融市场是指资金供给者与资金需求者之间直接融通资金的市场。相关金融活动包括企业之间的商品延期付款、预付货款、直接融资，企业与个人之间的直接融资，企业发行股票、债券直接筹集资金等。通常情况下，企业的直接融资由金融机构代理，如企业发行股票、债券就是通过银行或其他金融机构来完成的。

7. 国内金融市场与国际金融市场

按照地理范围，可以把金融市场划分为国内金融市场和国际金融市场。

国内金融市场是指一国范围内的资金融通与资金交易的市场，通常由国内金融机构参与，不涉及货币资金的跨境流动。国内金融市场又分为全国性、区域性、地方性金融市场。

国际金融市场是指国际资金融通与资金交易的市场，涉及货币资金的跨境流动，由经营国际货币业务的金融机构组成，其经营内容包括跨境的资金借贷、外汇买卖、证券买卖、资金交易等。

8. 网络金融市场与传统金融市场

随着金融业务网络化程度的逐步提高，金融市场的许多业务逐渐从传统业务转化为网络业务。

网络时代的到来打破了原有的产业界限与经营模式，催生了一种全新的融合经济，随着网络金融的逐步成熟和升级，人类财富的组成结构和发展速度将发生改变，传统金融市场的诸多功能将被网络金融市场所代替，网络金融市场逐步成为金融市场的技术主体。

(二) 金融市场的构成要素

在不同的国家和地区，金融市场的组成形式与发达程度各不相同，但一个完整的金融市场通常具备以下4个基本要素。

1. 交易工具

知识链接
金融市场
交易工具

人们参与金融市场的原始目的是融通资金，因此，人们在金融市场上交易的传统项目是货币资金的使用权。在交易中，资金盈余者出让货币资金使用权，根据对该笔资金的所有权收取报酬——利息或股息，并在债权期满后收回本金；资金短缺者在承诺了对方债权或产权后得以使用资金，但要给对方以补偿。随着流通市场的发展和衍生金融市场的兴盛，金融市场的功能已远远超出调节资金余缺的范围，此时，实际交易对象是什么已经不再那么重要，人们更加关注的是交易工具。

金融市场的交易工具是金融交易的证明。随着金融市场的发展与创新，金融工具品种越来越多。传统的金融工具包括各种债权和产权凭证，如存款单证、商业票据、股票、债券等，以及以传统金融工具为基础开发的各种衍生金融工具，如期权合约、期货合约、认股权证、掉期合约等。金融工具以其本身制作成本而论是没有价值的，只是因为它所表示的交易内在价值而被标价。随着金融交易超出货币资金余缺调剂的范围，金融工具成为名副其实的交易工具。期权合约等类似的金融工具本身就有标准价格，但该价格与其潜在的交易对象的价值并无联系；有些合约如股票指数期货合约，则连潜在的交易对象都没有。对于卖方来说，金融工具代表的是负债或资本；对于买方来说，金融工具代表的是资产。

不同的金融工具有不同的特点，能满足资金供需双方在数量、期限和条件等方面的不同需要，在不同的市场上为不同的交易者服务。

2. 市场参与主体

金融市场参与主体主要包括资金供求者、金融机构和金融市场管理者。

(1) 资金供求者。资金供求者主要是指企业、个人、金融机构、政府部门和国外部门等。虽然这些市场参与主体往往既是资金供给者，又是资金需求者，但按照净额来看，政府部门和企业应归为资金净需求者，个人应归为资金净供给者，国外部门则依据国际收支情况而定。

(2) 金融机构。金融机构主要是指各类银行和证券公司、信托公司、保险公司等非银行金融机构。金融机构的作用较为特殊。首先，它是金融市场上最重要的中介机构，是储蓄转化为投资的重要渠道。其次，金融机构在金融市场上充当资金的供给者、需求者和中间人等多重角色，它既发行、创造金融工具，也在市场上购买各类金融工具；既是金融市场的中介人，也是金融市场的投资者、货币政策的传递者和承受者。最后，金融机构作为机构投资者在金融市场上具有支配性作用。

(3) 金融市场管理者。金融市场管理者主要是指中央银行。中央银行制定金融交易的基本规则，管理参与金融市场交易的金融机构，并通过参与金融市场交易，运用经济手段进行宏观调控。

3. 交易价格

每笔金融交易都是按照一定的价格成交的，金融交易价格同其他市场价格一样，是由金融工具所代表的内在价值决定的。市场的买卖规律是当价格高于价值时卖出，当价格低于价值时买入。因为价格高于价值意味着实际收益高于平均收益，反之，实际收益则低于平均收益。交易者如果能够把握时机，低价买入，高价卖出，便会产生盈利。由于供求关系变化的推动作用，这种买卖活动会促使价格很快接近价值，机会稍纵即逝。由此看来，金融工具估值高低成为判断价格高低的关键。估值的方法有很多，如计算金融工具的现值,还有多种资产定价模型可供选择。金融交易价格通常以利率或收益率来表示,也可以直接采用证券价格,如股票价格、债券价格、基金价格等。均衡价格是市场供求均衡时的交易价格,此时的实际收益被认为与均衡收益相符合。

4. 交易组织方式

金融交易组织方式是指组织金融工具交易时采用的方式。金融交易是在特定的制度安排下进行的,传统上,与金融中介机构发生的交易都在这些机构的营业场所内按规定程序完成。受市场本身的发育程度、交易技术的发达程度以及交易双方的交易意愿影响,金融交易组织方式可以分为以下3种。

(1) 交易所交易方式。交易所交易方式是指有固定场所、有制度、集中进行交易的方式,也称为场内交易方式。根据《中华人民共和国证券法》(以下简称《证券法》)的规定,证券交易所是为证券集中交易提供场所和设施,组织和监督证券交易,实行自律管理的法人。证券交易所的设立和解散由国务院决定。迄今为止,国务院批准的证券及其他金融交易所有9家,其中包括4家证券交易所(上海证券交易所、深圳证券交易所、北京证券交易所、全国中小企业股份转让系统)、4家期货交易所(中国金融期货交易所、上海期货交易所、郑州商品交易所、大连商品交易所)和1家贵金属交易所(上海黄金交易所)。

(2) 场外交易方式。场外交易方式是相对于场内交易方式而言的,是指买卖双方在证券交易所以外进行面议的、分散交易的方式,如柜台交易方式。传统的场内市场和场外市场在物理概念上有一定的区别,场内市场的交易是集中在交易大厅内进行的;场外市场又称为"柜台市场"或"店头市场",是分散在各个证券商柜台的市场,无集中交易场所和统一的交易制度。我国典型的场外交易市场有银行间债券市场、代办股份转让系统、债券柜台交易市场等。

■ **思考**

我国内地进行场内交易和场外交易的证券交易场所分别有哪些?

提示:

场内交易——上海证券交易所、深圳证券交易所、北京证券交易所。

场外交易——全国中小企业股份转让系统,这是我国第一家采用公司制运营的证券交易场所。

(3) 电信网络交易方式。电信网络交易方式是指没有固定场所,交易双方也不直接接触,主要借助电子通信或互联网络技术手段来完成交易的方式。随着现代通信技术的发展和电子计算机网络的广泛应用以及交易技术和交易组织形式的演进,越来越多的证券交易不在有形的场内市场进行,而是通过经纪人或交易商的电传、电报、电话、网络等洽谈成交。

由于报价商和电子撮合系统的出现,很多传统意义上的场外市场呈现集中交易的特征，同时出现了多层次的证券市场结构，证券交易所市场也开始逐步推出兼容场外交易的交易组织形式，场内市场和场外市场的物理界限逐渐模糊。

如今，场内市场和场外市场的概念逐步演变为风险分层管理的概念。不同层次市场按照上市品种的风险大小，通过对上市或挂牌条件、信息披露制度、交易结算制度、证券产品设计以及投资者约束条件等做出差异化安排，实现了资本市场交易产品的风险纵向分层。

(三) 金融市场的功能

从金融市场在经济发展进程中的历史贡献与作用变迁来看，金融市场具有资金聚敛、资源配置、经济调节和信息反映4个功能。

1. 资金聚敛功能

金融市场具有聚集众多分散的小额资金，形成巨大的货币资本，并使其成为可以投入社会再生产的资金的能力，起到资金"蓄水池"的作用，从而满足大规模的生产投资和政府部门的大规模公共支出需求。

在一国经济中，各部门之间以及部门内部的资金收入和支出在时间上通常是不同步的，金融市场可以通过金融工具，在资金供给者和资金需求者之间搭建沟通的渠道，充分利用社会资源，确保社会投资顺利完成。

2. 资源配置功能

金融市场可以通过充当资金融通媒介，实现经济资源跨时间、跨地区、跨行业的再配置；也可以通过设计标准化、小面额的有价证券(以股票、债券为代表)，为投融资双方提供交易结算机制，使需要融资的企业和部门可以面向社会或特定群体出售有价证券筹集资金，同时使有投资管理能力和风险承受能力的投资者可以在成本节约的条件下追求高收益、高风险的投资。

投资者为了实现经济利益最大化，通常会将资金投向最有利可图的部门和项目，而筹资者则要在实现融资目标的前提下，选择成本相对低廉的融资渠道。于是，市场上的资金自然流向经济效益高、发展潜力大的部门和项目，没有效益或者效益不佳的部门和项目则难以融得较多资金，这就是优胜劣汰的市场竞争过程。市场竞争促使有限的社会资金流向效益最大化的部门和项目，从而实现资源的优化配置。

3. 经济调节功能

金融市场是政府实施宏观经济政策的重要渠道之一。中央银行通过金融市场运用存款准备金率、再贴现率和公开市场业务三大货币政策工具来调节市场中的货币供应量，从而达到调节宏观经济的目的；政府通过金融市场发行和运用国债，调整市场总需求与总供给的关系，从而对经济进行引导和调节。同时，金融市场通过发挥资源配置功能，促进微观经济部门的效率提升，从而有效提高宏观经济的运行质量。

4. 信息反映功能

金融市场不仅是资金密集、风险密集的市场，也是信息密集的市场。金融市场的运行是由信息驱动的，金融市场的运行过程也是处理各种信息的过程。金融市场既是信息的需求者，也是信息的生产者和管理者。首先，金融市场一直被视为宏观经济发展的"晴雨表"，金融市场与国民经济的关系十分密切，能够提供反映国民经济景气与否的信息。其次，在金融市场上各种证券价格波动的背后，通常隐藏着相关的信息，投资者可以根据金融市场上的证券价格分析并判断相关企业和行业的运行状况与发展前景，做出合理选择。最后，金融市场是中央银行进行公开市场业务操作的地方，因此它能及时反映货币供应量变化，能灵敏地察觉宏观经济政策的变化以及国民经济发展的态势。

(四) 金融市场的监管

金融市场的监管包含金融市场监督与金融市场管理双重意义。狭义的金融市场监管是指当金融市场运行出现偏差时，一个国家和地区的金融管理当局作为监管主体根据国家法律法规，运用各种行政手段、法律手段和市场手段，对整个金融业(包括金融机构及其在金融市场上开展的业务活动)实施监督和管理，使其能够健康、平稳、安全运行的所有行为的总和。广义的金融监管是指除金融管理当局外，金融机构自身、行业自律性组织、社会中介组织也充分发挥监督和管理职能，分别从内部控制与稽核、外部引导与管控两条路径维护整个金融业的运行，为国家经济发展创造良好金融环境。

1. 金融市场监管的必要性

金融作为国家经济中枢，在资源配置方面发挥重要作用，并能引导国家经济产业布局。金融安全是国家经济安全的核心。但是，金融市场存在大量的风险，尤其是存在"市场失灵"的问题，如果金融市场运行不稳定，市场机制不能充分发挥作用，就会导致资源配置缺乏效率，或资源配置失当，可能会降低经济运行效率，导致经济全面衰退，甚至出现系统性金融危机。金融市场的"市场失灵"主要表现在以下四个方面。

(1) 外部性问题。外部性问题是指企业或者个人在生产或消费等经济活动中产生了收益或损失，却未因此得到报酬或赔偿。这种外部性问题会使完全竞争市场失去效率性。金融机构在进行决策时，往往比较注重自身利益，可能会忽略宏观利益，甚至可能会实施一些冒险行为来追求自身利益最大化。如果外部性问题不能通过市场机制解决，造成成本与收益的不对等，就会影响市场机制的有效配置。当市场形成"我栽树，你乘凉"或者"我污染，你治理"的局面时，栽树的人会越来越少，乘凉的人会越来越多；制造污染的人会越来越多，而治理污染的人会越来越少，导致市场失灵。如果市场不能解决外部性问题，就需要政府部门的介入和干预，借助政府的力量加以纠正。

(2) 脆弱性问题。金融市场具有脆弱性，一些突发事件会使市场参与者的信心受到冲击，从而引发市场波动，甚至可能扰乱金融秩序，导致金融危机。这种脆弱性还体现在市场失灵的程度和范围容易受到外部环境和内部因素的影响，市场失灵可能加剧也可能缓解。外部环境因素包括经济政策、技术进步、自然灾害等；内部因素包括市场参与者行为、市场结构变化等。当市场失灵导致资源配置扭曲时，就会导致经济增长缓慢或停滞；当市场失灵导致收入分配不均时，就会导致社会矛盾激化，从而引发社会危机；当市场失灵严重时，经济就会严重失衡，从而导致经济危机。次贷危机就是金融脆弱性积累到一定程度的突发表现。

(3) 不完全竞争问题。金融市场是一个不完全竞争市场，金融机构特别是一些大型金融机构具有一定程度的垄断性，对金融市场价格具有一定程度的影响力甚至控制力，金融市场难以实现完全自由竞争。

(4) 信息不对称问题。信息不对称是指在市场交易中，当市场中的一方无法观测和监督另一方的行为，或者无法获知另一方行动的完全信息，或者观测和监督的成本高昂时，所呈现的交易双方掌握的信息不对称的状态。

在金融市场中，金融资产的无形性、金融交易的灵活性、金融行业的专业性等特点，决定了投资者、融资者和金融机构等参与主体之间存在较为严重的信息不对称问题，特别是广大中小投资者容易受到不公平的对待，甚至被欺诈。金融市场的信息不对称会导致逆向选择和道德风险的问题，影响金融市场的有效运行，因此，各国政府都建立了比较严格的监管制度，对金融市场进行系统监管，以弥补"市场失灵"带来的风险。

2. 我国金融市场监管机构

(1) 中央金融委员会。2023年3月，中共中央、国务院印发了《党和国家机构改革方案》(以下简称《方案》)，组建中央金融委员会，作为党中央决策议事协调机构，同时将国务院原金融稳定发展委员会办公室职责划入中央金融委员会办公室，该机构负责金融稳定和发展的顶层设计、统筹协调、整体推进、督促落实，研究审议金融领域的重大政策、重大问题等。

知识链接
我国金融监管体制的发展历程

(2) 中国人民银行。中国人民银行是我国的中央银行，是在国务院领导下管理全国金融事业的国家机关，主要职责包括：拟定金融业改革开放和发展规划，承担综合研究并协调解决金融运行中的重大问题、促进金融业协调健康发展的责任；牵头建立和完善国家金融安全工作协调机制，维护国家金融安全；牵头建立宏观审慎管理框架，拟订金融业重大法律法规和其他有关法律法规草案；制定审慎监管基本制度，建立健全金融消费者保护基本制度；制定和执行货币政策、信贷政策，完善货币政策调控体系，负责宏观审慎管理等。

知识链接
中国人民银行的历史沿革与职能

(3) 国家金融监督管理总局。2023年3月，国家金融监督管理总局在中国银行保险监督管理委员会基础上组建而成，统一负责除证券业之外的金融业监管，强化机构监管、行为监管、功能监管、穿透式监管、持续监管，统筹负责金融消费者权益保护，加强风险管理和防范处置，依法查处违法违规行为，同时将中国人民银行对金融控股公司等金融集团的日常监管职责、有关金融消费者保护职责以及中国证券监督管理委员会的投资者保护职责划入国家金融监督管理总局。此外,《方案》优化和调整了金融监管领域的机构职责,对于加强和完善金融监管,解决金融领域长期存在的突出矛盾和问题具有重要意义。

(4) 中国证券监督管理委员会。中国证券监督管理委员会(以下简称中国证监会)是国务院直属机构,负责贯彻落实党中央关于金融工作的方针政策和决策部署,把坚持和加强党中央对金融工作的集中统一领导落实到履行职责过程中。中国证监会的主要职责包括:依法对证券业实行统一监督管理,强化资本市场监管职责;研究拟订证券、期货和基金市场的方针政策、发展规划;起草证券、期货和基金市场有关法律法规草案,提出制定和修改建议;制定证券、期货和基金市场有关监管规章、规则等。

3. 金融市场监管的目标

国家金融市场监管的目标决定了具体的监管制度和监管政策,但不同国家、不同时期的监管目标存在一定的差异。总体来看,金融市场监管主要有以下三个目标。

(1) 维护金融体系的安全与稳定。金融是现代市场经济的核心,在市场经济中,金融机构作为信用中介、支付中介,能够调节资金余缺,促进资源合理配置。如果金融机构出现倒闭等严重问题,会引起连锁反应,扰乱金融市场秩序,甚至引发金融危机和经济危机。对金融机构进行监督和管理,能够有效地防范和化解金融机构的风险,维护金融机构的安全稳定运行,为国家经济发展创造良好的金融环境,保障国民经济健康发展。

(2) 保护金融消费者的利益。金融消费者是金融市场最基础、数量最多的参与主体,但由于信息不对称,金融消费者对金融市场信息的了解程度远低于金融机构,更容易受到各种交易风险的损害,因此需要金融监管当局对他们给予保护。金融监管当局出台金融机构信息披露的各项规定和要求,有助于金融消费者全面了解金融机构,维护金融消费者的合法权益。

(3) 提高金融市场的运行效率。竞争是现代市场经济的重要特征,如果金融机构间无序竞争,必然会带来金融市场秩序混乱和金融市场动荡,降低整个金融市场的运行效率。金融监管当局出台审慎监管法规,有助于金融机构在平等的条件下展开竞争,维护金融市场稳定,提高金融服务效率。

三、金融资产

相较于实物资产,金融资产是指单位或个人拥有的以价值形态存在的资产,是一种索取实物资产的无形权利。具体来说,金融资产是一切可以在有组织的金融市场上进行交易、具有现实价格和未来估价的金融工具的总称。金融资产的显著特征是能够在市场交易中为其所有者提供即期或远期的货币收入流量。因为金融资产的价值与其所有权的具体形式无关,而与其未来收益的多少及其不确定性的大小相关,所以金融资产的市场价格往往具有较大的波动性和不确定性。金融资产包括以下几类。

(一) 货币市场工具

货币市场工具是指在短期资金借贷市场上可供交易的金融工具，主要可分为三大类，具体包括：中央政府发行的短期国库券和其他短期债券；地方政府发行的短期债券；银行承兑汇票，包括由商业承兑汇票转化而来的和根据信用证产生的两种承兑汇票；银行发行的可转让定期存单；商业本票，包括基于合法交易行为所产生的交易性本票和经金融机构保证的融资性本票；商业承兑汇票等。

1. 短期债券

短期债券是指为筹集短期资金而发行的期限在1年以内的债券。短期债券包括两种情况：一种是债券的原始期限在1年以内；另一种是债券的原始期限在1年以上，但随着到期日的临近，剩余期限已经不足1年。

(1) 国库券。国库券是指国家财政当局为弥补国库收支不平衡而发行的期限不超过1年的短期政府债券。国库券通常包括3个月、6个月和12个月3个品种。在大多数国家的货币市场上，国库券都是第一大交易品种。

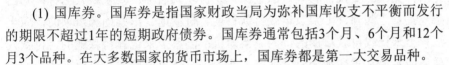

国库券的债务人是国家，其还款保证是国家财政收入，所以几乎不存在信用违约风险，是金融市场风险最小的信用工具。国库券发行通常采用贴现方式，即发行价格低于国库券面值，票面不记明利率，国库券到期时，由财政部按票面值偿还。国库券发行时采用招标方法，发行价格由投标者公开竞争而定，故国库券利率能够代表合理的市场利率，灵敏地反映货币市场资金供求状况。

(2) 短期市政债券。在一些国家，地方政府也有权发行债券，通常这些债券期限在1年以上，发行方式与国库券相似。短期市政债券由地方政府的税收能力作为担保，违约风险很小，还可以享受免除地方税收的优惠，很受投资者欢迎。但是，与国库券相比，短期市政债券没有货币发行权作为担保，出现信用风险的可能性比国库券大。

2. 大额可转让定期存单

大额可转让定期存单也称大额可转让存款证，是银行发行的一种定期存款凭证，凭证上注明一定的票面金额、存入日和到期日以及利率，到期后可按票面金额和规定利率提取全部本利，逾期存款不计息，可流通转让，自由买卖。大额可转让定期存单的发行对象既可以是个人，也可以是企事业单位，无论个人还是企事业单位购买均使用相同式样的存单，分为记名和不记名两种，大额可转让定期存单期限分为3个月、6个月、9个月、12个月四种。

> ■ **思考**
>
> 大额可转让定期存单与一般的银行定期存款有什么不同？
> **提示：**
> 从面额的规定、二级市场的流动性、利率、发行人等方面进行比较。

3. 商业票据

商业票据是指发行主体为满足流动资金需求所发行的、期限为2天至270天的、可流通转让的债务工具。商业票据通常由出票人签发,可以无条件约定自己或要求他人支付一定金额,持有人具有付款请求权和追索权。票据的权利与义务是无因的,只要持票人拿到票据,就已经取得票据所赋予的全部权利。商业票据的可靠程度依赖于发行企业的信用程度。商业票据可以背书转让,期限通常在9个月以下,由于其风险较大,利率高于同期银行存款利率。

各国商业票据法都对商业票据的形式和内容的标准化和规范化提出了要求。根据《中华人民共和国票据法》的规定,商业票据应具备7个要素:①标明"汇票"或"本票"字样;②无条件支付的委托;③确定的金额;④付款人名称;⑤收款人名称;⑥出票日期;⑦出票人签章。此外,汇票上记载付款日期、付款地、出票地等事项的,应当清楚、明确;汇票上未记载付款日期的,为见票即付;汇票上未记载付款地的,付款人的营业场所、住所或者经常居住地为付款地;汇票上未记载出票地的,出票人的营业场所、住所或者经常居住地为出票地。

商业票据的业务种类包括票据发行、票据转让、票据承兑、票据保证、票据清偿和票据贴现。

(二) 债权类金融资产

1. 政府债券

政府债券的发行主体是政府。中央政府发行的债券称为国债,主要用途是满足由政府投资的公共设施或重点建设项目的资金需要和弥补国家财政赤字。政府债券的发行目的不同,期限也不同,常见的有3年、5年、10年等。政府债券的发行规模、期限结构、未清偿余额,关系着国家政治、经济发展的全局。

2. 金融债券

金融债券的发行主体是银行或非银行金融机构。金融机构一般有雄厚的资金实力,信用度较高,因此,金融债券往往也具有良好的信誉。金融机构发行债券的主要目的是筹资用于某种特殊用途的资金或改变本身的资产负债结构。金融债券的期限以中长期较为多见。

3. 公司债券

公司债券是公司按照法定程序发行、约定在一定期限还本付息的有价证券。公司发行债券的目的主要是满足经营需要。公司的情况千差万别,有经营有方、实力雄厚的公司,也有经营较差、处于倒闭边缘的公司,所以,公司债券的风险性相较于政府债券和金融债券要大一些。公司债券有长期的,也有短期的,具体要视公司的需要而定。

4. 可转换债券

可转换债券是指在特定时期内可以按某一固定比例转换成普通股的债券。可转换债券具有债券与权益的双重属性,属于一种混合性筹资方式。由于可转换债券赋予了债持有人将来成为公司股东的权利,其利率通常低于不可转换债券。

5. 可赎回债券

可赎回债券是指在债券到期前,发行人可按照事先约定的赎回价格收回的债券。公司发行可赎回债券主要是考虑到公司未来的投资机会和回避利率风险等问题,旨在增强公司资本结构调整的灵活性。

(三) 股权类金融资产

1. 普通股

普通股是指享有普通权利、承担普通义务的股份。普通股的股东对公司的管理、收益享有平等权利,根据公司经营效益分红,风险较大。公司经营业绩好,普通股收益就高;经营业绩差,普通股收益就低。普通股构成公司资本的基础,是公司股份的基本形式,也是发行量最大、最为重要的股票。在我国上交所与深交所上市的股票都是普通股。

2. 优先股

优先股是指股份公司发行的在分配红利和剩余财产时比普通股具有优先权的股份。优先股主要具有以下两个特征。

(1) 优先股通常预先确定股息收益率。优先股股息收益率通常是事先确定的,一般不会根据公司经营情况而增减,而且优先股股东一般也不能参与公司分红,但可以先于普通股股东获得股息。

(2) 优先股的权利范围小。优先股股东一般没有选举权和被选举权,对股份公司的重大经营事项无投票权,但在某些情况下可以享有投票权。

(四) 金融衍生工具

1. 远期合约

远期合约是指交易双方在场外市场上通过协商,按约定价格(远期价格)在约定的未来日期(交割日)买卖某种标的金融资产(金融变量)的合约。远期合约规定了将来交割的资产、交割日期、交割价格和数量,双方根据需求协商确定合同条款。

2. 期货合约

期货合约是指交易双方在集中的交易场所以公开竞价的方式交割一定数量标的物的标准化合约。期货交易以金融工具(金融变量)为基础工具。

3. 期权合约

期权合约是指合约买方向卖方支付一定费用(期权费或期权价格),在约定日期享有按事先确定的价格向合约卖方购买某种金融工具的权利的契约。

4. 互换合约

互换合约是指两个或两个以上当事人按共同商定的条件,在约定日期交换特定标的物的金融合约。

第二节 资产管理与投资基金

一、资产管理

从一般意义上讲,资产管理是指金融机构受投资人委托,为实现投资人的特定目标和利益进行证券和其他金融产品投资,提供金融资产管理服务并收取费用的行为。

(一) 资产管理的特征

1. 资产管理体现了金融契约的委托代理关系

在资产管理业务中,客户(投资人)是资产所有者,为委托人。金融机构作为受托人,承担受托人义务,根据投资者授权,进行资产投资管理。在这种委托代理关系中,由于委托代理契约对资产使用目的和条件有约定,委托人和代理人的市场风险都能得到有效控制。

2. 受托资产多样性

受托资产主要是金融资产。金融资产具有多样性,不仅包括现金资产,还包括股票、债券和其他有价证券,但一般不包括固定资产等实物资产。

3. 管理方式多样化

从资产管理方式来看,管理人主要通过投资于银行存款、证券、期货、基金、保险、实体企业股权以及其他可被证券化的资产实现资产增值。

(二) 资产管理的本质

资产管理,通俗地讲是"受人之托,代人理财",它的本质是管理人基于投资人的信任而履行受托职责,实现投资人利益最大化。管理人必须尽到"诚实信用、勤勉尽责"的信托责任,恪守忠诚与专业义务。忠诚义务要求管理人应当以实现投资人利益为最高目的,将自身的利益妥善置于投资人利益之下,不得与投资人利益发生冲突。专业义务要求管理人应当具备专业的投资管理和运作能力,充分发挥专业投资管理价值。资产管理的本质具体表现为以下3点。

1. 一切资产管理活动都要求风险与收益相匹配

资产管理提供的是代客理财服务,与储蓄产品有本质区别。对储蓄而言,存款人与银行是债权人和债务人的关系,银行必须按照约定到期偿还本金,支付利息;而对资产管理而言,投资人与管理人是委托人和受托人的关系,投资人自担风险、自享收益,管理人只作为管理顾问收取一定比例的管理费。管理人对于投资人的根本效用价值在于通过集合资金、组合投资,有效管理风险,获取合理的风险回报,所获取的收益与其承担的风险相匹配。

2. 管理人必须坚持"卖者有责"

"卖者有责"是指管理人受人之托，必须忠人之事，在产品设计、投资管理和产品销售全链条做到诚实守信、勤勉尽责，严格兑现对投资人的法律承诺，始终坚持"投资人利益至上"原则，不能与投资人利益发生冲突，更不能利用自身优势为他人牟利，损害投资人的利益。"卖者有责"还要求管理人在销售产品时实事求是，不弄虚作假，充分履行风险告知责任，做好信息披露，严格保护投资人利益。

3. 投资人必须做到"买者自负"

"买者自负"是指投资人享受最终的收益，同时也应承担最终的风险，不存在保底保收益等"刚性兑付"的情况。投资人要清醒、切实地意识到，如果不承担市场波动带来的风险，就不可能获取投资收益。作为委托人，投资人要根据自身风险承受能力选择合适的产品，获取与所承担风险相一致的收益。

(三) 我国资产管理行业的状况

1. 行业概况

我国传统的资产管理行业主要是基金管理公司和信托公司，它们作为资产管理机构提供各类公募基金、私募基金、信托计划等资产管理产品。近年来，随着我国居民个人财富的不断积累，金融监管机构对资产管理的金融管制逐渐放松，投资者对理财的需求不断上升，银行、证券、保险等各类金融机构纷纷开展资产管理业务，除公募基金、私募基金、信托计划外，还提供券商资管、保险资管、期货资管、银行理财等各种资产管理产品，如表1-1所示。分属不同监管体系的各类机构广泛参与资产管理，各类资产管理业务交叉融合形成混业局面，是我国资产管理行业的现状。

表1-1 我国资产管理行业外延

机构类型	资产管理业务
基金管理公司及其子公司	公募基金、集合资产管理计划、单一资产管理计划、各类养老金、企业资产支持证券
私募机构	私募证券投资基金、私募股权投资基金、创业投资基金、私募资产配置基金及其他私募投资基金
信托公司	单一资金信托、集合资金信托
证券公司及其子公司	公募基金、集合资产管理计划、单一资产管理计划、私募子公司私募基金、各类养老金、企业资产支持证券
期货公司及其子公司	集合资产管理计划、单一资产管理计划
保险公司、保险资产管理公司	公募基金、万能险、投连险、管理企业年金和养老保障及其他委托管理资产、资产支持计划
银行及其理财子公司	非保本银行理财产品、私人银行业务

截至2022年末，我国(除港澳台地区)共有公募基金管理人156家，其中基金管理公司142家，取得公募基金管理资格的证券公司或证券公司资管子公司共12家，取得公募基金管理资格的保险资管公司2家。从管理资产规模来看，截至2022年末，公募基金规模达26.03万亿元，证券期货经营机构私募资产管理业务规模达14.31万亿元，基金管理

知识链接
2022年末资产管理行业规模构成

公司管理境内全国社保和企业年金等养老金规模达4.27万亿元，企业资产支持证券(ABS)规模达1.95万亿元，私募投资基金规模达20.28万亿元，银行理财产品规模达27.65万亿元，信托公司资金信托计划规模达15.03万亿元，保险资管产品规模达6.49万亿元，全部资管规模合计约116万亿元。

2. 各机构资产管理业务介绍

1) 证券投资基金管理公司及其子公司资产管理业务

基金管理公司是指依据有关法律法规设立的对基金募集、基金份额的申购和赎回、基金财产投资、收益分配等基金运作活动进行管理的公司。基金管理公司的主要职责包括基金募集、投资管理、收益分配以及相关的信息披露等。根据《中华人民共和国证券投资基金法》(以下简称《证券投资基金法》)、《证券投资基金管理公司管理办法》《基金管理公司特定客户资产管理业务试点办法》和《基金管理公司子公司管理规定》等法律法规，基金管理公司及其设立的符合条件的子公司可以从事公开募集基金的募集和管理业务、特定客户资产管理业务、专项资产管理计划、私募股权基金管理业务以及中国证监会许可的其他业务。

(1) 公开募集基金，包括向不特定对象募集资金、向特定对象募集资金累计超过200人以及法律、行政法规规定的其他情形。证券投资基金管理公司公开募集基金，应当经国务院证券监督管理机构注册，未经注册，不得公开或者变相公开募集基金。

(2) 特定客户资产管理业务，即基金管理公司向特定客户募集资金或者接受特定客户财产委托担任资产管理人，由托管机构担任资产托管人，为资产委托人的利益，运用委托财产进行投资的活动。通过设立资产管理计划从事特定资产管理业务，可以采取为单一客户办理特定资产管理业务以及为特定的多个客户办理特定资产管理业务两种形式。为单一客户办理特定资产管理业务的，客户委托的初始资产不得低于3000万元人民币，中国证监会另有规定的除外。为多个客户办理特定资产管理业务的，资产管理人应当向符合条件的特定客户销售资产管理计划。符合条件的特定客户，是指委托投资单个资产管理计划初始金额不低于100万元人民币，且能够识别、判断和承担相应投资风险的自然人、法人、依法成立的组织或中国证监会认可的其他特定客户。资产管理人为多个客户办理特定资产管理业务的，单个资产管理计划的委托人不得超过200人，但单笔委托金额在300万元人民币以上的投资者数量不受限制；客户委托的初始资产合计不得低于3000万元人民币，但不得超过50亿元人民币，中国证监会另有规定的除外。

(3) 专项资产管理计划，是指基金管理公司设立专门的子公司，投资于未通过证券交易所转让的股权、债权及其他财产权利以及中国证监会认可的其他资产的特定资产管理计划。这种计划通常用于大型融资项目，例如城建、基建、市政工程等。

(4) 私募股权基金管理业务，是指基金管理公司可以设立专门子公司，通过设立特殊目的机构或者设立合伙企业或者公司形式的私募股权投资基金来从事私募股权投资基金管理业务。

2) 私募机构资产管理业务

根据《证券投资基金法》《私募投资基金监督管理暂行办法》等法律法规的规定，私募基金设立私募基金管理机构和发行私募基金不设行政审批，允许各类发行主体在依法合规的基础上，向累计不超过法律规定数量的投资者发行私募基金。非公开募集基金应当向合格投资者募集，合格投资者累计不得超过200人。合格投资者是指具备相应风险识别和承担能力，投资于单只私募基金的金额不低于100万元且符合下列相关标准的单位和个人：净资产不低于1000万元的单位；金融资产不低于300万元或者最近3年个人年均收入不低于50万元的个人。金融资产包括银行存款、股票、债券、基金份额、资产管理计划、银行理财产品、信托计划、保险产品、期货权益等。

下列投资者被视为合格投资者：①社会保障基金、企业年金等养老基金，慈善基金等社会公益基金；②依法设立并在基金业协会备案的投资计划；③投资于所管理私募基金的私募基金管理人及其从业人员；④中国证监会规定的其他投资者。以合伙企业、契约等非法人形式，通过汇集多数投资者的资金直接或者间接投资于私募基金的，私募基金管理人或者私募基金销售机构应当穿透核查最终投资者是否为合格投资者，并合并计算投资者人数。但是，符合本条第①、②、④项规定的投资者投资私募基金的，不再穿透核查最终投资者是否为合格投资者和合并计算投资者人数。

私募基金管理机构可以从事私募证券投资基金、私募股权投资基金、创业投资基金等的募集和管理业务。各类私募基金管理人应当根据基金业协会的规定，向基金业协会申请登记。各类私募基金募集完毕，私募基金管理人应当根据基金业协会的规定，办理基金备案手续。

3) 证券公司资产管理业务

根据《证券法》《证券投资基金法》《证券公司监督管理条例》《证券公司客户资产管理业务管理办法》等法律法规的规定，证券公司可以依法从事下列客户资产管理业务：①为单一客户办理定向资产管理业务；②为多个客户办理集合资产管理业务；③为客户办理特定目的的专项资产管理业务。

集合资产管理计划应当面向合格投资者推广，合格投资者累计不得超过200人。合格投资者是指具备相应风险识别能力和承担所投资集合资产管理计划风险能力且符合下列条件之一的单位和个人：①个人或者家庭金融资产合计不低于100万元人民币；②公司、企业等机构净资产不低于1000万元人民币。依法设立并受监管的各类集合投资产品视为单一合格投资者。

根据《证券公司私募投资基金子公司管理规范》《证券公司另类投资子公司管理规范》的规定，证券公司也可以设立私募投资基金子公司，从事私募投资基金业务，还可以设立证券公司另类子公司，从事《证券公司证券自营投资品种清单》所列品种以外的金融产品、股权等另类投资业务。

2012年，《证券投资基金法》修订之后，中国证监会颁布了《资产管理机构开展公募证券投资基金管理业务暂行规定》，在中国境内依法设立

知识链接

2022年末证券期货经营机构私募资产管理业务规模构成

的证券公司、保险资产管理公司以及专门从事非公开募集证券投资基金管理业务的资产管理机构(私募证券基金管理机构)符合条件的,也可以申请开展公募基金管理业务。目前,已有一些证券公司及其资产管理子公司得到核准,开展公募基金管理业务。

4) 期货公司资产管理业务

根据《期货公司资产管理业务试点办法》《期货公司资产管理业务管理规则(试行)》等法规及文件的规定,期货公司及其依法设立的专门从事资产管理业务的子公司可以在中国境内从事资产管理业务,接受单一客户或者特定多个客户的书面委托,根据规定和合同约定,运用客户委托资产进行投资,并按照合同约定收取费用或者报酬。

期货公司及其子公司从事的资产管理业务包括为单一客户办理资产管理业务和为特定多个客户办理资产管理业务。资产管理业务的客户应当具有较强的资金实力和风险承受能力,单一客户的起始委托资产不得低于100万元人民币。资产管理计划的资产委托人应当为合格投资者,单个资产管理计划的投资者人数不得超过200人。合格投资者应当符合《私募投资基金监督管理暂行办法》的有关规定。

5) 信托公司资产管理业务

根据《中华人民共和国信托法》(以下简称《信托法》)、《信托公司管理办法》《信托公司集合资金信托计划管理办法》等法律法规的规定,信托公司可以在境内设立和管理单一资金信托计划和集合资金信托计划。所谓集合资金信托计划,是指由信托公司担任受托人,按照委托人意愿,为受益人的利益,将两个及以上委托人交付的资金进行集中管理、运用或处分的资金信托业务活动。信托公司设立集合资金信托计划,应当符合以下要求:①委托人为合格投资者;②参与信托计划的委托人为唯一受益人;③单个信托计划的自然人人数不得超过50人,但单笔委托金额在300万元以上的自然人投资者和合格的机构投资者数量不受限制;④信托期限不少于1年;⑤信托资金有明确的投资方向和投资策略,且符合国家产业政策以及其他有关规定;⑥信托受益权划分为等额份额的信托单位;⑦信托合同应约定受托人报酬,除合理报酬外,信托公司不得以任何名义直接或间接以信托财产为自己或他人牟利;⑧银监会规定的其他要求。

所谓合格投资者,是指符合下列条件之一,能够识别、判断和承担信托计划相应风险的人:①投资一个信托计划的金额不少于100万元人民币的自然人、法人或者依法成立的其他组织;②个人或家庭金融资产总计在其认购时超过100万元人民币,且能提供相关财产证明的自然人;③个人收入在最近3年内每年收入超过20万元人民币或者夫妻双方合计收入在最近3年内每年收入超过30万元人民币,且能提供相关收入证明的自然人。

6) 保险公司及保险资产管理公司业务

保险公司是金融市场中重要的机构投资者,根据中国保监会《保险资金运用管理暂行办法》《资产支持计划业务管理暂行办法》《关于保险资产管理公司开展资产管理产品业务试点有关问题的通知》《关于设立保险私募基金有关事项的通知》等法规及文件的规定，保险集团(控股)公司、保险公司根据投资管理能力和风险管理能力，可以自行投资或者委托保险资产管理机构进行投资。

(1) 保险资金委托投资业务。保险资产管理机构应当根据受托资产规模和类别、产品风险特征、投资业绩等因素，按照市场化原则，以合同方式与委托或者投资机构约定管理费收入计提标准和支付方式。

(2) 保险资产管理产品业务。保险资产管理机构可以将保险资金运用范围的投资品种作为基础资产，开展保险资产管理产品业务。保险资产管理产品业务是指由保险资产管理机构为发行人和管理人，向保险集团(控股)公司、保险公司以及保险资产管理机构等投资人发售产品份额，募集资金，并选聘商业银行等专业机构为托管人，为投资人利益开展的投资管理活动。

(3) 资产支持计划业务。保险资产管理公司还可以从事设立和管理资产支持计划业务。资产支持计划业务是指保险资产管理公司等专业管理机构作为受托人设立支持计划，以基础资产产生的现金流作为偿付支持，面向保险机构等合格投资者发行受益凭证的业务活动。

(4) 私募基金业务。保险资金还可以设立私募基金，包括成长基金、并购基金、新兴战略产业基金、夹层基金、不动产基金、创业投资基金及以上述基金为主要投资对象的母基金。保险资金设立私募基金，发起人应当由保险资产管理机构的下属机构担任。基金管理人可以由发起人担任，也可以由发起人指定保险资产管理机构或保险资产管理机构的其他下属机构担任。

(5) 投资连结保险产品和非寿险非预定收益投资型保险产品的资金管理。投资连结保险产品和非寿险非预定收益投资型保险产品的资金运用，应当在资产隔离、资产配置和投资管理等环节，独立于其他保险产品资金。

(6) 公募证券投资基金业务。2012年，《证券投资基金法》修订之后，也有一些保险资产管理公司得到中国证监会核准，开展公募基金管理业务。此外，根据《保险公司设立基金管理公司试点管理办法》的规定，符合条件的保险公司可以申请设立基金管理公司，从事公募证券投资基金等相应的业务。目前，一些保险公司也设立了控股的基金管理公司。

7) 商业银行资产管理业务

个人理财产品业务和私人银行业务是商业银行资产管理业务的主要内容。根据中国银监会《商业银行个人理财业务管理暂行办法》《商业银行个人理财业务风险管理指引》《商业银行理财产品销售管理办法》等法规和文件的规定，商业银行可以向特定目标客户群销售理财计划。理财计划是指商业银行在分析研究潜在目标客户群的基础上，针对特定目标客户群开发设计并销售的资金投资和管理计划。按照客户获取收益方式的不同，理财计划可以分为保证收益理财计划和非保证收益理财计划。保证收益理财计划是指商业银行按照约定条件向客户承诺支付固定收益，银行承担由此产生的投资风险，或银行按照约定条件向客户承诺支付最低收益并承担相关风险，其他投资收益由银行和客户按照合同约定分配，并共同承担相关投资风险的理财计划。非保证收益理财计划可以分为保本浮动收益理财计划和非保本浮动收益理财计划。保本浮动收益理财计划是指商业银行按照约定条件向客户保证本金支付，本金以外的投资风险由客户承担，并依据实际投资收益情况确定客户实际收益的理财计划。非保本浮动收益理财计划是指商业银行根据约定条件和实际投资收益情况向客户支付收益但不保证客户本金安全的理财计划。

知识链接
我国资产管理行业需要关注的问题

商业银行为私人银行客户和高资产净值客户提供理财产品销售服务时，应当进行客户风险承受能力评估。私人银行客户是指金融净资产达到600万元人民币及以上的商业银行客户。高资产净值客户是指满足下列条件之一的商业银行客户：①单笔认购理财产品不少于100万元人民币的自然人。②认购理财产品时，个人或家庭金融净资产总计超过100万元人民币，且能提供相关证明的自然人；③个人收入在最近3年内每年超过20万元人民币或者家庭合计收入在最近3年内每年超过30万元人民币，且能提供相关证明的自然人。

此外，根据《商业银行设立基金管理公司试点管理办法》的规定，符合条件的商业银行可以申请设立基金管理公司，从事公募证券投资基金等相应的业务。目前，已有不少商业银行设立了控股的基金管理公司。

二、投资基金简介

(一) 投资基金的定义

动态资源
投资基金概述

投资基金是资产管理的主要方式之一，它是一种组合投资、专业管理、利益共享、风险共担的集合投资方式。投资基金主要通过向投资者发行受益凭证(基金份额)，将具有相同投资目标的众多投资者的闲散资金集中起来，由专门的基金托管人托管基金资产，并由专业的基金管理机构投资于各种资产，实现基金资产的保值增值。投资基金是一种间接投资工具，基金投资者、基金管理人和托管人是基金运作中的主要当事人。投资基金所投资的资产既可以是金融资产，如股票、债券、外汇、股权、期货、期权等，也可以是房地产、大宗能源、林权、艺术品等其他资产。

(二) 投资基金的主要类别

投资基金按照不同的标准可以划分为多种类别。

1. 公募基金与私募基金

按照资金募集方式，可以将投资基金划分为公募基金和私募基金。公募基金是指向不特定投资者公开发行受益凭证进行资金募集的基金。它一般在法律和监管部门的严格监管下，应符合信息披露、利润分配、投资限制等行业规范要求。私募基金是指私下或直接向特定投资者募集的资金。私募基金只能向少数特定投资者采用非公开方式募集，对投资者的投资能力有一定的要求，同时在信息披露、投资限制等方面监管要求较低，方式较为灵活。

2. 契约型基金、公司型基金与有限合伙型基金

按照投资基金的法律形式，可以将投资基金划分为契约型基金、公司型基金与有限合伙型基金。契约型基金是指把投资者、管理人、托管人三者作为基金的当事人，通过签订基金契约的形式发行受益凭证而设立的一种基金。公司型基金是指按照《公司法》以公司形态发行股份的方式筹集资金，一般投资者为认购基金而购买该公司的股份，成为该公司的股东，凭其持有的股份依法享有投资收益。有限合伙型基金是指由普通合伙人和有限合伙人共同组成的基金组织。其中，普通合伙人对基金债务承担无限连带责任，负责基金管理；而有限合伙人则以其出资额为限对基金债务承担有限责任，不参与合伙企业的经营与管理。

3. 开放式基金与封闭式基金

按照运作方式，可以将投资基金划分为开放式基金与封闭式基金。开放式基金是指基金管理公司在设立基金时，发行基金单位的总份额不固定，可视投资者的需求追加发行。封闭式基金又称为固定型投资基金，是指基金发起人在设立基金时，限定了基金单位的发行总额，并在存续期内固定不变，基金份额可以在依法设立的证券交易场所交易，但基金份额持有人不能申请赎回的基金。

4. 证券投资基金与另类投资基金

投资者日常接触到的投资基金，主要是依据投资对象进行区分的。通常，人们把投资于公开市场交易的权益、债券、货币、期货等传统金融资产的基金称为证券投资基金，把投资于传统投资对象以外的基金称为另类投资基金。

关于传统基金，本书将在第二章详细介绍，此处不再赘述。常见的另类投资基金主要有以下几种类别。

(1) 股权投资基金。股权投资基金，又称私人股权投资基金或私募股权投资基金，是指对非上市企业进行的权益性投资，在交易实施过程中附带考虑了将来的退出机制，即通过上市、并购或管理层回购等方式，出售持股获利。

(2) 风险投资基金。风险投资基金，又称创业基金，也可以将其看作私募股权基金的一种，它以一定的方式吸收机构和个人的资金，投资于那些不具备上市资格的初创期或者小型新型企业，尤其是高新技术企业，帮助所投资的企业尽快成熟，取得上市资格，从而使资本增值。一旦公司股票上市后，风险投资基金就可以通过证券市场转让股权而收回资金，继续投向其他风险企业。风险投资基金一般也采用私募方式。

(3) 对冲基金。对冲基金，意为"风险对冲过的基金"，它是一种基于投资理论和极其复杂的金融市场操作技巧，充分利用各种金融衍生产品的杠杆效用，承担高风险、追求高收益的投资模式。对冲基金一般也采用私募方式，广泛投资于金融衍生产品是其主要特点。

知识链接
不动产投资基金的独特优势

(4) 不动产投资基金。不动产投资基金，是指以发行权益凭证的方式汇集投资者的资金，由专门投资机构进行不动产投资经营管理，并将投资综合收益按比例分配给投资者的基金。不动产投资基金可以采用私募方式，也可以采用公募方式。

(5) 其他另类投资基金。除了以上另类投资基金类型外，还有一些投资基金投资于大宗商品、黄金、艺术品、红酒、农产品等，一般也采用私募方式，种类非常广泛，外延也很不确定。

■ 思考

证券投资基金、另类投资基金和基金是什么关系？

提示：

证券投资基金和另类投资基金只是基金的两种类型，是按照投资对象所做的分类。

习题

第二章 证券投资基金概述

第一节 证券投资基金的概念与特点

一、证券投资基金的概念

证券投资基金是指通过向投资者募集资金，形成独立的基金财产，由专业投资机构(基金管理人)进行基金投资与管理，由基金托管人进行资产托管，由基金投资人共享投资收益、共担投资风险的一种集合投资方式。证券投资基金的运作流程如图2-1所示。

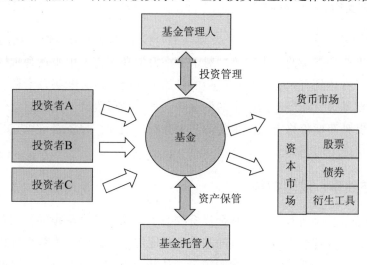

图2-1 证券投资基金的运作流程

证券投资基金本质上是一种间接的证券投资方式，投资人期望通过基金管理人的专业资产管理，得到比自行管理更高的报酬。基金管理机构和托管机构分别作为基金管理人和基金托管人，一般按照基金的资产规模获得一定比例的管理费收入和托管费收入。

基金份额也称基金单位，是投资人购买基金时得到或持有的数量单位，是基金发起人向不特定投资者发行的，表示持有人对基金享有资产所有权、收益分配权和其他相关权利,并承担相应义务的凭证。

世界各国和地区对证券投资基金的称谓有所不同,证券投资基金在美国被称为"共同基金",在英国和我国香港特别行政区被称为"单位信托基金",在欧洲一些国家被称为"集合投资基金"或"集合投资计划",在日本和我国台湾地区则被称为"证券投资信托基金"。

二、证券投资基金的特点

(一) 集合理财、专业管理

证券投资基金汇集了众多投资者的资金进行共同管理,表现出一种集合理财的特点,有利于发挥资金的规模优势,降低投资成本。证券投资基金由专业机构进行管理与运作,专业投资研究人员依托强大的信息网络,能够更好地对证券市场进行动态跟踪与深入分析。因此,通过购买基金进行投资,相当于聘请了一个专业投资经理,即便是中小投资者也能享受到专业化的投资管理服务。

(二) 组合投资、分散风险

《证券投资基金法》规定,基金必须以组合投资的方式来运作,从而使"组合投资、分散风险"成为基金的一大特色。对于中小投资者而言,由于资金规模有限,很难通过购买多种证券达到有效分散投资风险的目的。基金通常会购买几十种甚至上百种股票,投资者购买基金就相当于用很少的资金购买了一篮子股票,某些股票价格下跌造成的损失可以用其他股票价格上涨产生的盈利来弥补,因此,投资者可以充分享受到"组合投资、分散风险"的好处。

(三) 利益共享、风险共担

基金投资者是基金所有者。从基金投资收益中扣除由基金承担的费用后的盈余全部归投资者所有,依据各投资者所持有的基金份额比例进行分配。为基金提供服务的基金托管人、基金管理人一般按基金合同的规定,从基金资产中收取一定比例的托管费、管理费,不参与基金收益的分配。

(四) 严格监管、信息透明

为了切实保护投资者的利益,增强投资者对基金投资的信心,中国证监会对基金业实行严格监管,对各种有损于投资者利益的行为进行严厉打击,并对基金的信息披露做出严格要求,保证信息披露充分、准确、及时。在这种情况下,严格监管、信息透明也成为基金的显著特点。

(五) 独立托管、保障安全

基金管理人负责基金的投资操作，本身并不负责基金财产的保管，基金财产的保管由独立于基金管理人的基金托管人负责。这种相互制约、相互监督的制衡机制能够保护投资者的利益。

> ■ 思考
> 股票、债券和基金有何异同？
> 提示：
> 同：三者都是有价证券。
> 异：三者反映的经济关系、筹集资金的投向、投资收益与风险收益不同。

第二节　证券投资基金的参与主体

在基金市场上存在许多不同的参与主体，依据基金市场的参与主体所承担的职责与作用的不同，可以将其分为基金当事人，基金服务机构，基金监管机构和行业自律组织三大类。

证券投资基金的运作与参与主体

一、证券投资基金当事人

在我国，证券投资基金依据基金合同设立，基金份额持有人、基金管理人与基金托管人是基金合同的当事人，简称基金当事人。

(一) 基金份额持有人

基金份额持有人即基金投资者，是基金的出资人、基金资产的所有者和基金投资回报的受益人。基金份额持有人是证券投资基金一切活动的中心。

按照《证券投资基金法》的规定，我国基金份额持有人享有以下权利：分享基金财产收益；参与分配清算后的剩余基金财产；依法转让或者申请赎回其持有的基金份额；按照规定要求召开或召集基金份额持有人大会；对基金份额持有人大会审议事项行使表决权；公开募集基金的基金份额持有人有权查阅或者复制公开披露的基金信息资料；对基金管理人、基金托管人、基金销售机构损害其合法权益的行为依法提起诉讼；基金合同约定的其他权利。

(二) 基金管理人

基金管理人是基金的募集者和管理者,在整个基金运作中占据核心地位。基金管理人不仅要负责基金资产的投资运作,还要承担基金产品设计、基金营销、基金份额注册登记、基金估值、会计核算等多方面的职责。在我国,公开募集基金的基金管理人,由基金公司或者经国务院证券监督管理机构按照规定核准的其他机构担任。

(三) 基金托管人

为了保证基金资产的安全,《证券投资基金法》规定,基金资产必须由独立于基金管理人的基金托管人保管。基金托管人的职责主要体现在资产保管、资金清算、会计复核以及对投资运作的监督等方面。在我国,基金托管人只能由依法设立并取得基金托管资格的商业银行或其他金融机构担任。

> ■ **思考**
>
> 基金三方当事人之间存在怎样的关系?
>
> 提示:
>
> 基金三方当事人在基金运作过程中形成三角关系:
>
> (1) 基金份额持有人与基金管理人之间是委托人、受益人与受托人的关系;
>
> (2) 基金份额持有人与基金托管人之间是委托人与受托人的关系;
>
> (3) 基金管理人与基金托管人之间是平行受托和互相监督的关系。

二、证券投资基金服务机构

基金管理人、基金托管人既是基金当事人,又是基金的主要服务机构。除基金管理人与基金托管人外,基金市场还有许多面向基金提供各类服务的其他机构,主要包括基金销售机构、基金销售支付机构、基金份额登记机构、基金估值核算机构、基金投资顾问机构、基金评价机构、基金信息技术系统服务机构、律师事务所和会计师事务所等。

1. 基金销售机构

基金销售是指基金宣传推介以及基金份额发售或者基金份额申购和赎回并收取以基金交易(含开户)为基础的相关佣金的活动。基金销售机构是指从事基金销售业务活动的机构,包括基金管理人以及经中国证监会认定的可以从事基金销售的其他机构。目前可以申请从事基金代理销售的机构主要有商业银行、证券公司、保险公司、证券投资咨询机构、独立基金销售机构。

2. 基金销售支付机构

基金销售支付是指在基金销售活动中，基金销售机构、基金投资人之间的货币资金转移活动。基金销售支付机构是指从事基金销售支付业务活动的商业银行或者支付机构。基金销售支付机构从事销售支付活动的，应当取得中国人民银行颁发的"支付业务许可证"(商业银行除外)，并制定完善的资金清算和管理制度，能够确保基金销售结算资金的安全、独立和及时划付。基金销售支付机构从事公开募集基金销售支付业务的，应当按照中国证监会的规定进行备案。

3. 基金份额登记机构

基金份额登记是指基金份额的登记过户、存管和结算等业务活动。基金份额登记机构是指从事基金份额登记业务活动的机构。基金管理人可以办理其募集基金的份额登记业务，也可以委托基金份额登记机构代为办理基金份额登记业务。公开募集基金份额登记机构由基金管理人和中国证监会认定的其他机构担任。基金份额登记机构的主要职责包括：建立并管理投资人的基金账户；基金份额基金登记；基金交易确认；代理发放红利；建立并保管基金份额持有人名册；法律法规或份额登记服务协议规定的其他职责。

4. 基金估值核算机构

基金估值核算是指基金会计核算、估值及相关信息披露等业务活动。基金估值核算机构是指从事基金估值核算业务活动的机构。基金管理人可以自行办理基金估值核算业务，也可以委托基金估值核算机构代为办理基金估值核算业务。基金估值核算机构拟从事公开募集基金估值核算业务的，应当向中国证监会申请注册。

5. 基金投资顾问机构

基金投资顾问是指按照约定向基金管理人、基金投资人等服务对象提供基金以及其他中国证监会认可的投资产品的投资建议，辅助客户做出投资决策，并直接或者间接获取经济利益的业务活动。基金投资顾问机构是指从事基金投资顾问业务活动的机构。基金投资顾问机构提供公开募集基金投资顾问业务的，应当向工商登记注册地中国证监会派出机构申请注册。未经中国证监会派出机构注册，任何机构或者个人不得从事公开募集基金投资顾问业务。基金投资顾问机构及其从业人员提供投资顾问服务，应当具有合理的依据，对其服务能力和经营业务进行如实陈述，不得以任何方式承诺或者保证投资收益，不得损害服务对象的合法权益。

6. 基金评价机构

基金评价是指对基金投资收益和风险或者基金管理人的管理能力进行的评级、评奖、单一指标排名或者中国证监会认定的其他评价活动。评级是指运用特定的方法对基金的投资收益和风险或者基金管理人的管理能力进行综合性分析，并使用具有特定含义的符号、数字或者文字展示分析结果。基金评价机构是指从事基金评价业务活动的机构。基金评价机构从事公开募集基金评价业务并以公开形式发布基金评价结果的，应当向基金业协会申请注册。基金评价机构及其从业人员应当客观公正，依法开展基金评价业务，禁止误导投资人，并防范可能发生的利益冲突。

7. 基金信息技术系统服务机构

基金信息技术系统服务是指为基金管理人、基金托管人和基金服务机构提供基金业务核心应用软件开发、信息系统运营维护、信息系统安全保障和基金交易电子商务平台等的业务活动。从事基金信息技术系统服务的机构应当具备国家有关部门规定的资质条件或者取得相关资质认证，具有开展业务所需要的人员、设备、技术、知识产权等条件，其提供的信息技术系统服务应当符合法律法规、中国证监会以及行业自律组织等的业务规范要求。

8. 律师事务所和会计师事务所

律师事务所和会计师事务所作为专业、独立的中介服务机构，主要为基金投资活动提供法律、会计服务。

三、证券投资基金监管机构和行业自律组织

(一) 证监会

证监会，全称为中国证券监督管理委员会，是国务院直属的正部级事业单位。1992年10月，国务院证券委员会和中国证监会宣告成立，标志着中国证券市场统一监管体制开始形成。国务院证券委员会是中国管理全国证券市场的政府机构，证监会则是国务院证券委员会的监管执行机构，依照法律法规对证券市场进行监管。

基金监管机构通过依法行使审批或核准权，依法办理基金备案，对基金管理人、基金托管人以及其他从事基金活动的服务机构进行监督管理，对违法违规行为进行查处，在基金的运作过程中起着重要的作用。

证监会下设20个内部职能部门(详见第一章知识连接"中国证监会的职能与机构设置")，其中证券基金机构监管司承担基金监管的职责，具体包括：拟订证券基金经营机构、证券投资咨询机构、基金托管机构、基金服务机构、合格境外投资者监管制度，依法对上述机构及其业务实施准入管理，对其业务活动和人员从业行为实施监督管理，开展风险监测和个案风险处置。

(二) 证券交易所

证券交易所是为集中和有组织交易证券提供场所和设施，履行国家有关法律法规、规章、政策规定的职责，负责组织和监督证券交易的法人。

证券交易所是实行自律管理的法人，因此，证券交易所兼具管理者与被管理者的双重身份：一方面，证券交易所是证券市场的组织者，有义务进行自律管理，具有一定的监管权限；另一方面，作为特殊的市场主体，证券交易所也要受到证监会等监管机构的监管。

证券交易所享有交易所业务规则制定权,如规定上市规则、交易规则、会员管理规则等,这也是其自律管理职能的重要内容。同时,证券交易所还负责对在交易所内进行的各种基金投资交易活动进行监督,负责交易所上市基金的信息披露等工作。

(三) 中国证券投资基金业协会

2012年6月6日,应基金行业要求成立独立的行业协会的呼声,依据《证券投资基金法》和《社会团体登记管理条例》,中国证券投资基金业协会正式成立。在此基础上,2013年,《证券投资基金法》增设"基金行业协会"一章,详细规定了中国证券投资基金业协会的性质、组成和主要职责等内容,为中国证券投资基金业协会履行职责和明确权限提供了法律依据。

中国证券投资基金业协会是证券投资基金行业的自律性组织,接受证监会和民政部的业务指导和监督管理。根据《证券投资基金法》的规定,基金管理人、基金托管人应当加入协会,基金服务机构可以加入协会。协会最高权力机构为全体会员组成的会员大会,负责制定和修改章程。协会设立代表大会,行使选举和罢免理事、监事,审议理事会工作报告、监事会工作报告和财务报告,制定和修改会费标准等职权。

知识链接

中国证券投资基金业协会成立及职责

四、证券投资基金参与主体的运作关系

基金投资者、基金管理人与基金托管人是基金当事人。基金市场上的各类中介或代理机构通过提供专业服务参与基金市场,监管机构则对基金市场上的各种参与主体实施全面监管,如图2-2所示。

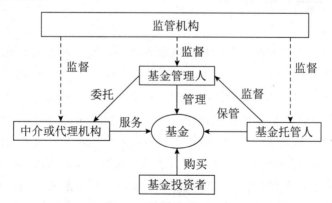

图2-2 我国证券投资基金参与主体的运作关系

第三节　证券投资基金的法律形式和运作方式

一、证券投资基金的法律形式

(一) 基金财产的独立性

基金财产在法律上具有独立性，这也是投资基金的重要特征。根据《证券投资基金法》的规定，基金财产的独立性表现在以下几个方面。

(1) 基金财产的债务由基金财产本身承担，基金份额持有人以其出资为限对基金财产的债务承担责任，但基金合同依照本法另有约定的，从其约定。

(2) 基金财产独立于基金管理人、基金托管人的固有财产，基金管理人、基金托管人不得将基金财产归入其固有财产。基金管理人、基金托管人因依法解散、被依法撤销或者被依法宣告破产等进行清算的，基金财产不属于其清算财产。

(3) 基金管理人、基金托管人因基金财产的管理、运用或者其他情形而取得的财产和收益，归入基金财产。

(4) 基金财产的债权，不得与基金管理人、基金托管人固有财产的债务相抵销，不同基金财产的债权债务不得相互抵销。非因基金财产本身承担的债务，不得对基金财产强制执行。

(二) 契约型基金与公司型基金

1. 契约型基金

契约型基金依托于基金投资者、基金管理人、基金托管人之间所签署的证券投资信托契约而设立，通过基金管理人发行基金份额来募集资金，又可称为信托型基金。

证券投资信托契约简称基金合同，是规定基金当事人之间权利与义务的法律文件。基金管理公司依据法律、法规和基金合同的规定，负责基金的经营、管理和运作；基金托管人作为基金资产的名义持有人，负责保管基金资产；基金投资者通过购买基金管理人发行的基金份额而成为基金份额持有人和基金合同当事人，依法享有基金投资收益。根据《证券投资基金法》的规定，目前我国基金管理公司发起成立的封闭式基金与开放式基金都属于契约型基金，契约型基金是我国资本市场的主流。

契约型基金具有如下几个特点。

(1) 组织结构简单。契约型基金不设董事会，基金管理公司自己作为委托公司设立基金，自行或再聘请基金经理人负责基金的经营、管理和操作，通常指定一家证券公司或承销公司代为办理受益凭证的发行、买卖、转让、交易、利润分配、收益及本利偿还支付。基金投资者通过召集基金持有人大会来行使对基金的治理权。

(2) 募集范围广泛。根据《证券投资基金法》的规定，契约型公开募集资金可以向不特定对象募集资金，不特定对象的数量不是构成要件，即使向少于200人的不特定对象募集资金来进行证券投资活动，同样构成需要注册才能开展的公开募集。同时，也可以向累计超过200人的特定对象募集资金，这种情况下，实际参与资金募集的人数一旦超过200人，则构成公开募集，应当按照需注册的公开募集接受证券监督管理机构的监管。

(3) 运作成本较低。契约型基金无须注册专门的有限合伙企业，也不需要成立投资公司或股份责任公司，不必占用独占性不动产，避开了成立企业所需办理的工商登记等手续，仅需通过基金合同约定各种法律关系，采取专业化管理模式，按期支付给管理人管理费用，简化了费用支出。

(4) 退出机制较灵活。在契约框架下，不同投资人之间没有相互制约的关系，基金合同中可设专门条款约定灵活的退出方式，投资者若想从契约型基金中退出，只需履行规定条款即可，并没有相关法律程序的限制，且即使一些投资者退出，也不会影响契约型基金的持续性。

2. 公司型基金

公司型基金是指基金本身为一家公司，依据基金公司章程设立，基金投资者是基金公司的股东，享有股东权，按所持有的股份承担有限责任，分享投资收益，这种公司通常也被称为投资公司。公司型基金在法律上是具有独立法人地位的股份投资公司，设有董事会，代表投资者的利益行使职权。虽然公司型基金在形式上类似于一般股份公司，但不同于一般股份公司的是，它委托基金管理公司作为专业投资顾问来经营与管理基金资产。

公司型基金有以下两种管理方式。

(1) 他营式基金。他营式基金是指基金公司并不自己运营募集的资金集合体，而是委托基金管理公司或投资顾问公司运营并管理的基金形式。世界上大部分公司型基金是他营式基金，美国的共同基金是典型的他营式基金。

(2) 自营式基金。自营式基金是指由基金公司本身对所募集的资金集合体进行经营管理的基金形式。自营式基金得到了一些国家的许可，这些国家允许投资公司采用"自行管理"的方式运营基金。

■ **思考**

公司型基金在我国的发展前景如何？

提示：

从是否具备公司型基金发展所需的基本经济环境、法律环境、公司制度等方面进行分析。

3. 契约型基金与公司型基金的区别

(1) 资金性质不同。契约型基金是通过发行基金份额筹集起来的信托财产；公司型基金是通过发行股票筹集的公司法人资本。

(2) 投资者的地位不同。契约型基金的投资者购买基金份额后成为基金契约的当事人之一，投资者既是基金委托人，又是基金受益人，不享有管理基金资产的权利；公司型基金的投资者购买基金公司的股票后成为该公司的股东，通过股东大会享有管理基金公司的权利。

(3) 法律依据不同。契约型基金是依照基金契约组建的，《信托法》是其设立的依据，基金本身不具有法人资格；公司型基金是按照《公司法》组建的，基金具有法人资格。

(4) 基金运作依据不同。契约型基金依据基金契约运作基金，基金投资者和基金管理人、托管人之间是信托委托人、受托人和受益人的关系，基金投资人通过基金持有人大会行使权利；公司型基金依据基金公司章程运作基金，设有股东会、董事会等决策监督机构，基金投资人通过股东会行使权利，设立董事会进行相关事务的决策与监督，基金管理人的身份是公司董事会聘请的投资顾问。

由此可见，公司型基金的优点是法律关系明确清晰，监督约束机制较为完善；契约型基金的优点是设立更为简单易行。两者之间的区别主要表现为法律形式不同，并无优劣之分，公司型基金是欧美等发达资本市场的主流基金模式，也是我国基金未来发展的方向。

二、证券投资基金的运作方式

(一) 封闭式基金与开放式基金

1. 封闭式基金

封闭式基金是指基金份额在基金合同期限内固定不变，可以在依法设立的证券交易所交易，但基金份额持有人不得申请赎回的一种基金运作方式。对于封闭式基金而言，基金份额不能随意增加或减少，所以，投资者不能在发行人处进行申购和赎回，但是投资者可以在二级市场上通过竞价交易的方式完成基金单位的买卖。

封闭式基金的期限是指基金的存续期，即基金从成立到终止的时间。能够决定基金期限长短的因素主要有基金本身投资期限的长短、宏观经济形势、基金发起人和投资者的需求。基金期限届满即为基金终止，管理人应组织清算小组对基金资金进行清产核资，并将清产核资后的基金净资产按照投资者的出资比例进行公正、合理的分配。

> ■ 思考
>
> 封闭式基金能提前终止吗？
>
> 提示：
>
> 经主管部门批准，在国家法律和政策的改变使得某基金的继续存在为非法或者不适宜，管理人、托管人因故退任或被撤换且无新的管理人承继，或基金持有人大会上通过提前终止基金的决议等情况下，封闭式基金可以提前终止。

2. 开放式基金

开放式基金是指基金管理公司在设立基金时，发行基金单位的总份额不固定，可以视投资者的需求追加发行，投资者也可以根据市场状况和自己的投资决策，在基金合同约定的时间和场所进行申购或赎回的一种基金运作方式。

为了应付投资者中途抽回资金，实现变现的目的，一般都从开放式基金所筹资金中拨出一定比例，以现金等高流动性资产的形式保持这部分资产。这样做虽然会影响基金的盈利水平，但对于开放式基金来说是必需的。

市场上有一种定期开放基金，属于开放式基金的一种，但与一般的开放式基金不同，它并不能在任何交易日自由买卖，而是按照一个固定的周期开放，通常为3个月和6个月。目前定期开放基金大多为债券型基金，这样的设计可以保持基金规模的相对稳定，提高投资收益。

3. 封闭式基金与开放式基金的区别

(1) 期限不同。封闭式基金有固定的存续期限，通常在5年以上，一般为10年或15年。封闭式基金合同中必须规定基金封闭期，期满后经受益人大会通过并通过一定的法定程序延期或者转为开放基金。开放式基金没有固定期限，投资者可以随时向基金管理人赎回基金单位。

动态资源

封闭式基金与开放式基金的区别

(2) 发行规模限制不同。封闭式基金在招募说明书中列明其基金规模，在封闭期限内未经法定程序认可不能增加或减少发行。开放式基金没有发行规模限制，投资者可以随时提出申购或赎回申请，基金规模会随之增大或缩减。

(3) 基金单位交易方式不同。封闭式基金的基金单位在封闭期限内不能赎回，持有人只能委托证券公司在证券交易场所将基金单位出售转让给第三方，交易是在投资者之间完成的。开放式基金的投资者可以在封闭期后按照合约规定的时间和地点向基金管理人或其销售代理人提出申购或赎回申请，交易是在投资者与基金管理人之间完成的。

(4) 价格形成方式不同。封闭式基金和开放式基金的基金单位的首次发行价格都是按面值加一定百分比的购买费用计算的，但此后的交易计价方式各不相同。封闭式基金的交易价格主要受二级市场供求关系的影响，当需求旺盛时，二级市场的交易价格会超过基金份额净值，出现溢价交易现象；反之，会出现折价交易现象。所以，交易价格并不必然反映基金的净值。开放式基金的交易价格以基金份额净值为基础，其申购价格一一般是基金单位净值加一定的申购费，赎回价格是基金单位净值减去一定的赎回费，不直接受市场供求关系的影响。

(5) 激励约束机制不同。封闭式基金份额固定，投资者无法赎回投资。不管基金表现是好还是不好，基金经理通常都不会在经营与流动性管理上面临直接的压力。但开放式基金不同，如果开放式基金业绩表现好，通常会吸引新的投资，基金管理人的管理费收入会随之增加；如果开放式基金业绩表现差，则会面临来自投资者要求赎回投资的压力。因此，与封闭式基金相比，开放式基金向基金管理人提供了更完善的激励约束机制。

(6) 投资策略不同。封闭式基金的基金单位数量不变，没有赎回压力，资本不会减少，因此，可以进行长期投资，基金资产的组合投资能有效地在预定计划内进行，有利于基金长期业绩的提高。开放式基金的份额不固定，投资操作会受到不可预测的资金流入和流出的影响与干扰，特别是为满足基金赎回的需要，开放式基金必须保留一定的现金资产，并高度重视基金资产的流动性，这会在一定程度上给基金的长期经营业绩带来不利影响。

(7) 交易费用不同。投资者在买卖封闭式基金时，需要在基金价格之外支付手续费；在买卖开放式基金时，需要支付申购费和赎回费。

(二) 伞型结构基金

境外市场还有一种比较常见的基金形式——伞型结构基金，又称为系列基金，是指在一个母基金之下再设立若干个子基金，各子基金共用一份基金合同，独立进行投资决策且各子基金之间可以进行相互转换的基金运作模式。伞型结构基金可以在不增加成本的情况下为投资者提供一定的选择余地，投资者可以在不支付转换费用的情况下根据自己的需要转换基金类型。与单一结构基金相比，伞型结构基金具有如下明显优势。

1. 简化管理、降低成本

虽然不同子基金需独立运作，但这些子基金均隶属于一个总契约和总体管理框架，在很大程度上简化了管理，并在基金的托管、审计、法律服务、管理团队等方面享有规模经济效应，从而降低设立及管理一只新基金的成本。

2. 扩张功能较强

伞型结构基金在基金品种及基金销售地区方面的扩张能力较强。由于伞型结构基金的所有子基金都隶属于同一个总体框架，在建立起总体框架并得到东道国金融管理当局的认可后，基金公司就可以根据市场需求，以比运作单一基金更高的效率、更低的成本不断推出新的子基金品种或扩大其产品的销售地区。国外许多著名的基金管理公司在向其他国家扩张时，都纷纷采取了伞型结构基金。

第四节 我国证券投资基金的产生与发展

一、我国证券投资基金的产生

20世纪80年代末90年代初,我国一些金融机构就已经开始着手建立海外投资基金以及境内多种基金。例如,1987年,中国新技术创业投资公司与汇丰集团、渣打集团在中国香港设立中国置业基金,投资珠三角及其周边的乡镇企业,随后该基金在中国香港联交所挂牌上市。这标志着中资机构开始涉足投资基金业务。

伴随着中国证券市场的初步发展,由中资机构和外资机构在境外设立的"中国概念基金"相继问世。此时,我国房地产市场快速发展,对资金的需求逐步增加,国内基金这一业态初现雏形,并得到了地方政府与当地人民银行的支持,在1992年前后形成了投资基金热潮。1991年8月,珠海国际信托公司发起并成立珠信基金,这是我国设立最早的投资基金,但是它并没有获得主管部门的批准。从严格意义来说,经中国人民银行总行批准设立的第一只基金是1992年11月成立的淄博乡镇企业投资基金,该基金于1993年8月在上海证券交易所挂牌上市,成为我国首支在内地证券交易所上市交易的投资基金,该基金已经体现了基金发起人、基金管理人、基金托管人和基金份额的概念。

1994年,经济过热引发通货膨胀,政府开始实施宏观调控,证券投资基金的审批受到了严格限制。1994年7月底,证监会会同国务院其他有关部门推出了一系列股市新政策,逐步吸引国外投资基金投资国内A股市场,但由于法律滞后,证券投资基金的发展基本处于停滞状态。

1985年至1997年是我国证券投资基金的萌芽期和发展初期。在这一阶段,中国基金业的发展具有明显的探索性、自发性与不规范性。

二、我国证券投资基金的发展

1. 试点发展阶段(1998—2002年)

1997年是我国证券投资基金行业发展的分水岭。1997年11月《证券投资基金管理暂行办法》(以下简称《暂行办法》)的颁布,为我国证券投资基金业的规范发展奠定了法律基础。作为规范证券投资基金运作的首部行政法规,《暂行办法》明确了集合投资、受托管理、独立托管和利益共享、风险共担等基金运作基本原则。

在新的管理制度实施后,先后有基金管理公司成立。1998年3月,经中国证监会批准,新成立的南方基金管理公司和国泰基金管理公司分别发起设立了规模

均为20亿元的封闭式基金——基金开元和基金金泰,这两只成立于《暂行办法》颁布后的基金,与《暂行办法》颁布前成立的"老基金"相对应,被称为"新基金"。

在此之后,又有很多基金公司发起设立了新基金,例如华夏基金发起设立的兴华基金、华安基金发起设立的安信基金。在新基金快速发展的同时,证监会开始对"老基金"进行重组与改制,将"老基金"资产置换后合并并扩募改制成为符合《暂行办法》规定的新证券投资基金。

2. 快速发展阶段(2003—2007年)

《证券投资基金法》2003年10月28日通过审议并于2004年6月1日起施行,基金业的法律规范得到重大完善。《证券投资基金法》对基金运作的各个环节都做出了明确的法律规范,为我国基金业的发展奠定了坚实的法律基础,我国证券投资基金业从此走上了快车道。

在这一阶段,基金发展的主流品种是开放式基金。2006年至2007年,受益于股市繁荣,我国证券投资基金得到有史以来最快的发展,具体表现为:基金业绩表现出色,创历史新高;基金业资产规模急速增长,基金投资者数量迅速增加;基金产品和业务创新持续发展;基金管理公司业务呈现多元化发展趋势;构建行业法规体系,规范行业发展。

3. 创新探索阶段(2008—2014年)

2008年以后,在全球金融危机的影响下,我国经济增速不断放缓,股市大幅调整,基金业发展平稳,管理资产规模扩张停滞,股票型基金呈现持续净流出态势,基金业紧跟外部环境发生的变化进行了积极的改革与探索。

在这一阶段,基金监管机构不断坚持市场化改革,推动了《证券投资基金法》的修订,修订后的《证券投资基金法》将非公开募集基金纳入管理范围,为私募基金的发展提供了法律依据。随着市场化改革进程的推进,基金管理公司业务范围得到极大拓展,业务和产品创新能力得到较大提升。互联网金融与货币市场基金领域成功融合,凭借在投资回报和资金运用便捷性方面的竞争优势,推动公募基金行业快速成长。在资本市场开放的浪潮中,我国基金行业走向国际化,沪港通基金、深港通基金、上海自贸试验区股权投资基金等创新性跨地区业务模式出现,推动了境内基金管理机构的规范化与国际化。

4. 风险防范与规范发展阶段(2015年至今)

2015年,证券市场的剧烈波动以及理财市场上出现的一些风险事件,将基金管理行业的不规范行为和风险暴露出来,监管部门开始采取严格措施以降低和防范风险,同时完善法律法规并加强监督检查。

中国证监会对私募机构开展了包括募资行为合规性、基金资产安全性、信息披露及时性、基金杠杆运用情况、是否存在侵害投资者权益行为5个方面的专项检查。中国证监会针对基金管理公司及其子公司在资产管理方面出现的问题和风险进行严格清理与规范。同时,为了加强基金行业的风险管控约束机制,还建立了压力测试的风险监测与预警制度,提高了基金管理公司的风险管理水平。

第五节　基金业在金融体系中的地位与作用

证券投资基金是一种间接投资方式，是能够将众多闲散资金聚集到一起，形成基金资产，通过专业管理进行组合投资，实现利益共享、风险共担的集合投资方式。这种独特的制度优势促使基金业不断发展壮大，基金业在金融体系中的地位不断上升，发挥越来越重要的作用，主要体现在以下几个方面。

一、丰富中小投资者投资渠道

中小投资者手中资金有限，投资经验不足，如果在证券市场上直接投资股票有一定难度，而且风险较大，很难获得较高的投资收益，但如果储蓄或者购买债券，投资收益又较低，所以，很难做到组合投资、分散风险。

中国基金个人投资者的特征

证券投资基金作为一种面向中小投资者设计的间接投资工具，丰富了中小投资者的投资渠道。中小投资者可以在投资金额不高的情况下参与股票市场投资，通过管理人的专业化管理，还能进行组合投资来分散风险。如今，证券投资基金已经成为广大民众普遍接受的一种投资方式。

二、优化金融结构，促进经济增长

近年来，投资基金市场的发展十分迅速，这说明以基金和股票为代表的融资工具能够有效分流储蓄资金，在一定程度上降低金融行业的系统性风险，为产业发展和经济增长提供重要的资金来源，有利于生产力的提高和国民经济的发展。

私募证券投资基金的发展，满足了居民多元化投融资需求，能够推动实体经济创新、产业结构优化升级，正在成为资本形成的重要通道以及直接融资的重要渠道。

证券投资基金通过产品设计转化为公众投资产品，凭借自身大类资产配置能力和各类资产、策略的投资能力，可以为投资者优化资源配置和资产配置提供更好的服务，为实体经济发展做出更大的贡献。

三、促进证券市场健康发展

证券投资基金能够发挥专业理财优势，通过专业管理与运营，推动市场价值判断体系的形成，倡导理性投资，防止市场的过度投机。我国的投资者结构以个人投资者为主体，证券投资基金的健康发展有助于改善当前不合理的投资者结构，充分发挥机构投资者对上市公司的监督和制约作用，推动上市公司完善治理结构。

四、完善金融体系和社会保障体系

证券投资基金的专业化服务可以为社会保障基金、企业年金、养老金等各类社会保障型基金提供长期投资，实现基金资产的保值增值，促进社会保障体系的建立与完善。此外，公募基金具有低门槛、多样化、小额账户管理经验丰富、运作规范等特征，能够满足人们投资和个人养老储蓄的需求。

目前，我国养老保险体系包括三大支柱——基本养老保险；企业年金、职业年金；个人养老金制度和市场化的个人商业养老金融业务。以个人自主养老为基础的养老保险体系第三支柱建设正在平稳推进。个人养老金是典型的长期资金，随着个人养老金制度的不断完善与规模的扩大，基金运行总体平稳，收大于支，支撑能力不断增强，有利于资本市场和金融体系的繁荣稳定、社会保障制度与体系的不断完善，对整个经济社会体系的健康可持续发展具有非常重要的意义。

五、推动责任投资，实现可持续发展

社会责任型投资(socially responsible investing，RSI)是在全球发展较快的一种新型投资产品，投资决策的重要考量因子融入环境、社会和治理(EGS)三方面的投资理念。EGS是environmental(环境)、social(社会)和governance(治理)的缩写，代表一种关注企业环境、社会、治理绩效而非财务绩效的投资理念和企业评价标准。投资者不应仅对传统的金钱回报感兴趣，还应考虑到社会公义、经济发展、世界和平与环境保护等。基于ESG评价，投资者可以通过观测企业ESG绩效，评估其投资行为和企业(投资对象)在促进经济可持续发展、履行社会责任等方面的贡献。企业只有最大限度地契合公共利益，持续推动社会价值创造和福利增进，才能实现可持续发展。

习题

第三章 证券投资基金的类型

第一节 证券投资基金分类概述

一、证券投资基金分类的意义

随着我国基金市场的迅速发展壮大,基金产品规模不断扩大,数量和品种不断增加,因此业界在按照运作方式和法律形式对基金进行分类的基础上,又对基金进行了更为科学合理的分类。新分类对证券市场的各类参与者具有重要参考意义,具体体现在以下几个方面。

(1) 对基金投资者而言,科学合理的基金分类能够概括各种基金的风险收益特征,有助于投资者做出正确的投资比较与选择,在众多基金中选择适合自己风险收益偏好的基金。

(2) 对基金管理公司而言,在对基金业绩进行比较时,不能一概而论,需要对不同类别的基金分别进行比较,科学合理的基金分类能够提高基金业绩比较的公平合理性,有助于基金管理公司做出更科学的决策。

(3) 对基金研究评价机构而言,科学合理的基金分类是进行基金评级的基础。

(4) 对监管部门而言,明确基金的类别特征有利于针对不同基金的特点实施更有效的分类监管。

> **■思考**
>
> 你知道哪些机构能够对基金进行分类吗?
>
> **提示:**
>
> 监管部门、基金行业协会、成为中国证券业协会的特别会员且经过审核取得资格的基金评价机构可以对基金进行分类。2010年5月,《中国证券报》获得首批基金评奖业务资格。首批获得会员资格的基金评价机构有4家券商(银河证券、海通证券、招商证券和上海证券),3家独立基金评价机构(晨星资讯、天相投顾、北京济安金信科技),另有3家媒体(《中国证券报》《上海证券报》《证券时报》)获得开展基金评奖业务资格。这些评价机构的评价标准和分类体系并不一致,其中晨星资讯和银河证券是目前业内认可程度比较高、评级结果运用范围比较广的评级机构。

二、证券投资基金的分类标准

(一) 按基金投资标的分类

1. 股票基金

根据中国证监会对基金类别的分类标准,基金资产80%以上投资于股票的基金为股票基金。在各类基金中,股票基金历史最为悠久,也是各国(地区)广泛采用的一种基金类型。

2. 债券基金

根据中国证监会对基金类别的分类标准,基金资产80%以上投资于债券的基金为债券基金。

3. 货币市场基金

根据中国证监会对基金类别的分类标准,仅投资于货币市场工具的基金为货币市场基金。

4. 混合基金

根据中国证监会对基金类别的分类标准,投资于股票、债券和货币市场工具,但股票投资和债券投资的比例不符合股票基金、债券基金规定的基金称为混合基金。混合基金同时以股票、债券等为投资对象,资产配置比例比较灵活,以期通过投资不同类别的资产实现收益与风险的平衡。

5. 基金中基金

将80%以上的基金资产投资于其他公开募集的基金份额的基金,为基金中基金。基金中基金起源于美国,在我国起步较晚,其显著特点就是多元投资、分散风险以及双重收费。

(二) 按基金投资目标分类

1. 成长型基金

成长型基金是基金中较为常见的一种,它追求资本长期增值,较少考虑当期收益。为了达到这一目标,基金管理人通常将基金投资于信誉度较高、具有良好增长潜力或长期盈余的"成长型"公司的股票。成长型基金又可以分为稳健成长型基金和积极成长型基金。

2. 收入型基金

收入型基金是指以追求稳定的经常性收入为基本目标的基金。收入型基金资产成长潜力较小,本金损失的风险相对较低,主要投资于大盘蓝筹股、公司债、政府债券等稳定收益证券,以期获取当期最高收益。收入型基金一般可以分为固定收入型基金和股票收入型基金。

3. 平衡型基金

平衡型基金主要投资于以取得收入为目的的债券以及优先股和以资本增值为目的的普通股,以取得投资的平衡,它是兼顾资本成长与当期收益双重目标的一类基金。

一般而言,成长型基金的风险大、收益高;收入型基金的风险小、收益较低;平衡型基金的风险、收益介于增长型基金与收入型基金之间。不同的投资目标决定了基金的基本投向与投资策略,可以适应不同投资者的投资需要。

(三) 按基金投资理念分类

1. 主动型基金

主动型基金是指通过积极选股和择时,力图取得超越基准组合表现的基金。

2. 被动型基金

被动型基金也称为指数基金,是指以特定指数作为跟踪对象,按照某种指数构成的标准购买该指数包含的证券市场中的全部或者一部分证券的基金。被动型基金不主动寻求取得超越市场的表现,而是试图复制指数的表现。

被动型基金的优势是客观稳定、易于监控,管理费、交易费较低,同时可以有效降低非系统性风险,因此近年来发展十分迅速。

3. 指数增强基金

指数增强基金是介于主动型基金和被动型基金之间的基金,它采用指数增强策略,以期获得高于标的指数回报水平的投资业绩。要实现这一目标,基金经理应在可接受偏差程度之内灵活运用各种策略来优化投资组合。

动态资源
指数基金

(四) 按基金资金来源和用途分类

1. 在岸基金

在岸基金是指在本国募集资金并投资于本国证券市场的证券投资基金。在岸基金具有以下3个特点。

(1) 法律适用的单一性。由于在岸基金的投资者、基金组织、基金管理人、基金托管人及其他当事人和基金投资市场均在本国境内,各方当事人都必须遵守本国的法律法规,法律适用简单明了。

(2) 监管的便利性。由于各方当事人都在本国境内,基金监管部门可以比较容易地对其进行监管。

(3) 运作的平稳性。由于在岸基金在本国募资并在本国进行投资,没有汇率风险,受国际金融市场动荡的影响较小,通常情况下,运作相对较平稳。

2. 离岸基金

离岸基金是指一国的证券基金组织在他国发行证券基金单位并将募集的资金投资

于本国或第三国证券市场的证券投资基金。离岸基金与在岸基金存在很多区别,例如,法律环境不同,融资环境不同,项目资源不同,投资策略灵活程度不同,退出渠道不同等。

3. 国际基金

国际基金是指资本来源于国内但投资于国外市场的投资基金。它在一国境内设立,经该国有关部门批准,从事境外证券市场的股票、债券等有价证券投资。我国的QDII基金就属于国际基金。国际基金为国内投资者参与国际市场投资提供了便利。

(五) 特殊类型基金

随着行业的发展,基金产品创新越来越丰富,市场中也出现了不少特殊类型基金。从严格意义上说,基金中基金、另类投资基金都属于特殊类型基金。常见的特殊类型基金有以下几种。

1. 避险策略基金

避险策略基金原称保本基金,是指通过一定的避险投资策略进行运作,同时引入相关保障机制,以便在避险策略周期结束时,力求避免基金份额持有人投资本金出现亏损的公开募集证券投资基金。避险策略基金在极端情况下仍存在本金损失的风险。

2. 交易所交易基金(ETF)

ETF是一种在交易所上市交易、基金份额可变的基金。ETF结合了封闭式基金与开放式基金的运作特点,一方面,其基金份额可以像封闭式基金一样在二级市场进行买卖;另一方面,其基金份额可以像开放式基金一样申购和赎回。

3. 上市开放式基金(LOF)

LOF是一种既可以在场外市场进行基金份额申购和赎回,又可以在交易所进行基金份额交易以及基金份额申购和赎回的开放式基金。LOF是我国对证券投资基金的一种本土化创新。LOF通过份额转托管机制,将场外市场与场内市场有机地联系在一起,这一机制使LOF不会出现封闭式基金的大幅折价交易现象。

4. 分级基金

知识链接
曾经名噪一时的分级基金,如今黯然离场

分级基金是指通过事先约定基金的风险收益分配,将基础份额分为预期风险收益不同的子份额,并可将其中部分或全部份额上市交易的结构化证券投资基金。简单来说,分级基金就是几只不同收益基金的组合,这几只不同收益的基金被称为子基金,分级基金则被称为母基金。

分级基金是一种高杠杆、高折(溢)价、高成本的产品,已于2020年12月31日完全退出市场。

第二节　股票基金

一、股票基金与股票的区别

股票基金以股票为主要投资对象，投资比例占基金资产80%以上。作为一篮子股票组合的股票基金，其与单一股票之间存在如下区别。

(一) 性质不同

股票基金虽然投资于股票市场，但仍然是基金，基金是将筹集到的资金交给专业的基金经理进行投资；而股票是股份公司发行的一种有价证券，是所有权凭证。

(二) 投资风险与预期收益不同

单一股票的投资风险较大且集中，股票基金以股票为主要投资对象，但不会将基金资产全部投资于股票，由于分散投资，股票基金投资风险低于单一股票的投资风险。但是投资风险和预期收益是成正比的，风险越高的投资产品，预期收益越高，所以股票的预期收益高于股票基金。

(三) 价格变动情况不同

股票的交易价格在交易日内始终处于变动中，受到投资者买卖股票数量多少和多空力量强弱的影响；而股票基金份额净值不会受到买卖数量或申购和赎回数量多少的影响，并且股票基金份额净值每天只计算1次，每一个交易日，股票基金只有一个价格。

(四) 适合人群不同

股票投资需要投资者有较高的专业性和丰富的投资经验；而股票基金投资通常为组合投资，由专业的基金经理人进行操作，对投资者的专业水平要求较低。

> ■ 思考
> 股票基金在投资组合中发挥着怎样的作用？
> 提示：
> 股票基金以追求长期的资本增值为目标，比较适合长期投资，可供投资者用来满足教育支出、退休支出等远期支出的需要，它是应对通货膨胀的有效手段之一。

二、股票基金的类型

股票基金可以按照所投资股票的特性对应分类,一只股票基金也可以被归为不同的类型。

(一) 按投资市场分类

1. 国内股票基金

国内股票基金主要投资于本国股票市场,投资风险受国内市场的影响。

2. 国外股票基金

国外股票基金主要投资于非本国股票市场,在投资过程中,由于币制不同,会存在一定的汇率风险。

3. 全球股票基金

全球股票基金以全球股票市场为投资对象,进行全球化分散投资,可以有效克服单一国家或地区的投资风险,但由于投资跨度大,费用相对较高。

(二) 按股票市值规模分类

在股票分析方法中,有一种方法是按股票市值的大小将股票分为小盘股票、中盘股票与大盘股票。据此,股票基金可以划分为小盘股票基金、中盘股票基金与大盘股票基金。

1. 小盘股票基金

小盘股票基金是指投资方向为小盘股的基金。小盘股票基金不是指基金本身的规模小,它强调的是基金投资的方向,和基金规模没有关系。

2. 中盘股票基金

中盘股票基金是指投资方向为中盘股的基金。

3. 大盘股票基金

大盘股票基金是指投资方向为大盘股的基金。

其实,对股票规模的划分并没有严格的标准,通常情况下,将市值小于5亿元人民币的公司归为小盘股,将市值超过20亿元人民币的公司归为大盘股。也可以将一个市场中的全部上市公司按市值大小排名,将市值排名靠后、累计市值占总市值20%以下的公司归为小盘股,将市值排名靠前、累计市值占总市值50%以上的公司归为大盘股。

在市场上,经常能够见到按照流通股规模对股票基金进行分类的情况,比如中小盘股、超级大盘股等。

(三) 按股票性质分类

1. 价值型股票基金

专注于投资价值型股票的基金称为价值型股票基金。价值型股票通常是指收益稳定、价值被低估、安全性较高的股票，其市盈率、市净率通常较低。价值型股票的投资者通常比较有耐心，更倾向于长期投资。

价值型股票基金可以根据不同股票特征进行细分，例如蓝筹股基金、收益型股票基金等。其中，蓝筹股基金主要投资于规模大、发展成熟、高质量公司的股票，例如，上证50指数、上证180指数中的成分股；收益型股票基金主要投资于高分红的股票。

2. 成长型股票基金

专注于投资成长型股票的基金称为成长型股票基金。成长型股票通常是指收益增长速度快、未来发展潜力大的股票，其市盈率、市净率通常较高。成长型股票的投资者往往会选择快进快出，进行短线操作。

成长型基金可以进一步分为持续成长型基金、趋势增长型基金和周期型股票基金。其中，持续成长型基金主要投资于一些业绩持续稳定增长的股票；趋势增长型基金主要投资于波动大、业绩有望加速增长的股票；周期型股票基金主要投资于利润随经济周期波动变化较大的股票。

3. 平衡型基金

同时投资于价值型股票与成长型股票的基金称为平衡型基金。

价值型股票基金的投资风险要低于成长型股票基金，但回报通常不如成长型股票基金。平衡型基金的收益、风险介于价值型股票基金与成长型股票基金之间。

(四) 按基金投资风格分类

证券市场中，无论是小盘股还是大盘股，都有可能是成长型股票或者价值型股票，所以，为有效分析股票基金的特性，人们常常会根据基金所持有的全部股票市值的平均规模与性质的不同，将股票基金分为不同投资风格。表3-1直观地将股票基金按投资风格分为9种类型。

表3-1　股票基金风格分类

股票性质	小盘	中盘	大盘
成长型	小盘成长	中盘成长	大盘成长
平衡型	小盘平衡	中盘平衡	大盘平衡
价值型	小盘价值	中盘价值	大盘价值

其实，很多基金在投资风格上并非始终如一，而是会根据市场环境变化对投资风格进行调整，以期获得更好的投资回报，这一现象就是风格轮换。

(五) 按行业分类

同一行业内的股票往往表现出类似的特性与价格走势。以某一特定行业或板块为投资对象的基金就是行业股票基金，如基础行业基金、资源类股票基金、房地产基金、金融服务基金、科技股基金等。不同行业在不同经济周期中的表现不同，为追求较好的回报，出现了一种行业轮换型基金，这种基金集中于行业投资，投资风险相对较高。

> ■ 思考
>
> 股票基金高台跳水，怎么办？
>
> 提示：
>
> 在股市出现较大调整、股票基金开始高台跳水、净值不断缩水的情况下，可以采用两招来避险。第一招，将一部分收益现金化，落袋为安；第二招，抛售基金锁定收益，同时购买新发行的基金。

第三节 债券基金

一、债券基金与债券的区别

(一) 收益的稳定性不同

债券基金主要投资于不同类型的债券，债券投资比例高于80%，但也会在投资组合中配置一些债券以外的产品，例如股票，所以，债券基金的收益是波动的；而投资者购买固定利率性质的债券后，会定期得到固定的利息收入，并可在债券到期时收回本金。所以，债券基金的收益不如债券的利息稳定。

(二) 到期日不同

一般债券会有一个确定的到期日；而债券基金是由一组具有不同到期日的债券组成的，因此没有一个确定的到期日。但在实践中，为了分析债券基金的特性，我们仍可以对债券基金持有的所有债券计算出一个平均到期日。

(三) 收益率预测难度不同

对于单一债券，可以根据购买价格、现金流以及到期收回的本金计算投资收益率；

而债券基金是由一组不同的债券组成的,收益率较难计算和预测。

(四) 投资风险不同

从利率风险的角度分析,单一债券随着到期日的临近,所承担的利率风险会下降;而债券基金没有固定到期日,但是债券基金的平均到期日相对固定,因此其所承受的利率风险通常也会保持在一定的水平。

从信用风险的角度分析,单一债券的信用风险比较集中;而债券基金通过分散投资,可以有效避免单一债券可能面临的较高的信用风险。

二、债券基金的类型

按照不同的划分标准,可以将债券分为很多种类。例如,根据发行主体的不同,可以将债券分为政府债券、金融债券、企业债券;根据债券形态的不同,可以将债券分为实物债券、凭证式债券和记账式债券;根据债券付息方式的不同,可以将债券分为零息债券、附息债券和息票累积债券等。与此对应,就产生了以某一类债券为投资对象的债券基金。

我国证券市场上常见的债券基金有以下几种。

(一) 标准债券基金

标准债券基金仅投资于固定收益类金融工具,不能投资于股票市场,常称为"纯债基金"。标准债券基金又可细分为短债基金、信用债基金等品种。

(二) 普通债券基金

普通债券基金主要进行债券投资(占基金资产80%以上),但也会投资于股票市场。这类基金在我国市场上占主要部分,也是为多数投资者所熟悉的债券基金产品。

实践中,普通债券基金可再细分为两类,即"一级债基"和"二级债基"。其中,"一级债基"是指以债券投资策略为主,可适当参与一级市场新股申购和股票增发的基金;"二级债基"是指以债券投资策略为主,同时可适当参与新股申购和股票增发、二级市场股票等权益资产投资的基金。

(三) 其他策略型债券基金

常见的其他策略型债券基金有可转债基金等。

对于债券基金,投资者应当关注基金的久期、杠杆率、基金所持债券信用等级等因素。

> **■ 思考**
>
> 债券基金在投资组合中发挥着怎样的作用？
>
> **提示：**
>
> 债券基金主要以债券为投资对象，因此对追求稳定收入的投资者而言具有较强的吸引力。债券基金的波动性通常小于股票基金，因此常常被投资者认为是收益和风险适中的投资工具。此外，投资者可以对债券基金与股票基金进行适当的组合投资，这样可以分散投资风险。

第四节 货币市场基金

一、货币市场基金的投资对象

货币市场基金是仅以货币市场工具为投资对象的一种基金。货币市场基金的投资对象期限较短，一般在1年以内，包括银行短期存款、国库券、短期公司债券、银行承兑汇票及商业票据等货币市场工具，因此该基金也被称为现金投资工具。

与其他类型基金相比，货币市场基金的优点是风险低、流动性高，它是厌恶风险、对资产流动性和安全性要求较高的投资者进行短期投资和现金管理的理想工具，或是暂时存放现金的理想场所。此外，货币市场属于场外交易市场，由买卖双方通过电话或电子交易系统以协商定价方式完成交易。货币市场基金的投资门槛极低，普通投资者进入货币市场投资是比较容易的，因此丰富了普通投资者的投资渠道。

1. 货币市场基金的具体投资对象

按照《货币市场基金监督管理办法》第二章第四条的规定，货币市场基金应当投资于以下金融工具。

(1) 现金。

(2) 期限在1年以内(含1年)的银行存款、债券回购、中央银行票据、同业存单。

(3) 剩余期限在397天以内(含397天)的债券、非金融企业债务融资工具、资产支持证券。

(4) 中国证监会、中国人民银行认可的其他具有良好流动性的货币市场工具。

2. 货币市场基金不得投资的对象

按照《货币市场基金监督管理办法》第二章第五条的规定，货币市场基金不得投资于以下金融工具。

(1) 股票。

(2) 可转换债券、可交换债券。

(3) 以定期存款利率为基准利率的浮动利率债券，但已进入最后一个利率调整期的债券除外。

(4) 信用等级在AA+以下的债券与非金融企业债务融资工具。

(5) 中国证监会、中国人民银行禁止投资的其他金融工具。

二、货币市场基金的特点

1. 基金单位的资产净值固定不变

货币市场基金与其他股票基金主要的不同之处在于货币市场基金的基金单位资产净值是固定不变的，通常情况是每个基金单位为1元。投资该基金后，投资者可利用收益再投资，这样投资收益就会不断累积，从而增加投资者的基金份额。

货币市场基金的产生和发展

2. 衡量基金表现的指标为收益率

衡量货币市场基金表现好坏的标准是收益率，这与其他基金以净资产价值增值获利作为衡量标准不同。

3. 流动性好、资本安全性高

货币市场工具的到期日通常很短，货币市场基金投资组合的期限为4～6个月，因此，货币市场是一个风险较低、流动性较高的市场，其价格通常只受市场利率的影响。同时，投资者不受到期日限制，随时可以根据需要转让基金单位。

4. 投资成本低

货币市场基金通常不收取赎回费用，并且管理费用也较低。货币市场基金的年管理费率为基金资产净值的0.25%～1%，低于传统的基金年管理费率1%～2.5%。

5. 货币市场基金均为开放式基金

货币市场基金通常被视为无风险或低风险投资工具，适合资本短期投资生息以备不时之需，特别是当利率高、通货膨胀率高、证券流动性下降、可信度降低时，投资货币市场基金甚至可使本金免遭损失。

三、货币市场基金的功能

由于货币市场基金风险低、流动性好，通过以下机制设计，基金管理公司将货币市场基金的功能从投资拓展为类似货币的支付功能。

(1) 每个交易日办理基金份额申购和赎回。

(2) 在基金合同中将收益分配的方式约定为红利再投资，每日进行收益分配。

Paypal设立了账户余额的货币市场基金

(3) 每日按照面值(一般为1元)进行报价。超过1元的收益会按时自动转化为基金份额，拥有多少基金份额即拥有多少资产；而其他开放式基金的份额是固定不变的，单位净值是累加的，投资者只能依靠基金每年的分红来实现收益。

第五节 基金中基金

一、基金中基金的概念与特点

(一) 基金中基金的概念

基金中基金(fund of funds，FOF)是一种专门投资于其他证券投资基金的基金。FOF并不直接投资股票或债券，其投资范围仅限于其他基金，通过持有其他证券投资基金而间接持有股票、债券等证券资产，它是结合基金产品创新和销售渠道创新的基金新品种。2014年8月8日起施行的《公开募集证券投资基金运作管理办法》规定："80%以上的基金资产投资于其他基金份额的，为基金中基金。"

(二) 基金中基金的特点

作为一种新的投资理念，FOF与其他类型基金相比，存在明显的区别，主要具有以下几个特点。

1. 风险较小

投资风险是每一个投资者最关心的问题，对于基金市场投资新手来说，面对市场上几百种差别不小的基金，挑选的难度和风险都不小，而为了规避风险，投资者可能会购买多种类型的基金。FOF实际上可帮助投资者一次买"一篮子"的基金，通过专家二次精选基金，有效降低非系统风险。FOF将自己的投资人群锁定为风险偏好较低者，也显示了其相对于基金的稳定性。

2. 收益率较低

FOF不可能全部投资股票基金，需要配置一定的货币市场基金与债券基金，收益没有股票基金高，尤其是在牛市行情中。基金是长期投资产品，从理论上讲，投资股票基金的盈利概率通常会高于相对保守的FOF。

3. 买卖起点金额较高

此前FOF产品一直以券商、私募FOF为主，其中券商系FOF基金的起投金额为10万元，私募系FOF则主要针对高净值用户，起投门槛设为100万元。由于投资门槛的限制，很多中小投资者被拒之门外。另外，FOF的开放期是由发起机构自行确定的，如一个季度开放一周、一个星期开放一日，其他时间无法买卖。目前，很多公募FOF产品起购价为10元，只要不处于封闭期，一般来说每天都可以进行交易。

4. FOF存在双重费用

FOF的投资产品是基金，因此与基金相关的手续费它都无法避免，FOF的手续费是在基金手续费基础上的二次收费，简单来说，就是投资FOF需要付出双重费用。

二、基金中基金的运作规范

2016年9月11日，中国证监会发布了《公开募集证券投资基金运作指引第2号——基金中基金指引》(以下简称《基金中基金指引》)，主要针对FOF的定义、分散投资、基金费用、基金份额持有人大会、信息披露等方面进行了详细规范。

(一) 明确基金中基金的定义

将80%以上的基金资产投资于经中国证监会依法核准或注册的公开募集的基金份额的基金为FOF。

(二) 强化分散投资，防范集中持有风险

《基金中基金指引》规定，FOF持有单只基金的市值，不得高于FOF资产净值的20%，且不得持有其他FOF。除ETF联接基金外，同一管理人管理的全部FOF持有单只基金的市值不得超过被投资基金净资产规模的20%，被投资基金净资产规模以最近定期报告披露的规模为准。

(三) 不允许FOF持有分级基金等具有衍生品性质的产品

FOF主要是为广大投资者提供多样化投资基金的工具，不是为投资者提供绕过衍生品市场适当性制度进入衍生品市场的工具。FOF不得持有具有衍生品性质的基金份额，包括分级基金和中国证监会认定的其他具有衍生品性质的基金份额。

(四) 防范利益输送

《基金中基金指引》要求除ETF联接基金外，FOF投资其他基金时，被投资基金的运作期限应当不少于1年、最近定期报告披露的基金净资产应当不低于1亿元。

(五) 减少双重收费

《基金中基金指引》要求基金管理人不得对FOF财产中持有的自身管理的基金部分收取FOF管理费；基金托管人不得对FOF财产中持有的自身托管的基金部分收取FOF托

管费；基金管理人运用FOF财产申购自身管理的基金(ETF除外)时，应当通过直销渠道申购，且不得收取申购费、赎回费、销售服务费等销售费用。

(六) FOF参与持有基金的份额持有人大会的原则

如果FOF的管理人与所投资基金的管理人为同一管理人，在参与被投资基金的份额持有人大会时，可能面临利益冲突。《基金中基金指引》规定，FOF持有的基金召开基金份额持有人大会时，FOF的管理人应代表FOF份额持有人的利益，根据基金合同的约定参与所持有基金的份额持有人大会，并在遵循FOF份额持有人利益优先原则的前提下行使相关投票权利。FOF的管理人应事先征求基金托管人的意见，并将表决意见在定期报告中予以披露。

(七) 强化FOF信息披露

为使投资者能够对FOF运营状况做出客观判断，减少信息不对称，《基金中基金指引》规定，FOF的投资风格应当清晰、鲜明。基金名称应当表明基金类别和投资特征，基金合同中应明确被投资基金的选择标准，定期报告和招募说明书等文件中应设立专门章节披露所持有基金的相关情况，并揭示相关风险，具体包括：一是投资政策、持仓情况、损益情况、净值披露时间等；二是交易及持有基金产生的费用，包括申购费、赎回费、销售服务费、管理费、托管费等，招募说明书中应当列明计算方法并举例说明；三是FOF持有的基金发生的重大影响事件，如转换运作方式、与其他基金合并、终止基金合同以及召开基金份额持有人大会等；四是FOF投资于管理人以及管理人关联方所管理的基金的情况。

(八) 保证估值的公允性

FOF应当采用公允的估值方法，及时、准确地反映基金资产的价值变动。基金管理人应当在FOF所投资基金披露净值的次日，及时披露FOF份额净值和份额累计净值。

(九) 明确基金公司开展FOF业务的组织架构

除ETF联接基金外，基金管理人开展FOF业务时，应当设置独立部门，配备专门人员，制定业务规则，明确相关安排，以防范利益输送、内幕交易等行为。除ETF联接基金外，FOF的基金经理不得兼任其他基金的基金经理。

(十) 强化相关主体责任

基金管理人应与各方认真制定基金产品方案，明确基金各环节运作机制、业务流程和管理制度等。基金托管人应加强对基金的监督核查，切实保护基金持有人的合法权益。

三、基金中基金的类型

(一) 按照基金投资标的及投资方向分类

1. 股票型FOF

股票型FOF是指投资标的中80%以上的基金资产投资于股票基金(包括股票指数基金)的基金。

2. 债券型FOF

债券型FOF是指投资标的中80%以上的基金资产投资于债券基金(包括债券指数基金)的基金。

3. 货币型FOF

货币型FOF是指投资标的中80%以上的基金资产投资于货币市场基金,且剩余基金资产的投资范围和要求应当与货币市场基金一致的基金。

4. 混合型FOF

混合型FOF是指投资于股票基金份额、债券基金份额、货币市场基金份额以及其他基金份额,不符合股票型FOF、债券型FOF、货币型FOF等相关要求的一类基金。

5. 其他类型FOF

其他类型FOF是指将80%以上的基金资产投资于其他某一类型基金的基金。例如,投资于指数基金的为指数基金FOF,投资于QDII基金的为QDII-FOF。

(二) 按照基金运作模式分类

1. 主动管理型FOF

主动管理型FOF是指采用主动型策略进行投资的FOF产品。根据投资的FOF产品的类型,又可以将其进一步细分为主动管理主动型FOF和主动管理被动型FOF。

(1) 主动管理主动型FOF。主动管理主动型FOF是指基金经理主动对不同资产的未来表现进行判断并择时基于配置结论将标的投资于各主动管理型基金。

(2) 主动管理被动型FOF。主动管理被动型FOF是指基金经理通过主动管理的方式投资被动型基金产品,如ETF等特征鲜明的主题类基金。被动型基金在费用、流动性等方面比主动型基金具有相对优势。

2. 被动管理型FOF

被动管理型FOF是指采取被动型策略进行投资的FOF产品。根据投资的FOF产品的类型,又可以将其进一步细分为被动管理主动型FOF和被动管理被动型FOF。

(1) 被动管理主动型FOF。FOF母基金采用指数编制的方式或者采用特定的投资比例对子基金进行投资并定期调整,而被投资的子基金则为主动管理型基金。

(2) 被动管理被动型FOF。FOF母基金采用指数编制的方式或者采用特定的投资比例对子基金进行投资并定期调整,而被投资的子基金为被动管理型基金。

从发展前景来看，主动管理型FOF将在公募FOF领域占据较大的比例。但在实际运作中，这4类运作模式并非严格地割裂，多数情况下存在不同程度的混合。

第六节 混合基金

一、混合基金的概念

混合基金是指同时投资于股票、债券和货币市场等工具，没有明确投资方向的基金。混合基金的风险低于股票基金，预期收益通常高于债券基金。它为投资者提供了一种在不同资产之间进行分散投资的工具，比较适合较为保守的投资者。

二、混合基金的类型

混合基金为投资者提供了一种在股票、债券等不同资产类别之间进行灵活配置的投资工具，基金管理人对基金投资有比较大的调整自由权限。由于混合基金数量多、范围广，难以通过基金合同判断其风险收益特征，在实践中需要根据比较基准、投资运作状况进行识别。

(一) 混合基金的一般分类

一般来说，依据资产配置的不同，可以将混合基金分为偏股型基金、偏债型基金、灵活配置型基金、股债平衡型基金等。

1. 偏股型基金

偏股型基金中股票的配置比例较高，债券的配置比例相对较低，一般以股票指数或者主要以股票指数作为业绩比较基准。

2. 偏债型基金

偏债型基金与偏股型基金正好相反，债券的配置比例较高，股票的配置比例相对较低，一般以债券指数或者主要以债券指数作为业绩比较基准。

3. 灵活配置型基金

灵活配置型基金在股票、债券上的配置比例会根据市场状况进行调整，有时股票的配置比例较高，有时债券的配置比例较高。

4. 股债平衡型基金

股债平衡型基金的股票与债券的配置比例较为均衡，一般以股票指数和债券指数的均衡组合作为业绩比较基准。

(二) 混合基金的详细分类

混合基金的问题在于基金的投资目标、投资策略、风险收益特征等要素在基金合同中体现得并不明显,投资者难以识别和选择。基金评价机构一般会对混合基金再进行详细的分类。2017年,中国银河证券基金研究中心调整了分类体系,根据混合基金资产投资范围与比例以及投资策略,可将混合基金分为以下7个二级类别。

1. 偏股型基金

偏股型基金是指基金名称自定义为混合基金的,基金合同载明或者合同本义是以股票为主要投资方向的,业绩比较基准也是以股票指数为主的混合基金。偏股型基金分为两个三级类别。

(1) 基金合同中载明有约束力的股票投资下限是60%的,为偏股型基金。

(2) 不满足60%股票投资比例下限要求,但业绩比较基准中股票比例值等于或者大于60%的,为偏股型基金。

2. 灵活配置型基金

灵活配置型基金是指基金名称自定义为混合基金的,原则上基金名称中有"灵活配置"4个字,基金合同载明或者合同本义是股票和债券等大类资产之间较大比例灵活配置的混合基金。以具有指导意义的业绩比较基准中的股票比例作为划分标准,可以将灵活配置型基金划分为基准股票比例60%~100%(含60%)、基准股票比例30%~60%(均不含)、基准股票比例0~30%(含30%)3个三级类别。

灵活配置型基金与偏股型基金的基准股票比例值均为60%~100%,虽然它们同属于混合基金一级大类,但两者的内涵是有区别的,区分依据是基金名称中是否有"灵活配置"4个字。

3. 偏债型基金

偏债型基金是指基金名称自定义为混合基金的,基金合同载明或者合同本义是以债券为主要投资方向的,业绩比较基准中也是以债券指数为主的混合基金。其中,债券投资比例标准为基金合同中债券投资下限等于或者大于60%,业绩比较基准中债券比例值等于或者大于70%,满足其中一个条件即可。

4. 保本型基金

保本型基金是指基金名称自定义为混合基金的,基金名称中出现"保本"字样,基金合同载明基金管理人或者第三方承担保本保证责任的混合基金。

在资管新规下,原有保本型基金已经全部转型或者清盘。2019年10月15日,公募市场最后一只保本基金"汇添富保鑫保本混合型证券投资基金"完成转型,该基金名称从此变更为"汇添富保鑫灵活配置混合型证券投资基金"。在这一历史性时刻,发展历史长达16年的保本基金这一时代性产品正式退出历史舞台。

5. 避险策略型基金

避险策略型基金是指基金名称自定义为混合基金的,基金合同载明通过一定的避险投资策略进行投资运作,同时引入相关保障机制,以便在避险策略周期到期时,力求避免基金份额持有人投资本金出现亏损的混合基金。

【知识拓展】　　　　避险策略型基金的投资策略

国际上比较流行的投资组合保险策略主要有对冲保险策略与固定比例投资组合保险策略(CPPI)。国际成熟市场的保本投资策略多采用衍生金融工具进行操作。目前,国内尚缺乏这些金融工具,所以国内避险策略型基金为实现保本的目的,主要选择固定比例投资组合保险策略作为投资保本策略。

CPPI是一种通过比较投资组合现时净值与投资组合价值底线,从而动态调整投资组合中风险资产与保本资产的比例,以兼顾保本与增值目标的保本策略。CPPI投资策略的实施分为以下3个步骤。

第一步,根据投资组合期末最低目标价值(基金的本金)和合理的折现率,设定当前应持有的保本资产的价值,即投资组合的价值底线。

第二步,计算投资组合现时净值超过价值底线的数额。该值通常称为安全垫,它是风险投资(如股票投资)可承受的最高损失限额。

第三步,按安全垫的一定倍数确定风险资产投资的比例,并将其余资产投资于保本资产(如债券投资),从而在确保实现保本目标的同时,实现投资组合的增值。

6. 绝对收益目标基金

绝对收益目标基金是指基金名称自定义为混合基金的,基金合同载明基金投资运作比较宽泛,没有明确的投资方向,没有股票、债券80%比例的最低持仓要求,业绩比较基准为银行定期存款收益或者在定期存款收益基础上增加某个固定值或者某个年化固定值的混合基金。

绝对收益目标基金仅追求绝对收益目标,并不能保证保本和收益。根据投资策略的差异,可以将绝对收益目标基金分为如下几类。

(1) 灵活策略基金。灵活策略基金是指在股票、债券等大类资产之间进行灵活运作的基金。

(2) 对冲策略基金。对冲策略基金是指运用股指期货等工具对基金资产进行对冲运作的基金。

7. 其他混合型基金

其他混合型基金是指不适合与上述混合基金进行收益与风险评价比较,在上述分类中无法明确归属的混合基金。

总体来说，偏股型基金中股票占比较高，偏债型基金中债券占比较高，股债平衡型基金保持相对平衡的股债比例，而灵活配置型基金的股债比例则比较灵活。保本型基金、避险策略型基金和绝对收益目标基金的叫法不同，但设计这3种基金的出发点都是获取稳健收益。

第七节　ETF与LOF

一、ETF

(一) ETF的概念

交易型开放式指数基金通常又被称为交易所交易基金(exchange traded funds，ETF)，是一种在交易所上市交易的、基金份额可变的开放式基金。ETF以某一选定的指数所包含的成分证券(股票、债券等)或商品为投资对象，依据构成指数的证券或商品的种类和比例，采取完全复制或抽样复制进行被动投资。ETF采用实物申购和赎回机制，一级市场与二级市场交易并存。

动态资源

交易型开放式指数基金(ETF)

(二) ETF的特点

1. 被动操作指数基金，交易透明

ETF是一种跟踪"标的指数"变化且在证券交易所上市交易的基金。投资人可以像买卖股票那样去买卖"标的指数"的ETF，依据构成指数的证券种类和比例，采取完全复制或抽样复制进行被动投资。通常情况下，投资者可以获得与该指数基本相同的报酬率，所以普通投资者可以完全掌握投资组合状况，做出适当的预期。

2. 独特的实物申购和赎回机制

所谓实物申购和赎回机制，是指投资者向基金管理公司申购ETF，需要拿这只ETF指定的一篮子证券或商品来换取；赎回时得到的不是现金，而是相应的一篮子证券或商品；如果想变现，需要再卖出这些证券或商品。实物申购和赎回机制是ETF最大的特色之一。此外，ETF有"最小申购和赎回份额"的规定，只有资金达到一定规模的投资者才能参与ETF一级市场的实物申购和赎回。

3. 实行一级市场与二级市场并存的交易制度

ETF是一种特殊的开放式基金，吸收了封闭式基金可以当日实时交易的优点，投资者可以像买卖封闭式基金或者股票一样，在二级市场买卖ETF份额，同时ETF也具备开放式基金可自由申购和赎回的优点，投资者可以像买卖开放式基金一样，向基金管理公司申购和赎回ETF份额。

在一级市场上，只有资金达到一定规模的投资者(基金份额通常要求在30万份、50万份甚至100万份以上)可以随时在交易时间内进行以股票换份额(申购)、以份额换股票(赎回)的交易，中小投资者被排斥在一级市场之外。

在二级市场上，ETF与普通股票一样在市场挂牌交易，但ETF份额交易无印花税。无论是资金在一定规模以上的投资者还是中小投资者，均可按市场价格进行ETF份额的交易，交易门槛与普通股票相同，1手100份起。

4. 存在套利机制

ETF可以像封闭式基金一样，以小的"基金单位"形式在交易所买卖。ETF也与开放式基金类似，允许投资者连续申购和赎回，这就导致场内场外套利机制的存在。

一级市场的存在使二级市场交易价格不可能偏离基金份额净值很多，否则两个市场的差价会引发套利交易。套利交易会使套利机会消失，使二级市场价格恢复到基金份额净值附近。因此，正常情况下，ETF二级市场交易价格与基金份额净值总是比较接近。

ETF交易模式如图3-1所示。

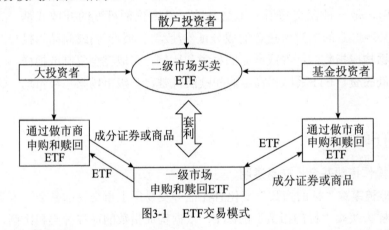

图3-1 ETF交易模式

5. 交易成本低廉

通过复制指数和实物申赎机制，ETF大大节省了研究费用、交易费用等运作费用。ETF管理费和托管费不仅远低于积极管理的股票基金，而且低于跟踪同一指数的传统指数基金。

与传统的指数基金相比，ETF的复制效果更好、效率更高、成本更低，买卖更为方便，并可以进行套利交易，因此对投资者具有独特的吸引力。

(三) ETF的分类

1. 按照ETF跟踪指数分类

(1) 股票型ETF。股票型ETF跟踪的指数为股市指数。根据ETF跟踪的具体指数的不同，可将其细分为宽基指数ETF和窄基指数ETF。

宽基指数ETF是指成分股覆盖面较广，具有相当代表性的指数基金。它包含的行业种类较多，沪深300ETF、中证500ETF、创业板ETF、上证50ETF、科创50ETF等都属于宽基指数ETF。

窄基指数ETF是指集中投资某一特定策略、风格、行业或主题的基金。窄基指数ETF的指数风格非常鲜明，投资者一看名字就知道成分股属于哪个行业或主题，它可选的范围比宽基指数ETF小，一般也叫行业基金，如医药行业ETF、证券行业ETF、金融行业ETF、消费行业ETF等都属于窄基指数ETF。

(2) 债券型ETF。债券型ETF跟踪的指数为债市指数。债券市场的参与者一般都是机构，普通散户比较少，但是由于股债轮动的特性，有时候需要参与债市，债券ETF可以有效地降低投资者参与债市的难度。根据跟踪的具体指数，可将债券型ETF细分为国债ETF、地债ETF、转债ETF、城投债ETF等。

(3) 商品型ETF。商品型ETF跟踪的指数为商品指数。最早出现的商品指数是1957年由美国商品研究局依据世界市场上22种基本的经济敏感商品价格编制的一种期货价格指数。商品ETF中规模最大的是黄金ETF，此外豆粕ETF、能源ETF等也较为常见。

2. 按照复制方法分类

(1) 完全复制型ETF。完全复制型ETF是依据构成指数的全部成分股在指数中所占的权重构建ETF的。我国首只ETF——上证50ETF就属于完全复制型ETF。

(2) 抽样复制型ETF。抽样复制是通过选取指数中有代表性的部分成分股，参照指数成分股在指数中的比重设计样本股的组合比例构建ETF的，目的是以最低的交易成本构建样本组合，使ETF能较好地跟踪指数。

在标的指数成分股数量较多、个别成分股流动性不足的情况下，抽样复制的效果可能更好。

ETF的起源与发展

(四) ETF联接基金

1. ETF联接基金的概念

ETF联接基金是将绝大部分基金财产投资于某一ETF(称为目标ETF)、密切跟踪标的指数表现、可以在场外(通过银行渠道等)申购和赎回的基金。根据中国证监会的规定，ETF联接基金投资于目标ETF的资产不得低于联接基金资产净值的90%，其余部分应投资于标的指数成分股和备选成分股等。ETF联接基金的管理人不得对ETF联接基金财产中的ETF部分计提管理费。

2. ETF联接基金的特点

(1) ETF联接基金依附于主基金，通过主基金投资，若主基金不存在，ETF联接基金也不存在。因此，ETF联接基金和ETF是同一法律实体的两个不同部分，ETF联接基金处于从属地位。

(2) ETF联接基金向投资者提供银行、证券公司场外、互联网公司平台等申购ETF的渠道，可以吸引大量的银行和互联网公司平台客户直接通过ETF联接基金介入ETF的投资，增强ETF的影响力。大多数ETF都是场内交易的，投资者开立股票账户才能交易ETF，而很多投资者拥有银行账户，却没有股票账户，ETF联接基金的目的就是解决这个问题。在ETF联接基金成立和开放申赎后，投资者可以通过申购ETF联接基金的方式(ETF联接基金最少投资10元)，参与ETF投资。

(3) ETF联接基金可以提供目前ETF不具备的定期定额投资等方式，来介入ETF的运作。

(4) ETF联接基金不能参与ETF的套利，发展ETF联接基金的目的不在于套利，而是通过把场外的资金引进来，做大指数基金的规模，推动指数化投资。

(5) ETF联接基金是一种特殊的基金中基金(FOF)，持有目标ETF的市值不得低于该ETF联接基金资产净值的90%。

2009年9月，我国最早的两只ETF联接基金——华安上证180ETF联接基金和交银180治理ETF联接基金成立。

二、LOF

(一) LOF的概念

上市型开放式基金(listed open-ended fund，LOF)是一种既可以在场外市场进行基金份额申购和赎回，又可以在交易所进行基金份额交易和基金份额申购和赎回的开放式基金。LOF是我国证券投资基金的本土化创新，结合了银行等代销机构和交易所两者的销售优势，为开放式基金销售开辟了新的渠道。

(二) LOF的特点

1. 本质上仍是开放式基金

LOF本质上仍是开放式基金，基金份额总额不固定，投资者可以在基金合同约定的时间和场所申购或赎回基金份额。

2. 具有双重销售优势

LOF结合了银行等代销机构与深交所交易网络两者的销售优势，银行等代销机构网点沿用现行的营业柜台销售方式，深交所交易系统则采用通行的新股上网定价发行方式。

3. 实行场内市场交易与场外市场申购和赎回交易机制

LOF获准在深交所上市交易后，投资者既可以选择在银行等代销机构按当日收市的基金份额净值申购和赎回基金份额，也可以选择在深交所各会员证券营业部按撮合成交价买卖基金份额。

(三) LOF的主要优势

1. 交易方便

投资者可以像买卖股票和封闭式基金一样买卖LOF。传统的开放式基金从申购到赎回再到收到赎回款最慢需要T+7日，而LOF在交易所上市后，可以实现T+1交易。

2. 费用低廉

普通开放式基金申购和赎回的双向费率一般为1.5%。LOF在深交所交易的费用标准比照封闭式基金的有关规定办理，券商设定的交易手续费率最高不得超过基金成交金额的0.3%。

3. 能提供套利机会

LOF采用交易所交易和场外代销机构申购和赎回同时进行的交易机制，为投资者带来了跨市场的套利机会。

三、ETF与LOF的区别

ETF与LOF都具备开放式基金可以申购和赎回及场内交易的特点，但两者存在本质区别，主要表现在以下几个方面。

(一) 申购和赎回的标的不同

在申购和赎回时，ETF与投资者交换的是基金份额和"一篮子"股票；而LOF是用基金份额与投资者交换现金。

(二) 申购和赎回的场所不同

ETF的申购和赎回通过交易所进行；而LOF的申购和赎回既可以在代销网点进行，也可以在交易所进行。

(三) 申购和赎回的门槛不同

只有资金在一定规模以上的投资者(基金份额通常要求在30万份、50万份及100万份以上)才能参与ETF一级市场的申购和赎回交易；而LOF在申购和赎回方面与其他开放式基金一样，没有特别要求。

(四) 基金投资策略不同

ETF通常采用完全被动式管理方法，以拟合某一指数为目标；而LOF则是普通的开放式基金，增加了在交易所交易的方式，它可以是指数基金，也可以是主动管理型基金。

(五) 净值报价频率不同

在二级市场的净值报价上，ETF每15秒提供一个基金份额参考净值(indicative optimized portfolio value，IOPV)报价；而LOF的净值报价频率比ETF低，通常1天只提供1次或几次基金参考净值报价。

(六) 套利操作和成本不同

根据上交所对ETF的设计，投资者可获得实时套利的机会，可以实现T+0交易，除交易费用外，其交易成本主要是冲击成本；而深交所对LOF的交易设计是申购和赎回的基金单位和市场买卖的基金单位分别由中国注册登记系统和中国结算深圳分公司系统托管，跨越申购和赎回市场与交易所市场进行交易必须经过系统之间的转托管，需要两个交易日的时间，所以LOF套利还要承担等待时间成本，从而增加套利成本。

第八节　QDII基金与QFII基金

一、QDII基金

(一) QDII基金的概念

按照《合格境内机构投资者境外证券投资管理试行办法》的规定，经中国证监会批准可以在境内募集资金进行境外证券投资的机构称为合格境内机构投资者(qualified domestic institutional investor，QDII)。

QDII基金是指在一国境内设立，经该国有关部门批准，从事境外证券市场的股票、债券等有价证券业务的证券投资基金。QDII基金可以人民币、美元或其他主要外汇货币为计价货币募集。

QDII是在我国人民币没有实现可自由兑换、资本项目尚未完全开放的情况下，有限度地允许境内投资者投资海外证券市场的一项过渡性制度安排。

> ■ 思考
>
> 我国哪些机构可以发行代客境外理财产品？
>
> 提示：
>
> 目前，在我国，除了基金管理公司和证券公司外，商业银行等其他金融机构也可以发行代客境外理财产品。

(二) QDII基金的设立标准

现行的《合格境内机构投资者境外证券投资管理试行办法》对申请成立QDII基金的机构投资者资格、投资范围、境外投资顾问以及境外资产托管人应符合的条件分别做出了规定。

1. 申请成立QDII基金的机构投资者资格

(1) 申请人财务稳健，资信良好，资产管理规模、经营年限等符合中国证监会的规定。

(2) 对基金管理公司而言,净资产不少于2亿元人民币,经营证券投资基金管理业务达2年以上,在最近一个季度末资产管理规模不少于200亿元人民币或等值外汇资产。

(3) 对证券公司而言,各项风险控制指标符合规定标准,净资本不低于8亿元人民币,净资本与净资产比例不低于70%,经营集合资产管理计划业务超过1年,在最近一个季度末资产管理规模不少于20亿元人民币或等值外汇资产。

(4) 拥有符合规定的具有境外投资管理相关经验的人员,即具有5年以上境外证券市场投资管理经验和相关专业资质的中级以上管理人员不少于1名,具有3年以上境外证券市场投资管理相关经验的人员不少于3名。

(5) 具有健全的治理结构和完善的内控制度,经营行为规范。

(6) 最近3年没有受到监管机构的重大处罚,没有重大事项正在接受司法部门、监管机构的立案调查。

(7) 中国证监会根据审慎监管原则规定的其他条件。

2. QDII基金的投资范围

1) 可投资范围

根据有关规定,除中国证监会另有规定外,QDII基金可投资于下列金融产品或工具。

(1) 银行存款、可转让存单、银行承兑汇票、银行票据、商业票据、回购协议、短期政府债券等货币市场工具。

(2) 政府债券、公司债券、可转换债券、住房按揭支持证券、资产支持证券等以及经中国证监会认可的国际金融组织发行的证券。

(3) 与中国证监会签署双边监管合作谅解备忘录的国家或地区证券市场挂牌交易的普通股、优先股、全球存托凭证和美国存托凭证、房地产信托凭证。

(4) 在已与中国证监会签署双边监管合作谅解备忘录的国家或地区证券监管机构登记注册的公募基金。

(5) 与固定收益、股权、信用、商品指数、基金等标的物挂钩的结构性投资产品。

(6) 远期合约、互换合约及经中国证监会认可的境外交易所上市交易的权证、期权、期货等金融衍生产品。

中国证监会与境外证券(期货)监管机构签署的备忘录一览表

2) 禁止投资行为

除中国证监会另有规定外,QDII基金不得有下列投资行为。

(1) 购买不动产。

(2) 购买房地产抵押按揭。

(3) 购买贵重金属或代表贵重金属的凭证。

(4) 购买实物商品。

(5) 除应付赎回、交易清算等临时用途以外,借入现金。该临时用途借入现金的比例不得超过基金、集合计划资产净值的10%。

(6) 利用融资购买证券，但投资金融衍生品除外。

(7) 参与未持有基础资产的卖空交易。

(8) 从事证券承销业务。

(9) 中国证监会禁止的其他行为。

3. 境外投资顾问应符合的条件

境内机构投资者进行境外证券投资时，可以委托境外投资顾问为其提供证券买卖建议或投资组合管理等服务。境外投资顾问应当符合下列条件。

(1) 在境外设立，经所在国家或地区监管机构批准从事投资管理业务。

(2) 所在国家或地区证券监管机构已与中国证监会签订双边监管合作谅解备忘录，并保持着有效的监管合作关系。

(3) 经营投资管理业务超过5年，最近一个会计年度管理的证券资产不少于100亿美元或等值货币。

(4) 有健全的治理结构和完善的内控制度，经营行为规范，最近5年没有受到所在国家或地区监管机构的重大处罚，没有重大事项正在接受司法部门、监管机构的立案调查。

4. 境外资产托管人应符合的条件

境内机构投资者开展境外证券投资业务时，应当由具有证券投资基金托管资格的银行(简称托管人)负责资产托管业务，而托管人可以委托符合下列条件的境外资产托管人负责境外资产托管业务。

(1) 在中国大陆以外的国家或地区设立，受当地政府、金融或证券监管机构的监管。

(2) 最近一个会计年度实收资本不少于10亿美元或等值货币，或托管资产规模不少于1000亿美元或等值货币。

(3) 有足够的熟悉境外托管业务的专职人员。

(4) 具备安全保管资产的条件。

(5) 具备安全、高效的清算和交割能力。

(6) 最近3年没有受到监管机构的重大处罚，没有重大事项正在接受司法部门、监管机构的立案调查。

■ 思考

QDII基金在投资组合中发挥着怎样的作用？

提示：

不同于只能投资于国内市场的公募基金，QDII基金可以进行国际市场投资，为投资者提供了新的投资机会。此外，由于国际证券市场常常与国内证券市场具有较低的相关性，QDII基金也为投资者降低组合投资风险提供了新的途径。

(三) QDII机制的意义

(1) QDII机制可以为境内金融资产提供风险分散渠道，有效分流储蓄，化解金融风险。同时，实行QDII机制有利于推动我国证券机构走向国际市场，有实力的券商和基金可以获得更大的发展空间，积累国际业务经验，从而增强自身竞争力。我国的机构投资者也可借此机会在国际金融市场中得到锻炼，培养研发队伍和投资队伍，从而提高我国金融企业的竞争力和产品创新能力。

知识链接

我国QDII的改革方向

(2) 实行QDII机制有利于引导国内居民通过正常渠道参与境外证券投资，减轻资本非法外逃的压力，将资本流出置于可监控的状态。

(3) 建立QDII机制有利于支持我国香港特区的经济发展。在人民币资本项目尚不可自由兑换的阶段，QDII机制是我国内地支持香港股市发展的一种较稳妥和有效的政策安排。QDII机制使内地投资者可以买卖香港股票，有助于增加香港证券市场的资金，增强香港投资者的信心，提升香港作为国际金融中心的地位。

(4) 在法律方面，实施QDII制度，必然增加国内对国际金融法律、法规、惯例等规则的关注，从长远来说，能够促进我国金融法律法规与世界金融制度的接轨。中国加入WTO后，逐步实行金融市场的对外开放。通过QDII制度的实践，我国的金融制度也得以向国外先进水平看齐，金融制度得到进一步完善。同时，推出QDII制度对于从实践经验中完善我国外汇管理机制，改善我国国际收支平衡机制，构建平稳坚实的法律基础，以及建设经济发展的和谐环境等均有重要的意义。

> **■思考**
>
> QDII基金的投资风险有哪些？
>
> **提示：**
>
> 投资QDII基金将面临市场风险、流动性风险等常见风险，以及汇率风险、国别风险、新兴市场风险等特别投资风险。

二、QFII基金

(一) QFII基金的概念

合格境外机构投资者(qualified foreign institutional investor，QFII)机制是我国允许符合条件的境外机构投资者汇入一定额度的外汇资金，转换为我国货币，通过境内专门机构严格监管的账户投资境内证券市场，其在境内的资本利得、股息红利等经相关机构审核后方可汇出境外的制度。QFII制度是我国在资本项目未完全开放的背景下选择的一种过渡性资本市场开放制度。

(二) QFII基金的设立标准

我国对QFII主体资格的认定、投资额度、投资范围和持股比例、资金管制、托管人资格等做出如下规定。

1. QFII主体资格的认定

申请合格境外投资者资格,应当具备下列条件。

(1) 申请人的财务稳健,资信良好,达到中国证监会规定的资产规模等条件。

(2) 对资产管理机构(即基金管理公司)而言,其经营资产管理业务应在2年以上,最近一个会计年度管理的证券资产不少于5亿美元;对保险公司而言,成立2年以上,最近一个会计年度持有的证券资产不少于5亿美元;对证券公司而言,经营证券业务5年以上,净资产不少于5亿美元,最近一个会计年度管理的证券资产不少于50亿美元;对商业银行而言,经营银行业务10年以上,一级资本不少于3亿美元,最近一个会计年度管理的证券资产不少于50亿美元;对其他机构投资者(养老基金、慈善基金会、捐赠基金、信托公司、政府投资管理公司等)而言,成立2年以上,最近一个会计年度管理或持有的证券资产不少于5亿美元。

(3) 申请人的从业人员符合所在国家或地区的有关从业资格的要求。

(4) 申请人有健全的治理结构和完善的内控制度,经营行为规范,近3年未受到监管机构的重大处罚。

(5) 申请人所在国家或地区有完善的法律和监管制度,其证券监管机构已与中国证监会签订监管合作谅解备忘录,并保持着有效的监管合作关系。

(6) 中国证监会根据审慎监管原则规定的其他条件。

另外,在政策上适度倾斜于养老基金、保险基金和共同基金等中长期投资者,在符合规定的前提下,这些基金的申请将会得到优先考虑。

2. 投资额度

国家对合格境外投资者的境内证券投资实行额度管理,由国家外汇管理局对单家合格投资者投资额度实行备案和审批管理。合格投资者在取得证监会资格许可后,可通过备案的形式,获取不超过其资产规模或管理的证券资产规模一定比例(简称基础额度)的投资额度;超过基础额度的投资额度申请,须经国家外汇管理局批准。境外主权基金、央行及货币当局等机构的投资额度不受资产规模比例限制,可根据其投资境内证券市场的需要获取相应的投资额度。

3. 投资范围和持股比例

1) 投资范围

合格境外机构投资者在经批准的投资额度内,可以投资于下列人民币金融工具。

(1) 在证券交易所交易或转让的股票、债券和权证。

(2) 在银行间债券市场交易的固定收益产品。

(3) 证券投资基金。

(4) 股指期货。

(5) 中国证监会允许的其他金融工具。

此外,合格境外投资者可以参与新股发行、可转换债券发行、股票增发和配股的申购。

2) 持股比例

合格境外投资者开展境内证券投资,应当遵循下列持股比例限制。

(1) 单个境外投资者通过合格投资者持有一家上市公司股票的,持股比例不得超过该公司股份总数的10%。

(2) 所有境外投资者对单家上市公司A股的持股比例总和,不得超过该上市公司股份总数的30%。

(3) 境外投资者根据《外国投资者对上市公司战略投资管理办法》对上市公司开展战略投资的,其战略投资的持股不受上述比例限制。

4. 资金管制

合格境外投资者的投资本金锁定期为3个月,自合格境外投资者累计汇入投资本金达到等值2000万美元之日起计算。本金锁定期是指禁止合格投资者将投资本金汇出境外的期限。

5. 托管人资格

QFII托管人具有保管合格境外投资者托管的全部资产,办理有关结汇、售汇、收汇、付汇和人民币资金结算业务,监督投资者投资运作等职责。每个合格境外投资者只能委托1个托管人,并可以更换托管人。托管人应当具备下列条件。

(1) 设有专门的资产托管部。

(2) 实收资本不少于80亿元人民币。

(3) 有足够的熟悉托管业务的专职人员。

(4) 具备安全保管合格境外投资者资产的条件。

(5) 具备安全、高效的清算和交割能力。

(6) 具备外汇指定银行资格和经营人民币业务资格。

(7) 最近3年没有重大违反外汇管理规定的记录。

外资商业银行境内分行在境内持续经营3年以上的,可申请成为托管人,其实收资本数额条件按其境外总行的计算。

(三) QFII机制的意义

1. 加快我国资本市场开放的步伐

引入QFII机制是我国对外开放、引进外资政策的拓展和延续,是引进外资的一种形式。通过引入QFII机制,全球市场的投资者增加了对我国市场的了解;境外投资者可以借助发行基金等多种形式,直接参与A股市场的投资,扩大了参与投资的范围;提升了中国金融市场在全球的影响力,为我国市场未来的全面开放奠定扎实的基础。

2. 促进投资主体多元化和上市公司行为规范化

发展QFII机制可以较大幅度地增加机构投资者的比重，改善我国证券市场以散户投资者为主的市场结构，最终发展成为以机构为主导的市场。与此同时，国外机构投资者往往选择资产优良、公司信息披露规范透明、公司治理结构完善的公司进行投资，这将促进国内上市公司的竞争，对规范我国上市公司的经营行为和提高信息披露的透明度起到积极作用，有利于保护投资者的利益。引入QFII还有助于国内券商和基金管理公司学习海外投资管理经验，提高资产运作水平，从而为进入国际市场做准备。

3. 加强国内投资者的理性投资意识

引入QFII机制后，境外大型投资机构所具有的稳健投资风格对众多中小投资者产生了一定的示范效应，有助于营造价值投资和理性投资的市场氛围，促使投资者更加关注上市公司本身的投资价值，逐渐形成中长期投资、组合管理、风险管理等正确的投资理念。

4. 加快金融创新步伐，实现与国际惯例接轨

引入QFII机制，一方面，对金融创新、制度创新起到一定的推动作用；另一方面，资本市场的逐步开放能够促使国内证券市场在法律机制、会计制度、信息披露标准、交易规则、自律机构、市场参与者的行为模式等方面逐渐与国际接轨。此外，QFII机制促使国内证券市场的监管模式更加趋向市场化，而法律环境的不断改善反过来也会促进证券市场开放的深度和广度不断加大。

习题

第四章 另类投资基金

第一节 另类投资基金概述

前几章我们讨论了投资于公开市场交易的权益、债券、货币、期货等金融资产的基金,这些投资基金一般称为传统投资基金;本章将要讨论的是投资于传统对象以外的投资基金,这些投资基金一般称为另类投资基金。

一、另类投资基金的概念

另类投资基金(alternative investment fund,AIF)是指投资于传统的权益资产、固定收益类资产和货币类资产之外的资产的基金,投资对象包括证券化资产、对冲基金、房地产、商铺、矿业、大宗商品、基础设施、私募股权、黄金、艺术品等。

另类投资基金通常采用私募方式,种类非常丰富,外延也很不确定,其中有些品种比较复杂,公开信息也十分有限,普通投资者想要参与另类投资基金的投资,需要具备较强的专业知识。

二、另类投资基金的优势与局限

由于另类投资基金品种多、创新快,以下对另类投资基金的优势与局限的讨论仅从总体或某些主要类型出发,并不能说明所有另类投资资金的特性。

(一)另类投资基金的优势

1. 丰富了投资者的投资选择

在多元资产配置时代,投资者并不会将"鸡蛋"放到同一个篮子里,而是随着宏观市场环境的变化及自身投资需求的变化不断调整投资组合。另类投资基金的产生,为投资者提供了更多的选择。

2. 提高投资回报，分散投资风险

另类投资基金的标的产品与传统证券投资产品具有较低的相关性，甚至呈现负相关性，在证券投资组合中加入另类投资基金产品，可以达到获取多元化收益和分散风险的效果，给投资者带来更稳定、规模更大的投资回报。事实上，许多另类投资基金的波动性远远低于股票市场。

(二) 另类投资基金的局限

1. 缺乏监管，信息透明度低

另类投资涵盖范围广，外延大，发展速度快，在监管方面不如股票、债券等传统证券那样成熟。大部分另类投资基金的经理人不会公开推广另类投资产品的信息，投资者能够获取的与另类投资产品相关的信息有限。同时，个人投资者相比于机构投资者也更难获取有关另类投资产品市场变动的重要信息，也就是说，另类投资产品市场上存在较严重的信息不对称现象，这也是另类投资中机构投资者多而个人投资者很少的原因。

2. 流动性较差

大多数另类投资流动性较差，投资者很难在不遭受损失的前提下，快速地出售资产来换取现金。一个项目从购入到变现通常需要几年的时间，一般还设有5~10年的锁定期，中途赎回很困难。比如，在二级市场上买卖股票是非常方便的，但在另类投资中，出售一块土地或一栋建筑物非常困难，且需要花费更长的时间。

3. 估值难度大，难以对资产价值进行准确评估

另类投资产品流动性较差可能导致估值不准确，主要是因为，另类投资产品变现能力较差，市场难以及时反映投资的真正价值。例如，初创公司、房地产等，其交易活跃程度远低于交易所证券，难以形成可比价格。因此，大多数另类投资产品的价格是基于估价形成的。估价是指基于一系列假设对一项资产的价格进行评估的过程。如果这些假设与现实不相符，就会导致估价错误。例如，对于一个房地产投资项目，可能基于地段、面积和历史成交价格进行估价，而此时如果房地产呈现市场下行走势，那么估价过程中参考的历史成交价就可能过于乐观，导致估值不准确。

第二节 私募股权投资基金

一、私募股权投资基金的概念与特点

(一) 私募股权投资基金的概念

私募股权投资基金(private equity fund，PEF)是指向少数特定的投资者以非公开的方

式筹集资金，投资于未上市公司的股权或者上市公司的股份，通过公司价值增长实现盈利，最终通过上市并购或管理层回购等方式出售持股获利的基金。

(二) 私募股权投资基金的特点

1. 私募股权投资基金本质上是信托关系

私募股权投资基金主要通过非公开方式向特定机构投资者或个人募集资金，本质上是一种信托关系，资金来源广泛，如富有的个人、大型企业、风险基金、杠杆并购基金、养老基金、保险公司等，它的销售和赎回都是基金管理人私下与投资者协商进行的，几乎不涉及公开市场操作，一般无须披露交易细节。

2. 投资方式多为权益投资

私募股权投资基金多采取权益型投资方式，较少涉及债权投资，反映在投资工具上，多采用普通股或者可转让优先股，投资机构也因此对被投资企业的决策管理享有一定的表决权。

3. 投资对象多为非上市企业

私募股权投资基金一般投资于非上市企业，尤其是已形成一定规模和产生稳定现金流的项目，较少投资上市企业，投资后会参与被投资企业的经营管理并提供增值服务。

4. 投资期限较长

私募股权投资往往需要3～5年甚至更长时间才能通过退资取得收益，属于中长期投资。

5. 退出渠道多样化

私募股权投资一般通过上市、售出、兼并、收购、标的公司管理层回购等方式实现退出。

【知识拓展】　　　　　私募股权投资基金的运作

私募股权投资基金不追求占有被投资企业的股份并以此获得长期的股息和红利回报，它追求的是企业价值的发现、增值和放大，从而带动所投资股权的价值增加，并通过市场交易来最终获取所投资股权的价差。私募股权投资基金在投入目标企业后，其盈利的实现分为5个阶段。

(1) 价值发现阶段。这一阶段主要通过项目识别，发现具有投资价值的优质项目，并与项目方达成投资合作共识。

(2) 价值持有阶段。基金管理人在完成对项目的尽职调查后，私募股权基金完成对项目公司的投资，从而成为项目公司的股东，持有项目公司的价值。

(3) 价值增值阶段。基金管理人依托自身的资本聚合优势和资源整合优势，对项目公司的战略、管理、市场和财务等进行全面提升，项目公司的基本面得到改善和优化，内在价值得到有效提升。

(4) 价值放大阶段。私募股权投资基金所投资的项目，经过价值提升，培育3～5年(或

5~7年)后,通过在资本市场公开发行股票,或者将该项目溢价出售给上市公司等实现价值的放大。

(5) 价值兑现阶段。私募股权投资基金所投资的项目在资本市场上市后,基金管理人要选择合适的时机,以合理的价格在资本市场抛售项目企业的股票,实现价值的最终兑现,收益可达几倍甚至几十倍。

二、私募股权投资的类型

私募股权投资包含多种形式,可适应不同发展阶段的企业需求,常见的有风险投资、成长权益、并购投资、危机投资和投资私募股权二级市场等。

(一) 风险投资

1. 风险投资的含义

风险投资(venture capital,VC)是指投资人将风险资本投向刚刚成立或快速成长、蕴含较大失败风险的未上市创业企业,特别是高新技术企业,在承担巨大风险的基础上,为融资人提供长期股权投资和增值服务,培育企业快速成长,数年后再通过上市、兼并或其他股权转让的方式撤出投资,取得高额投资回报的一种投资方式。

2. 风险投资的对象

风险投资被认为是高风险的私募股权投资战略。初创型企业可能仅有少量员工,基本上不存在收益,也有可能只是一个创业构想或一份商业计划书,所以,初创型企业取得成功的概率非常低,即便能够成功,从创立到成熟也需要好几年的时间。因此,大多数风险投资在初创型企业达到盈亏平衡点或者具备盈利能力之前的相当长一段时间内都没有回报,需要投资人有很大的耐心。

3. 风险投资的目的

经典案例 "苹果"的奇迹

风险投资虽然是一种股权投资,但投资的目的并不是获得企业的所有权,也不是为了控股,更不是为了经营企业,而是利用投资和提供增值服务把投资企业做大,通过股权转让等产权流动方式实现投资回报。一般说来,由于创业企业掌握了新技术,或者拥有受保护的专利权,能够使科学技术成果迅速商品化,其产品在一定时间内缺少替代品,这种垄断或寡头的市场结构能给企业带来额外收益。

知识链接 风险投资的特征

4. 投资期限

风险资本从投入企业起到撤出投资为止所经历的时间称为风险投资的投资期限。作为权益投资的一种,风险投资的期限一般比较长。其中创业期风险投资在7~10年内进入成熟期,而后续投资期限大多比创业期风险投资期限短。

5. 投资方式

从投资性质看，风险投资的方式有3种：一是直接投资；二是提供贷款或贷款担保；三是提供一部分贷款或在担保资金的同时投入一部分风险资本购买被投资企业的股权。不管是哪种投资方式，风险投资人一般都附带提供增值服务。

风险投资还有两种不同的进入方式：第一种方式是将风险资本分期分批投入被投资企业，这种情况比较常见，这样做既可以降低投资风险，又有利于加速资金周转；第二种方式是一次性投入，这种方式不常见，风险资本家和天使投资人可能采取这种方式，一般不会提供后续资金支持。

> ■ **思考**
>
> 如何理解风险投资？它是风险还是冒险？是投资还是融资？
>
> **提示：**
>
> 风险投资多指人们对有意义的冒险创新活动或冒险创新事业予以资本支持。风险投资有主动的意思。投资不是一种借贷资本，而是一种权益资本，它既包括投资，又包括融资，既包括投资的过程，又包括经营管理的内容，所以风险投资在现实中是指融资与投资相结合的过程。

(二) 成长权益

成长权益投资者通常投资于已经具备成型的商业模型、稳定的顾客群和正现金流的企业。这些企业有机会通过增加新的生产设备或者采取兼并收购的方式来扩大规模，但自身无法提供足够的现金流来支持经营发展。成长权益投资者通过提供资金，帮助企业发展业务和巩固市场地位。有些成长权益投资者还擅长帮助企业上市，和风险资本投资者及前期成长权益投资者相比，这类投资者更偏好在后期向企业提供额外资本来协助其上市。

(三) 并购投资

1. 并购投资的概念

并购投资是专注于对目标企业进行并购的投资方式，衍生于风险投资和私募股权投资。并购投资的投资对象基本为成熟企业，具有稳定的现金流且呈现稳定增长趋势。并购投资退出期限比较长，一般为3~5年。并购投资的目的是通过较少的资金获取标的公司的控制权，整合相关资源，从而开展一系列经营活动来确立市场地位、提升企业价值，最后敏锐地把握时机，选择各种渠道退出并获取收益。

2. 并购投资的类型

(1) 杠杆收购。杠杆收购是指收购方(投资者)以目标企业的资产及运营所得作为抵押进行大量的债务融资，以此来对目标企业进行收购的策略。在杠杆并购中，并购企业不

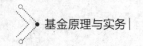

必拥有巨额资金,只需要准备少量现金(用以支付收购过程中所必需的律师费、会计师费等),即可并购任何规模的企业。因此,目标企业必须能够产生流动性强且可持续的现金流,这样的企业通常是具备一定竞争优势的稳定企业。所以,并购投资者偏好那些近期经营业绩不佳,甚至低于同业,但未来具备成长空间的企业。

(2) 管理层收购。管理层收购是指企业管理层通过负债融资购买本企业股权以达到控股重组企业的一种财务型并购方式。管理层之所以收购自己经营的企业,一方面是因为他们深知企业的价值和发展潜力;另一方面是因为当前企业面临被并购的危险,无法通过其他方法驱除并购企业,管理层只有自己挺身而出,实施管理层收购,才能维护自己的利益。

(四) 危机投资

危机投资是指购买违约风险较高的公司债。这样做是因为当企业遭遇财务困境时,可能无法偿还债务,债务违约风险很高,甚至面临破产,此时购买价格相比面值常常有很大折扣,有时仅用债权面值20%~30%的资金就可能换取债权。若投资企业"死里逃生"得以持续运营,投资者持有的债券价值会上涨,投资者将获得很高的利润;如果企业经营情况恶化,财务困境没有破解甚至企业破产,投资者将损失惨重。因此,危机投资往往被认定为高风险战略。

(五) 投资私募股权二级市场

投资私募股权二级市场是指购买现有私募股权投资的权益。私募股权合伙企业的生命周期为10年左右,包括3~4年的投资,6~7年取得投资收益和回流资本。在整个生命周期中,有些私募股权合伙企业的投资者可能遇到流动性或者其他问题,因而寻求将其投资项目出售给他人,这就形成了二级市场。

三、私募股权投资基金的组织形式

私募股权投资基金通常可分为公司型、合伙型和信托型3种。

(一) 公司型基金

公司型基金是指以股份公司或有限责任公司形式设立的私募股权投资基金。公司型基金是企业法人实体,具有完整的组织结构,如图4-1所示。公司型基金的投资者依法享有股东权利,并以其出资额为限承担有限责任。公司型基金的管理人通常作为董事或独立的外部管理人员参与股权投资项目的运营,管理人会受到股东的严格监督管理。

第四章 另类投资基金

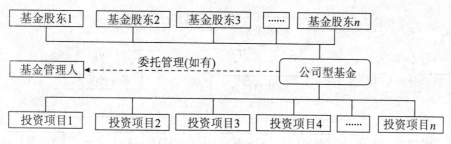

图4-1 公司型私募股权投资基金组织结构

(二) 合伙型基金

合伙型基金是指采取有限合伙制设立的私募股权投资基金。这种企业组织结构投资管理效率较高,并能避免双重征税的弊端。合伙型基金的参与主体主要有普通合伙人(genral partner,GP)、有限合伙人(limited partner,LP)和基金管理人。合伙型基金不具有独立的法人地位,其组织结构如图4-2所示。

(1) 普通合伙人主要代表整个私募股权基金对外行使各种权利、对私募股权基金承担无限连带责任,具有独立的经营管理权利,收入来源是基金管理费和盈利分红。

(2) 有限合伙人负责出资,并以其出资额为限承担连带责任。有限合伙人负责监督普通合伙人,但不直接干涉或参与投资项目的经营管理。

(3) 基金管理人的角色有时由普通合伙人担任,有时也会委托专业管理人员对投资项目进行管理和监督。

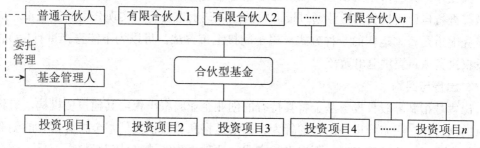

图4-2 合伙型私募股权投资基金组织结构

(三) 信托型基金

信托型基金是指通过签订信托契约的形式设立的私募股权投资基金。信托型基金不具有法律实体地位,其组织结构如图4-3所示。

信托型基金的参与主体主要有基金投资者、基金管理人及基金托管人。

(1) 基金投资者通过购买基金份额,享有基金投资收益。

(2) 基金管理人依据法律、法规和基金合同负责基金的经营和管理。

(3) 基金托管人负责保管基金资产,执行管理人有关指令,办理基金名下的资金往来。

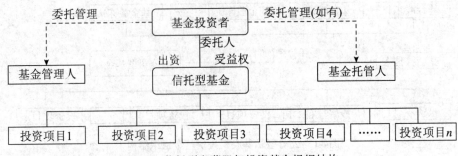

图4-3 信托型私募股权投资基金组织结构

四、私募股权投资的退出机制和J曲线

(一) 私募股权投资的退出机制

1. 首次公开发行

首次公开发行是指企业第一次将公司股份向社会公众出售。股票公开发行是金融市场对该公司的一种承认，并且这种方式保持了公司的独立性，又能使公司获得在证券市场上持续筹资的渠道。此时，私募股权基金可以通过出售其持有的股票收回现金。公开上市常常伴随着巨大的资本利得，一般被认为是私募股权投资退出的最佳渠道。

2. 买壳或借壳上市

买壳或借壳上市是指私募股权投资基金通过收购上市公司一定数量的股权取得控制权后，再将自己所投资的企业通过反向收购注入该上市公司，实现公司间接上市。买壳或借壳上市是资本运作的一种方式，属于间接上市方法，可以为不能直接进行IPO的私募股权投资项目提供退出途径。

3. 出售与回购

出售是指私募股权投资基金将其持有的创业企业股权出售给其他投资机构，或将其持有的项目在二级市场进行出售的行为。回购是指私募股权投资基金将其持有的创业企业股权出售给企业的管理层从而退出的方式，这种方式能够将外部股权内部化，使企业保持独立性。出售与回购都是私募股权投资基金出售企业股份的过程，区别在于出售对象不同。

4. 破产清算

破产清算是指私募股权投资基金运营企业经营失败，项目以破产告终，被迫退出的一种形式。私募股权投资企业进行清算，主要在以下3种情况下出现。

(1) 企业所属的行业前景不好，企业不具备技术优势，利润增长率没有达到预期的目标，私募股权投资基金决定放弃该企业。

(2) 所投资企业有大量债务无力偿还，又无法得到新的融资，债权人起诉该企业要求其破产。

(3) 所投资企业经营情况太差，既达不到IPO的条件，也没有买家愿意接受私募股权投资基金持有的企业权益，且继续经营企业不仅无法用收入弥补可变成本，还会降低企业的价值，只能进行破产清算。

(二) 私募股权投资的J曲线

私募股权投资的收益率曲线形似大写字母J，故称为J曲线。这条曲线以时间为横轴，以收益率为纵轴，如图4-4所示。

在投资项目前期，私募股权基金主要以投入资金为主，同时需要支付各种管理费用，所以，在这个阶段，J曲线表现为现金净流出，投资者所投资的私募股权基金并不能立即给投资者带来正的收益和回报。

经过一段时间的运营后，投资逐步减少甚至无须继续投入资金，项目现金流入逐渐增加，能够给投资者带来收益，整个私募股权投资基金的收益率快速攀升。

对于投资者而言，在这种长期投资项目中，投资前期获得回报的可能性很小，如果过度偏好和注重短期收益，投资者长期的收益目标很难实现；对于私募股权投资基金管理者而言，需要尽量缩短J曲线，尽快实现投资者所期望的收益。

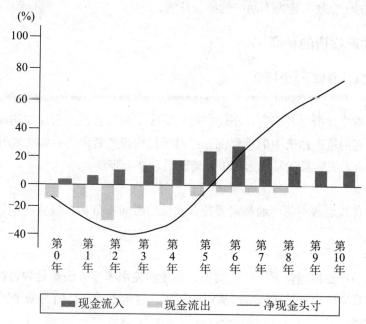

图4-4 私募股权投资的J曲线

第三节 不动产投资基金

一、不动产投资概述

(一) 不动产投资的概念

不动产是指土地和土地上的定着物,包括各种建筑物,如房屋、桥梁、电视塔、地下排水设施,以及生长在土地上的各类植物,如树木、农作物、花草等。需要注意的是,植物的果实尚未采摘、收割之前,树木尚未砍伐之前,都是地上的定着物,属于不动产,一旦采摘、收割、砍伐下来,脱离了土地,则属于动产。这里的不动产更强调财产和权利载体在地理位置上的相对固定性。房地产是不动产中的主要类别,也是本章讨论的主要内容。我国习惯上不区分不动产和房地产,两者常常互换使用。不动产投资是指投资者为了获取预期不确定的效益而将一定的现金收入转为不动产的经营行为。

(二) 不动产投资的特点

不动产投资具有如下5个特点。

1. 巨额性

对于大多数个体投资者而言,不动产投资意味着购买自己的居住用房地产,这也是这些投资者持有的资产净值中的重要部分;对于机构投资者而言,购买和开发不动产需要投入大量资金,资金量通常远远高于投资股票、基金等。

2. 长期性

购买、开发和运营不动产通常需要花费大量的时间和资金,投资周期较长,面临的不确定性也较大。

3. 异质性

每一项不动产在地理位置、产权类型、用途和使用率等方面都是独特的,受法律法规、政策、宏观环境和货币环境等因素影响较多,这给不动产估值带来了困难。

4. 不可分性

与传统的股票、债券等不同,直接的不动产投资不容易拆分以卖给多个投资者。也就是说,一项不动产投资就可能占据投资组合的很大比例。

5. 流动性低

由于不动产的上述特性,直接的不动产投资流动性较差,产权交易时间长,费用高。投资者若要快速转售,往往要承担较大的折价损失。

(三) 不动产投资的类型

1. 地产投资

地产，是指未被开发的，可作为未来开发房地产基础的土地。土地本身的不确定性非常高，基于未被开发这一特征，土地投资可能具有较高的投机性。土地无法给承租人或者使用者带来任何可观的现金流，却能产生房地产税、管理费或维持土地所需费用等支出。

开发商获取建筑许可后在土地上进行建筑或建设公路、基础设施等开发过程，会增加土地的价值，因此，土地投资大部分通过利用买卖价差或者开发后进行出售或出租经营来获取投资收益。需要注意的是，土地投资价值受宏观环境和法律法规因素的影响较大，因此极具风险性。

2. 商业房地产投资

1) 商业房地产的概念

商业房地产从广义上可以理解为用于商业或者具备商业功能的地产，也称商用、收益性、经营性房地产；从狭义的角度理解是指用于经营零售、餐饮、娱乐、健身服务、休闲等项目的房地产，国外称为零售地产。

商业房地产中，写字楼投资与零售房地产投资占比较大。商业房地产投资以通过出租赚取收益为目的。例如，写字楼的投资者将写字楼空间出租给承租人，以收取租金，同时参照通货膨胀率和供求关系等因素逐年调整租金；零售房地产投资者将房地产出租给零售商进行经营，同时收取租金。

商业房地产是一种综合体，具有房地产、商业与投资的三重特性，区别于单纯的投资、商业以及传统意义上的房地产。三重特性相互独立又相互作用，形成了商业物业较为明显的特征，环环相扣，系统性极强，其中商业属性是本质。

2) 商业房地产投资的特征

(1) 提供商业经营和公共服务空间，适应多样化的用途，具有较强的经济、社会和审美功能。

(2) 主要满足经营需求，在物业、区位、设施等方面有相应的要求，但没有统一的设计规范。

(3) 作为商业服务业的生产资料，具有较强的投资性，其价值取决于所经营的行业与经营能力(房地产价值和商业运营价值)。

(4) 与城市发展关联极强，并与其他房地产类型具有较强的互补性。

> ■ 思考
>
> 我国商业房地产的开发模式有哪些？
>
> 提示：
>
> 我国常见的商业房地产开发模式有SOHO模式，其特点为分散销售、快速变现；万达模式，其特点为部分出售、部分出租；凯德模式，其特点为全部自持、双基金配置。

3. 工业地产投资

1) 工业地产的概念

工业地产,从狭义的角度理解是指用于工业生产、仓储、运输等的房地产形式,包括厂房、工业配套等;从广义的角度理解是指在新经济、新型工业化背景下,以产业为依托,以地产为载体,以工业楼宇、工业厂房、高新技术研究与发展用房为主要开发对象,集投资、开发、经营管理和服务等于一体的工业物业总称。工业地产的目标客户主要为公司、企业和个体经营者,而不是居民个人,除了证券化产品外,也较少有投资者直接参与工业地产投资。

2) 工业地产的分类

工业地产主要分为工业厂房与工业园区,其中工业厂房又可以细分为标准厂房与定制厂房;工业园区也可以细分为综合工业园区、专业园区、科技园区与总部基地等。

3) 工业地产的特点

(1) 政策主导性强、专业性强。工业地产受地方政府、经济、政策等影响很大,尤其与产业发展紧密联系,不同工业地产应满足不同产业发展需求及功能要求。

(2) 投资规模大,投资回收期长。工业地产项目规模大,前期投入大;资金占用周期长,投资回收期限长于住宅房地产与商业地产。

(3) 项目具有增值性。工业地产发展的同时,能带动第三产业发展,实现第二产业与第三产业联动,拓展项目的收入来源;还能促进教育、医疗卫生、文化、科技和体育等行业的发展,优化产业资源配置,打造产业集群,从而提升项目价值。

(4) 区域性强。工业发展具有很强的聚集效应,不同区域有不同的主导产业,区域市场对工业地产需求一致性较强,所以,工业地产在同区域的功能差别很小。

4. 酒店房地产投资

1) 酒店房地产的概念

酒店主要是指包含品牌的短期性居住设施,如香格里拉酒店等,以及企业为职工提供的长期居住设施等房地产。

酒店行业随着旅游市场的发展而发展,随着中国居民收入的增长,居民消费正在转型升级。在中国旅游业飞速成长的同时,酒店投资已经成为热点。

2) 酒店房地产投资的目的

(1) 获取高额回报。酒店房地产投资通常能够带来较高的租金收入和资本增值,是投资者追求高回报的重要途径。

(2) 多元投资组合。酒店房地产投资可以为投资者提供多元化的投资组合,降低整体投资风险。

(3) 稳定的现金流。酒店房地产投资能够为投资者提供稳定的现金流,满足投资者对现金流的需求。

5. 养老地产等其他形式的投资

养老地产是指专门为老年人打造的，集居住、养老、休闲、医疗等多种功能于一体的综合性社区。

我国老年人口基数庞大，随着老龄化社会的到来，养老地产作为养老产业与地产相结合的新兴领域，市场潜力巨大，发展前景十分广阔。如今，越来越多的商业地产投资关注老年人群社区。例如，中国人寿早在10年前就表示非常看好养老地产领域，并且已经在重点地区进行了养老地产投资布局。

未来成熟的养老地产发展模式中，开发商负责开发建设，项目落成后出售，实现利润的快速回笼；投资商负责投资，选择有前景的物业整体接盘，赚取物业升值以及养老地产类项目稳定的现金回报收益；运营商则利用专业管理能力获取经营管理收益。各方都能在其中找到自己的定位，实现自己的目标。风险与收益分拆并相互匹配，使得养老地产形成一个良性的循环系统，各方联合起来可以形成资金成本低、规模化速度快、抗冲击能力强的优势。

二、不动产投资基金的概念和典型架构

不动产投资基金是指投资于不动产领域的基金。该基金由基金管理人负责筹集投资资金，并使用该资金投资不动产项目，包括购买、开发、租赁或出售各种不动产资产，如住宅、商业房地产、办公楼、土地等。不动产投资基金通常面向少数高净值投资者或风险承受能力较强的专业投资者，这类投资者在投资不动产基金时，更看重基金管理人的专业能力、投资经验和风险控制能力，而不是凭个人的直觉和投资经验去做决定。

房地产有限合伙(real estate limited partnership，RELP)在功能上类似于私募股权合伙，有限合伙企业中应至少有一个有限合伙人、一个普通合伙人。

(一) 有限合伙人

房地产有限合伙人将资金提供给普通合伙人，有限合伙人仅以出资份额为限对投资项目承担有限责任，并不直接参与管理和经营项目；房地产有限合伙人偏好资金的非流动性，一旦房地产有限合伙人将资金托付给合伙企业，在承诺期限截止之前很难或者不可能从投资项目中退出，可能面临长达数年的负现金流。

(二) 普通合伙人

房地产普通合伙人通常是房地产开发公司，凭借其具备的专业能力和丰富经验将资金投资于房地产项目当中，管理并经营这些项目。通常，房地产普通合伙人收取固定比例的管理费，同时，做决策时不会受到太大的干扰。

有限合伙型基金的普通合伙人应由基金管理人或与基金管理人存在关联关系的主体担任；有限合伙人则由投资人和(或)产业方构成。不动产基金以股权和(或)债权方式直接或间接投资于项目公司，以取得底层资产的相关权益。特别需要注意的是，为进行风险隔离并避免基金直接举债，也可以在投资于项目公司前，先行设立SPV(special purpose vehicle，特殊目的载体，特殊目的机构)，通过SPV投资于项目公司。

不动产基金的典型架构如图4-5所示。

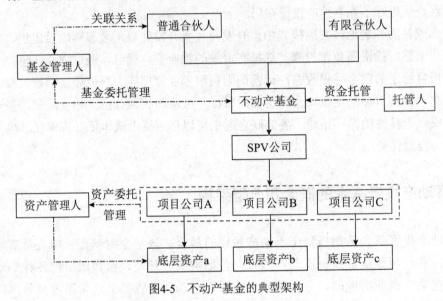

图4-5　不动产基金的典型架构

三、不动产投资基金的类型

(一) 房地产权益基金

房地产权益基金，是指从事房地产项目收购、开发、管理、经营和销售的集合投资制度，它可能会以股份公司、有限合伙公司或契约型基金的形式存在。房地产权益基金可能持有几十到几百个商业地产的投资项目，通过其具备的专业能力进行有效投资，这是房地产权益基金的主要运作方式。

房地产权益基金通常以开放式基金形式发行，定期开放申购和赎回。赎回款通常从日常运营现金流中获取，如租金收入和资产出售收入等。因此，相较于房地产有限合伙，房地产权益基金的流动性要好得多。但值得注意的是，在房地产市场下行时期，投资者可能出现挤兑，而基金没有足够的现金应付赎回。在退出策略方面，房地产权益基金可以通过在非公开市场上出售其所持有的资产退出，也可以通过打包上市退出。

(二) 房地产投资信托基金

1. 房地产投资信托基金的概念

房地产投资信托基金(real estate investment trusts，REITs)，是指通过发行受益凭证或者股票来进行募资，并将这些资金投资到房地产或者房地产抵押贷款的专门投资机构，旨在为投资者提供与房地产相关的收益和资本增值，其运作结构如图4-6所示。REITs通常会将大部分租金收入分配给投资者。

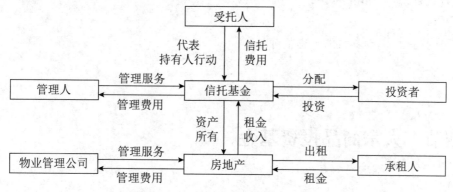

图4-6 房地产投资信托基金运作结构

房地产投资信托基金是一种资产证券化产品，可以采取上市的方式在证券交易所挂牌交易。

2. 房地产投资信托基金的特点

(1) 流动性强。若投资者选择直接购买房地产，通常需要办理非常繁杂的手续，并且在购入之后不容易变现，流动性差；若选择购买房地产公司的股票，股价的波动性较大，也未必会产生可观的收益；而房地产投资信托基金是在交易市场上交易经过证券化的房地产，很容易进行房地产与现金之间的转换。

(2) 抵御通货膨胀。房地产作为一种实物资产，通常具有较好的通胀对冲特性。一般而言，房地产相关收入会与通货膨胀呈现同向变动的趋势，在经济通胀时期，房地产投资信托基金投资的房地产项目租金可能随之上涨，从而起到在通货膨胀时保值的作用。

(3) 风险较低。房地产投资信托基金的盈利收入是可以预测的，而且运作流程和方式与其他传统证券类似，但房地产投资信托基金的波动性又低于传统证券，因此，房地产投资信托基金具有低风险的特点。房地产投资信托基金将标的房地产像股票一样进行分割之后交易，投资者可以利用资金投资于不同房地产种类，实现通过多样化投资分散风险的目的。

(4) 信息不对称程度较低。房地产投资信托基金可以在公开市场上进行交易，上市的房地产投资信托基金必须定期向投资者披露投资项目和基金本身的相关信息。因此，相较于其他房地产相关投资工具，房地产投资信托基金的信息不对称程度要低得多。

一般房地产投资信托基金的收入比传统证券中的债券要高，比股票要低，影响其收益的因素主要有利率水平、股市景气度和房地产市场景气度。

房地产投资信托基金为个体投资者和中小投资者提供了新的房地产投资渠道,也为中国现在主要依赖银行贷款进行融资的房地产公司提供了新的融资渠道,从而为中国房地产市场带来全新的局面。

> ■ 思考
>
> REITs在投资组合中发挥什么作用?
> 提示:
> 稳定收益、资产多元化、通胀对冲。

第四节 大宗商品投资基金

一、大宗商品和大宗商品基金概述

(一) 大宗商品的概念

大宗商品是指具有商品属性,可进入流通领域(非零售环节),用于工农业生产与消费的大批量买卖的物质商品。在金融投资市场,大宗商品指同质化、可交易、被广泛作为工业基础原材料的商品,如原油、有色金属、钢铁、农产品、铁矿石、煤炭等。

大宗商品价值受全球经济因素、供求关系等影响较大。在通货膨胀时,大宗商品的价格随之上涨,具有天然的通货膨胀保护功能。

(二) 大宗商品的投资方式

中国作为石油、有色金属、铁矿石等原材料消费大国,大宗商品交易在中国金融市场的作用正变得越来越重要。面对日益发展的大宗商品市场,投资者可以通过不同途径进行投资,同时可将大宗商品纳入证券投资组合。

1. 大宗商品现货交易

大宗商品现货交易是最直接也是最简明的大宗商品投资方式。从理论上讲,投资者若要对商品进行投资,可能仅需要购买商品的所有权,比如购买一桶油,但这样的小额购买属于消费行为,不能算作投资。

纽约商品交易所的石油合约以1000桶为最小交易单位,芝加哥商品交易所的小麦以5000蒲式耳为最小交易单位。因此,直接购买大宗商品进行投资会产生高昂的运输成本和储存成本，投资者很少采用这种投资方式。

2. 大宗商品衍生工具交易

对单一商品或商品价格指数采用衍生产品合约的形式进行投资，是大宗商品交易中比较流行的一种投资方式。大宗商品衍生工具包括远期合约、期货合约、期权合约和互换合约等。其中，期货合约是在交易所交易的标准化产品，有固定的交易场所、规范的合约、透明的合约价格、较低的交易成本和很强的流动性。

3. 大宗商品结构化产品投资

当投资者无法直接投资于大宗商品及其衍生工具时，可以通过投资银行或其他金融机构发行的结构化产品间接投资于大宗商品市场。结构化产品主要用金融工程的方法创造新的证券，并将其收益与其他资产挂钩，如股票、商品、指数等，以满足投资者需求。

4. 大宗商品基金

直接投资大宗商品或者以大宗商品作为标的资产的衍生工具，对很多投资者来说是不现实的，所以，通过购买交易所交易基金(ETF)实现间接投资也是一种比较好的选择。

(三) 大宗商品基金的概念

大宗商品基金是指主要投资于大宗商品市场，通过商品交易顾问进行期货和期权投资交易的基金。大宗商品基金为投资者提供了便利，投资者可以通过较少的资金参与商品期货投资。

大宗商品基金主要有商品LOF、商品ETF、联接基金还有一些QDII基金。现在市场上常见的大宗商品基金有黄金主题基金、原油主题基金、有色基金以及农产品类基金等。

二、大宗商品基金投资对象

(一) 能源类大宗商品

能源是可产生各种能量(如热能、电能、光能和机械能等)或可做功的物质的统称，也可以将其理解为能够直接取得或者通过加工、转换而取得有用能的各种资源，包括煤炭、原油、天然气、煤层气、水能、核能、风能、太阳能、地热能、生物质能等一次能源，电力、热力、成品油等二次能源，以及其他新能源和可再生能源。

能源类大宗商品价格受到国际能源价格、世界经济形势和国家宏观经济政策的影响。在石油、天然气等领域，相较于国内，国际商品期货市场占据大宗商品定价权的制高点，其价格成为国际贸易的基准价格。例如，在原油交易当中，纽约商品交易所交易的轻质原油价格为全球石油定价的重要基准。

(二) 基础原材料类大宗商品

基础原材料类大宗商品主要包括钢铁、铜、铝、铅、锌、镍、钨、橡胶、铁矿石等。基础原材料类大宗商品是制造业发展的基础,与生产经营活动密切相关,通常大批量交易。

(三) 贵金属类大宗商品

贵金属商品包括金、银、铂、钯、铑、铱、锇、钌,因其在地壳中含量少,勘探开采及提炼难度高,所以称为贵金属。贵金属具有独特的物理及化学性能,在应用领域,其他任何金属材料无法代替,甚至在某些应用领域起着决定性和关键性作用。

黄金是贵金属类大宗商品的典型代表。作为一种特殊的通货,黄金通常可用于储备和投资,同时与从低级到高级不同层次的制造业相联系。

贵金属类大宗商品被认为是个人资产投资和保值的工具之一。目前,国际上可交易的贵金属类大宗商品主要有黄金、白银、铂金等。

(四) 农产品类大宗商品

目前,国际上可交易的农产品类大宗商品主要有玉米、大豆、小麦、稻谷、咖啡、棉花、鸡蛋、棕榈油、菜油、白砂糖等,其中玉米、大豆、小麦的期货被称为三大农产品期货。由于农产品容易受到天气、自然灾害等自然条件的影响,农产品类大宗商品的市场也会受到季节性因素和气候因素的影响。

三、大宗商品投资基金的类型

目前,在普通投资者关注的公募基金中,大宗商品主题基金不下百只,主要分为4类,即资源股指数基金、资源股主题基金、商品型基金以及QDII原油主题基金。

(一) 资源股指数基金

资源股指数基金是市场上最广为人知的商品主题基金,这类基金跟踪资源类股票指数,具体包括跟踪有色金属、天然气、煤炭、石油化工、基础化工建筑材料等行业。

(二) 资源股主题基金

资源股主题基金在投资策略上属于主动偏股基金,但因为它设定了投资范围,配置行业受到限制,又类似于被动型基金,但选股相对灵活。有些资源股主题基金在投资范围方面做出了"投资于资源相关股票的比例不低于股票资产的80%"的规定。

(三) 商品型基金

商品型基金投资于商品实物资产，主要包括贵金属主题基金和商品期货主题基金。近年来，贵金属主题基金规模迅速扩大，主要品种有黄金ETF和黄金ETF联接基金。市场上的商品期货基金主要集中在有色金属期货ETF、能源化工期货ETF和豆粕期货ETF相关产品。有些有色金属期货ETF产品直接投资于上期所的铜、铝、铅、锌、镍、锡等品种，作为大类资产配置的特色产品逐渐受到各类机构的青睐。

(四) QDII原油主题基金

QDII原油主题基金主要投资于埃克森美孚石油、康菲石油等原油公司股票和美国原油商品基金。

> ■ **思考**
>
> 大宗商品基金价格上涨的原因是什么？
>
> **提示：**
>
> 大宗商品基金价格上涨主要是因为大宗商品价格上涨，具体包括以下3个原因：大宗商品供需结构偏紧；地缘政治影响了全球大宗商品的供给；基建成为稳增长的重要抓手，在一定程度上拉动了建材类商品的需求。

习题

第二篇

基金运作管理

本篇导读

基金运作过程包括基金成立、运行、清算等环节,具备一个完整的生命周期,涉及对象有持有人、管理人、托管人、代销机构。本篇重点阐述基金的募集与认购、基金的申购和赎回、基金的估值、基金费用与会计核算、基金收益分配与税收、基金信息披露等环节的基础知识和法律规范。

第五章 基金运作流程与运作机构

第一节 基金运作流程

一、产品设计

在基金运作筹备阶段，基金公司的产品部门、销售部门、投资部门和监察稽核部门根据市场投资者的需求、投资市场的发展趋势和监管环境的变化进行必要性和可行性分析，拟定基金设立方案，明确所设立基金的类型、推出的时间和地点、基金的发起规模、基金的存续期等，同时设计基金费率结构以及交易方式等，然后进一步明确产品的开发思路、设计方案及细节，并对产品在当前市场下可能的收益进行模拟测算。

经过以上环节之后，将产品的初步设计思路提交给基金公司领导层或者决策委员会进行审核，内部审核通过后，针对基金产品进行更为细致的设计和材料准备。一般而言，设立一个公募基金产品，至少需要准备产品方案说明书，就产品方案的可行性、产品类型、投资方案、产品投资策略等内容进行说明。方案细化后，一般还需要经过投资部门、法律合规部门、清算部门、市场渠道部门和托管银行等内外部机构的讨论和修改，最终确定基金设计方案、招募说明书等，向监管部门申报。

二、募集与销售

证监会注册基金募集申请后，即可进入募集流程。一般而言，公募基金公司的募集相关负责部门在确定营销方案之后，会有针对性地根据拟募集基金产品所针对的客户群体开展宣传和销售活动。基金管理公司可以委托符合资质的代销机构(等)或通过官网向投资者发售基金，汇集众多中小投资者的资金。可以开展公募基金产品零售业务的机构一般包括具有基金代销资格的银行网点、具有基金代销资格的券商网点、其他取得基金代销资格的销售机构等。基金公司亦可以对机构客户进行营销，通过直销的方式销售基金份额。公募基金产品的募集期限不得超过3个月，满足基金成立的标准(不少于2

亿元规模及200位投资者),募集结束后,基金便可以宣告成立。

三、投资管理

基金管理公司按照基金合同的要求,运用投资组合理论进行基金投资与管理,如按一定的投资比例或行业投资股票市场、债券市场、海外市场等,以实现基金份额的稳定增值,从而为持有人创造价值,进而收取管理费。这是基金的核心环节,本书将在第三篇详细阐述。基金投资人享受证券投资的收益,也承担因投资亏损而产生的风险,自负盈亏,自担风险。投资管理期间涉及建仓、日常运营、信息披露等事项。

(一) 建仓

新发行基金募集资金完毕之后,会有一个短暂的封闭期,也就是建仓期(一般为3个月)。在这段时间,基金管理公司进行资金清算,按照产品计划进行资产配置,如投资股票、债券等。建仓期结束后,就进入正式运营阶段,基金(封闭基金除外)可以正常申购和赎回。

(二) 日常运营

日常运营是投资管理的重要组成部分,包括基金经理在合同约定的投资范围内有效地运用基金资产进行投资,主要涉及投资标的的买入、卖出等交易;也包括基金运营的估值核算团队在每个交易日对基金资产的价值进行估算。作为专业的投资管理人,他们考虑得远比投资者复杂、专业。比如投资新品种的投资限制问题,估值系统的支持问题,收益计算问题等。

(三) 信息披露

基金公司必须公开披露相关信息,如基金招募说明书、基金合同、托管协议、基金净值等,还要按期公布季度报告、半年度报告、年度报告等,保证将信息及时、准确、透明地传达给投资者。

四、收益分配

基金收益主要来源于投资标的的股权收入、利息收入、买卖价差、公允价值变动等。基金支付的费用主要包括支付给基金管理公司的管理费、支付给托管人的托管费、投资者支付给代销机构的费用、基金设立时发生的费用。这些费用都从基金净值中列支,均由投资者承担。基金收益扣除基金费用后便是基金的净收益。开放式基金主要以现金形式分配净收益,投资者也可以选择以红利再分配的形式分配收益。

五、清算退出

基金清算是指基金遇有合同规定或法定事由终止时，对基金财产进行清理处理的善后行为，其实质是基金资产全部变现，将所得资金分给持有人。基金清算并不意味着投入资金全部亏损，而是强制把基金份额赎回成现金。基金清算是基金投资人取回基金剩余财产并实现退出的最后环节，近年来，市场上部分基金逐渐进入退出期或清算期，基金清算因而受到基金参与各方的关注。

第二节 基金管理公司

一、行业进入资格

《证券投资基金法》规定，设立管理公开募集基金的基金管理公司应当具备下列条件，并经国务院证券监督管理机构批准。

(1) 有符合本法和《中华人民共和国公司法》规定的章程。

(2) 注册资本不低于1亿元人民币，且必须为实缴货币资本。

(3) 主要股东应当具有经营金融业务或者管理金融机构的良好业绩、良好的财务状况和社会信誉，资产规模达到国务院规定的标准，最近3年没有违法记录。

(4) 取得基金从业资格的人员达到法定人数。

(5) 董事、监事、高级管理人员具备相应的任职条件。

(6) 有符合要求的营业场所、安全防范设施和与基金管理业务有关的其他设施。

(7) 有良好的内部治理结构、完善的内部稽核监控制度和风险控制制度。

(8) 法律、行政法规规定的和经国务院批准的国务院证券监督管理机构规定的其他条件。

同时《证券投资基金法》还规定，基金托管人与基金管理人不得为同一机构，不得相互出资或者持有股份。

二、职责

公开募集基金的基金管理人应当履行下列职责。

(1) 依法募集资金，办理基金份额的发售和登记事宜。

(2) 办理基金备案手续。

(3) 对所管理的不同基金财产分别管理、分别记账，进行证券投资。

(4) 按照基金合同的约定确定基金收益分配方案，及时向基金份额持有人分配收益。

(5) 进行基金会计核算并编制基金财务会计报告。

(6) 编制中期和年度基金报告。

(7) 计算并公告基金资产净值，确定基金份额申购和赎回价格。

(8) 办理与基金财产管理业务活动有关的信息披露事项。

(9) 按照规定召集基金份额持有人大会。

(10) 保存基金财产管理业务活动的记录、账册、报表和其他相关资料。

(11) 以基金管理人名义，代表基金份额持有人利益行使诉讼权利或者实施其他法律行为。

(12) 国务院证券监督管理机构规定的其他职责。

基金管理人是基金产品的募集者和管理者，其主要职责是按照基金合同的约定，负责基金资产的投资运作，在有效控制风险的基础上为基金投资者争取最大的投资收益。

三、机构设置

(一) 机构设置原则

自1998年我国第一批公募基金经中国证监会批准至今，公募基金行业保持了稳定、健康的发展势头。根据公司发展战略，大多数基金管理公司选择在国内设立专户子公司和销售子公司。有些基金管理公司也在境外设立子公司或者分支机构，向国际化迈出了坚实的步伐。基金管理公司在设立子公司时，要认清自身基础定位，结合自身资源禀赋，遵循监管要求，梳理完善母子公司组织架构，坚持以公募基金为主业，以专业化、特色化、差异化为原则，避免母子公司同业竞争、盲目发展。同时，母公司要明确自身对子公司的管控责任。

组织架构是公司战略的重要载体，基金管理公司要科学、合理地设置业务体系和组织架构，不能无序扩张，避免管理失控、风险频发。在设置业务体系和组织架构时，一定要遵循以下几项原则。

1. 相互制约和不相容职责分离原则

基金管理公司应建立一个权责清晰、相互制衡的内部架构，在管理层、各部门及岗位之间建立有效的制衡机制，以识别并规避风险管理盲点，加强全员合规意识及风险管控。在管理层面上，高层管理人员应分别负责不同的业务部门，避免同时掌管存在相互冲突的部门；公司重大经营决策需通过高管会议等管理层会议进行审议和批准。在业务层面上，各业务部门需通过业务流程实现相互复核、合规检查，风险管理部门负责实施持续的风险管理。

基金公司需建立并实施严格的分离机制,确保不相容的岗位、基金资产与公司资产相分离,研究、投资决策、交易执行、交易清算及基金核算、公募基金和专户投资等相分离,具体包括:投资(由投资部门负责)和研究(由研究部门负责)分离;投资组合配置(由投资决策委员会负责)与日常管理(由投资部门负责)分离;投资(由投资部门负责)与交易(由交易部门负责)分离;公募基金(由基金投资部门负责)与专户投资(由专户理财部门负责)分离;交易(由交易部门负责)与清算(由基金运营部门负责)分离;投资管理(由投资部门负责)与投资监督(由监察稽核风险管理部门负责)分离;基金会计(由基金运营部门负责)与公司财务(由公司财务部门负责)分离;为每个基金组合和专户投资设置独立的账套进行独立核算。

为避免运作时出现交叉失误、保密信息和不同业务区域敏感信息泄露,公司应建立有效的隔离系统,确保主要业务独立运作。在基金管理和运作中,各部门应采用独立的报告渠道向管理层汇报。对于因业务需要而接触内幕信息的人员,应制定严格的批准程序和监管措施。

2. 授权清晰原则

基金公司通过制定公司章程、各项制度、部门规章和岗位职责等方式明确各部门、各岗位、各员工的职责范围,确保公司对员工的授权明确化和固定化。

基金管理公司需建立明确的分级授权体系,总经理的权限由董事会授予,各部门经理的权限由总经理授予,而部门职员的权限则由部门经理授予。所有的权限授予都必须有书面文件作为凭证,即使是重要的临时性授权,也需要采取书面形式。对于基金经理或专户投资经理而言,他们对于所管理投资组合的权限由相应的基金或专户法律文件授予。部门、个人应在各自的授权范围内,有效行使相应的经营管理职能,不得越级或越权办理业务。

3. 适时性原则

基金公司制度应具有前瞻性,并且必须随着公司经营战略、经营方针、经营管理、组织结构等内部环境的变化,以及国家法律法规、政策制度等外部环境的改变及时进行相应的修改和完善。公司制度更新分为定期更新和不定期更新。定期更新周期可以是季度、半年和年度;不定期更新应视具体情况而定,当有新的法律法规发布或者业务、组织架构发生变化时,相应部门应及时更新相关制度。

(二) 具体机构设置

在公司层面,一般从管理角度设立管理层会议或者总经理办公会等,从专业角度设立各类专业委员会。基金公司的机构设置如图5-1所示。

1. 总经理办公会

总经理办公会或管理层会议一般由高管成员组成,主席为总经理,其职能包括制定公司整体发展战略、明确公司的投资方向、制定风险控制策略、协调公司内部职能部门的工作、做出重要投资决策。

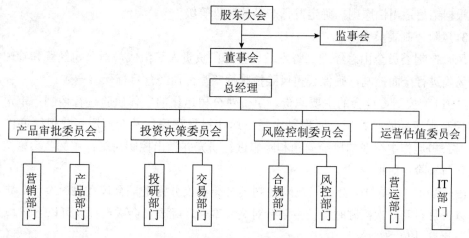

图5-1 基金公司的机构设置

2. 专业委员会

基金公司从专业角度成立专业委员会。从业务功能的角度,基金管理公司内部通常设有四大专业委员会,即投资决策委员会、产品审批委员会、风险控制委员会和运营估值委员会。法律法规只规定了基金管理公司必须设立投资决策委员会,其他委员会的设立由各家公司根据实际情况而定。

1) 投资决策委员会

投资决策委员会是基金管理公司管理基金投资的最高决策机构,属于非常设议事机构,一般由基金管理公司的总经理、分管投资的副总经理、投资总监、研究部经理、投资部经理及其他相关人员组成。基金经理在授权范围内全权负责基金投资工作。

(1) 投资决策委员会的职责。决定公司的投资决策程序及权限设置原则;决定基金的投资原则、投资目标和投资理念;决定基金的资产分配比例,制定并定期调整投资总体方案;审批基金经理提出的投资额超过自主投资额度的投资项目;定期审议基金经理的投资报告,考核基金经理的工作绩效。

(2) 投资决策委员会会议。投资决策委员会会议分为定期会议和临时会议。定期会议又分为年会和例会。年会每年召开一次,审议通过基金年度投资目标和计划;例会每月召开一次,讨论基金投资的各有关事宜。在日常管理中,可根据实际需要召开投资决策委员会临时会议。

2) 产品审批委员会

产品审批委员会由公司总经理、主管产品开发的高管、副总经理(或投资总监)、督察长、副总经理运营总监、产品开发部负责人等组成。

(1) 产品审批委员会的职责。产品审批委员会负责公司所有产品的审核、决策和监督执行,确保新产品符合公司的战略和发展方向。

(2) 产品审批委员会会议。产品审批委员会会议分为定期会议和临时会议。定期会议可以每季度召开一次,临时会议可以根据实际需要由委员会成员提议召开。产品审批委员会所议事项包括:讨论、制定公司产品战略;审核具体产品方案,评估产品运作风险；根据销售适用性原则，确定发行产品的风险等级。

3) 风险控制委员会

风险控制委员会由总经理、督察长、各部门负责人等组成，对公司经营和管理中的所有风险进行全面控制，确保公司风险控制战略与公司经营目标保持一致。

(1) 风险控制委员会的主要职责。负责对公司运作的整体风险进行控制；审定公司内部控制制度并监督执行；听取基金投资运作报告和评估基金资产运作风险并做出决定；对公司运作中存在的风险问题和隐患进行研究并做出控制决策；审阅监察稽核报告及绩效与风险评估报告。

(2) 风险控制委员会会议。风险控制委员会会议分为定期会议和临时会议。定期会议可以每月召开一次；临时会议主要针对突发事件，经委员会成员提议可以召开。

4) 运营估值委员会

运营估值委员会包括IT治理委员会和估值委员会。

(1) IT治理委员会。IT治理委员会负责制定公司IT规划，确保公司IT规划与公司发展战略相一致，符合公司经营对IT的要求。IT治理委员会一般由负责IT的高管人员、IT部门负责人、相关业务负责人、财务负责人、内部控制负责人及部分技术骨干人员组成，其中IT人员的比例应在30%以上。

IT治理委员会会议分为定期会议和临时会议。定期会议可以每季度召开一次，临时会议由IT治理委员会成员根据实际需要提议召开。

(2) 估值委员会。估值委员会由公司主管基金运营的副总经理、督察长、投资总监(或研究总监)、合规风控部门和基金运营部门相关人员组成，负责公司资产估值相关决策及执行，保证资产估值的公平、合理。

估值委员会会议分为定期会议和临时会议。定期会议可以每季度召开一次，评估公司的估值政策和程序等。临时性会议主要讨论具体投资品种的估值方法和调整，可根据实际需要召开。

3. 部门设置情况

由于公司规模、经营模式不同，每家基金公司的业务部门设置是不同的，通常可以根据功能划分为投资、研究、交易部门，产品营销部门，合规与风险部门，后台运营部门和其他支持性部门。

1) 投资、研究、交易部门

(1) 投资部。投资部按照投资标的可以细分为权益部、债券部、衍生投资部、国际投资部等；按照客户来源，可以细分为公募基金投资部、专户投资部、年金投资部、保险资金投资部、社保资金投资部等。投资部负责根据投资决策委员会确定的投资原则和制订的计划进行股票选择和组合管理，向交易部下达投资指令。同时，投资部还担负投资计划反馈的职能，及时向投资决策委员会提供市场动态信息。

(2) 研究部。研究部是基金投资运作的支撑部门，主要从事宏观经济分析、行业发展状况分析和上市公司投资价值分析。研究部根据研究重点可以细分为宏观研究部、行业和个股研究部、债券研究部等。研究部的主要职责是通过对宏观经济、行业状况、市场行情和上市公司价值变化的详细分析和研究,向基金投资部门提供研究报告及投资计划建议,为投资决策提供依据。

(3) 交易部。交易部是基金投资运作的具体执行部门,负责组织、制定和执行交易计划。交易部的主要职责是执行投资部的交易指令,记录并保存每日投资交易情况,保持与各证券交易商的联系并控制相应的交易额度,负责基金交易席位的安排、交易量管理等。目前,有些公司出于更好地控制风险的需要,将该部门划归基金运营体系下,从而加强了对投研部门的制衡。

2) 产品营销部门

产品营销部门包括产品开发、营销、销售和客户服务中心几个功能部门,负责产品的设计、营销和销售以及客户服务等工作。不同基金公司有不同的部门设置,大基金公司通常将产品营销部门细分为产品部、营销部、销售部和客户服务中心等,小基金公司通常统一设置市场部。

(1) 产品部。产品部的主要职责是根据公司战略,在贴近客户需求、敏锐把握市场投资机会和公司业绩能力的基础上,研究制定公司中长期产品开发战略和实施规划;负责具体产品的创新和设计,以及产品的后续运作分析与评估工作。

(2) 营销部。营销部的主要职责是根据公司长远发展目标,制定公司中长期品牌战略和实施规划,高效规范地管理公司品牌形象;制订品牌宣传计划并组织实施相关活动;通过多种营销手段,支持产品新发及持续营销;负责公共关系维护及媒体管理。

(3) 销售部。销售部的主要职责是拓展并管理公司与渠道、机构客户的合作关系;实施公司销售策略、业务计划,包括新基金发行、持续营销等活动。

(4) 客户服务中心。基金公司一般设有客户服务中心,通过呼叫中心、移动端等多种途径回答客户的问题,协调公司内部解决客户的投诉,为客户提供良好的专业服务,提高客户的满意度和忠诚度。

3) 合规与风险部门

合规与风险部门是公司内部的监督部门,一般包括监察稽核部和风险管理部。

(1) 监察稽核部。监察稽核部负责公司的法律合规事务,主要职责是监督并检查基金运作和公司运作的合法合规情况及公司内部控制情况,及时向管理层报告。监察稽核部在规范公司运作、保护基金持有人合法权益、完善公司内部控制制度、查错防弊、堵塞漏洞方面起到了相当重要的作用。

(2) 风险管理部。风险管理部负责对公司经营过程中产生或潜在的风险进行有效识别、管理和报告,主要职责包括识别公司潜在风险,制定有效控制投资风险的方案,落实投资风险分析及控制;对基金组合进行业绩归因分析,分析投资运作过程的有效性;及时、准确地出具风险报告并提出针对性建议,与管理层及投资团队沟通。

4) 后台运营部门

后台运营部门的职责是为基金公司管理的资产运营和公司运营提供支持,可以细分为注册登记、资金清算、基金会计和信息技术等功能部门。

(1) 注册登记、资金清算和基金会计部。这些部门是围绕基金公司的基金组合和其他资产组合提供服务的。

(2) 信息技术部。信息技术部是公司运营的支持部门，其职责包括规划、建设公司信息化平台；根据公司的业务发展和管理需求制定系统软件与硬件标准；根据证券投资的风险防范要求，制定系统的安全策略和明确安全防范等级；组织对软件与硬件和外包服务等供应商进行筛选和评估；组织制定和审核系统运营和维护规程，监督系统运营管理状况，处理重大系统故障，确保公司业务及日常运作的顺畅；制订信息技术培训计划，组织全体员工进行信息技术应用培训。

5) 其他支持性部门

公司的其他支持性部门包括人力资源部、财务部、行政管理部等。

(1) 人力资源部。人力资源部的职责是制定适合公司战略发展需要的人力资源管理体系；制定和实施薪酬福利方案；制定和实施公司的招聘计划、招聘流程；建立完善的绩效管理体系和绩效考核制度。

(2) 财务部。财务部是负责处理基金管理公司财务事务的部门，具体职责包括支付有关费用、收缴管理费、发放公司员工薪酬、公司年度财务预算和决算等。

(3) 行政管理部。行政管理部是基金管理公司的后勤部门，为基金管理公司的日常运营提供文件管理、文字秘书、劳动保障、员工聘用、人力资源培训等行政事务的后台支持。

大多情况下，这些部门基本上分为3个部分，即前台(投研部、营销部)、中台(交易部、合规部、风控部、产品部)、后台(运营部、人力资源部、财务部等)。

第三节 基金销售机构

一、基金销售机构的主要类型

基金销售机构，是指依法办理开放式基金份额的认购、申购和赎回的基金管理人以及取得基金代销业务资格的其他机构。目前，国内的基金销售机构可分为直销机构和代销机构两种类型。直销机构是指直接销售基金的基金公司。基金公司开展直销主要有两种形式：一是专门的销售人员直接开发和维护机构客户和高净值个人客户；二是自行开发并建立电子商务平台。代销机构是指与基金公司签订基金产品代销协议，代为销售基金产品，赚取销售佣金的商业机构，主要包括商业银行、证券公司、期货公司、保险机构、证券投资咨询机构以及独立的基金销售机构。

据中国证监会数据，截至2024年2月，我国具有基金销售核准资质的商业银行有148家，其中包括18家全国性商业银行、77家城市商业银行、41家农村商业银行以及12家在华外资法人银行。此外，还有98家证券公司、32家期货公司、5家保险公司、4家保险代理公司和保险经纪公司、9家证券投资咨询机构、7家基金公司销售子公司以及101家独立基金销售机构等。

【知识链接】 　　　　　　　　基金客户释义

基金客户即基金份额的持有人、基金产品的投资人，是基金资产的所有者和基金投资回报的受益人，是开展一切基金投资活动的中心。在基金行业中，基金客户、基金投资人和基金持有人等称谓可在不同语言场景下运用，在《证券投资基金法》中，这3个称谓均有出现，其概念所指均为基金公司的客户。如果细分，也可以将基金销售行为完成前的基金公司准客户视为基金客户的一种类型。基金客户的概念外延要稍大于基金投资人或基金持有人。

从基金公司产品营销的角度出发，在基金产品营销范围内基于一般营销理论的语言习惯，基金公司在销售阶段更多采用"基金客户"这一称谓。当销售行为完成，基金公司与客户确定了产品购买关系，客户基于基金产品的购买行为享有基金合同和《证券投资基金法》规定的投资人、持有人的权利和义务时，基金投资人、基金持有人的称谓就经常被用到。

二、基金销售机构的现状及发展趋势

(一) 基金销售机构的现状

商业银行、证券公司和独立基金销售机构代销与基金公司直销是主要的基金销售方式。近几年，基金销售机构竞争较为激烈，在过去的基金销售格局中，商业银行和证券公司处于绝对强势地位，但从2015年开始，银行、券商、基金公司直销市场份额均有不同程度下降，独立第三方机构占比提升近9个百分点。根据中国证券投资基金业协会公布的数据，截至2023年四季度，券商渠道权益类基金保有量首次超越第三方基金销售机构，成为仅次于银行的第二大基金销售渠道。对比2022年四季度数据，2023年在全市场权益类公募基金销售规模缩水的情况下，券商渠道无论是绝对保有规模还是市占率均实现逆势增长。

(二) 基金销售机构的发展趋势

随着基金销售市场状况和外部环境的改变，各类基金销售机构呈现以下发展趋势。

1. 深度挖掘互联网销售的效能

2018年，在资管新规和金融科技的双重驱动下，基金发展的大时代到来，基金机构销售迎来了新的发展阶段。此阶段以平台化服务为主要形式，以电子化交易管理、综合化账户服务和智能化投研支持为主要内容。在未来一段时间里，深度挖掘互联网销售的效能，进一步完善互联网平台的销售服务将成为各类基金销售机构的主要发展方向。

2. 提升服务的专业化和层次化

基金销售与一般的消费品销售不同，更注重专业投资顾问指导，通过专业、全面和精细的服务策略，为投资者提供资产配置以及产品优选等专业性服务。特别是在资管新规实施加速了公募基金持有人机构化的发展趋势下，机构投资者越来越表现出组合化、专业化和规范化的基金投资行为特征，在专业性和风险控制方面提出更高、更严格的要求，给基金销售机构带来不小的市场挑战，提升服务的专业化和层次化水平将会成为各类基金销售机构未来的发展重点。

三、基金销售机构的准入条件

为了规范公开募集证券投资基金的销售活动，促进证券投资基金市场健康发展，自2020年10月1日起，《公开募集证券投资基金销售机构监督管理办法》正式施行。这标志着中国对公开募集证券投资基金销售机构的监督管理进入了一个新阶段，为规范基金销售行为、保护投资者合法权益奠定了更加坚实的法律基础。

(一) 可以办理其募集的基金产品的销售业务机构

根据《公开募集证券投资基金销售机构监督管理办法》的规定，可以办理其募集的基金产品的销售业务机构主要包括以下几类。

1. 基金管理人

作为基金的发起者和管理者，基金管理人可以办理其募集的基金产品的销售业务，这是基金销售活动中的一个核心环节。基金管理人负责基金的运作和销售，向投资者提供基金产品并收取管理费用。

2. 经中国证券监督管理委员会(中国证监会)及其派出机构注册的其他机构

除了基金管理人外，其他经过中国证监会或其派出机构注册并取得基金销售业务资格的机构也可以从事基金销售业务。这些机构通常包括商业银行、证券公司、期货公司、保险公司、保险经纪公司、保险代理公司、证券投资咨询机构以及独立基金销售机构等。

(二) 获得基金销售业务资格应具备的条件

(1) 财务状况良好，运作规范稳定。

(2) 具备与基金销售业务相适应的营业场所、安全防范等设施，以及能安全、高效地办理基金份额发售、申购和赎回等业务的技术设施。

(3) 制定了完善的资金清算流程、投资者适当性管理制度、业务流程、销售人员执业操守、应急处理措施等基金销售业务管理制度。

(4) 具备符合法律法规要求的反洗钱、反恐怖融资及非居民金融账户涉税信息尽职调查内部控制制度。

(5) 最近3年内未受到重大行政处罚或者刑事处罚,最近一年未因相近业务被采取行政监管措施等。

此外,独立基金销售机构作为专业从事公募基金及私募证券投资基金销售业务的机构,也需要满足特定的条件才能获得注册资格,包括注册资本、高级管理人员资格、组织架构等方面的要求。《公开募集证券投资基金销售机构监督管理办法》规定了基金管理人以及经中国证监会及其派出机构注册的其他机构可以办理其募集的基金产品的销售业务。这些机构在基金销售活动中扮演着重要角色,为投资者提供多样化的基金产品选择和服务。

(三) 基金销售机构的准入条件的相关规定

《公开募集证券投资基金销售机构监督管理办法》对基金销售机构的准入条件进行了详细规定,主要包括以下几个方面。

1. 基本财务状况与运作规范

(1) 财务状况良好。基金销售机构应具备稳健的财务状况,能够确保基金销售业务的正常运营。

(2) 运作规范。机构运作应符合相关法律法规和监管要求,无重大违法违规行为。

2. 人员配置与资格要求

(1) 基金从业资格人员。取得基金从业资格的人员数量应满足一定要求,具体为不少于20人。对于商业银行、证券公司、期货公司、保险公司等机构的基金销售业务部门,其取得基金从业资格的人员应不低于该部门员工人数的1/2,且部门负责人需具备基金从业资格和相关工作经验。

(2) 高级管理人员资格。独立基金销售机构的高级管理人员应取得基金从业资格,并熟悉基金销售业务,符合中国证监会规定的基金行业高级管理人员任职条件。

3. 组织架构与经营范围

(1) 组织架构。基金销售机构应有符合规定的名称、组织架构和经营范围,确保业务开展的合法性和规范性。

(2) 股东出资。独立基金销售机构的股东应以自有资金出资,不得以债务资金、委托资金等非自有资金出资。境外股东需以可自由兑换货币出资。

4. 股东资产与净资产要求

(1) 股东资产要求。对于持有独立基金销售机构5%以上股权的股东,其资产质量应良好,净资产应达到一定标准,如法人或非法人组织净资产不低于5000万元人民币。

(2) 净资产要求。独立基金销售机构的净资产应不低于5000万元人民币,以确保其有足够的资本实力承担基金销售业务的风险。

5. 风险管理与内部控制制度

(1) 风险管理。基金销售机构应具备健全高效的业务管理和风险管理制度,确保销

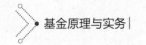

售活动的合规性和稳健性。

(2) 内部控制制度。内部控制制度包括反洗钱、反恐怖融资及非居民金融账户涉税信息尽职调查等制度，应符合法律法规要求。同时，基金销售结算资金管理、投资者适当性管理、内部控制等制度也应符合中国证监会的规定。

6. 其他条件

基金销售机构及其相关人员最近3年没有受到刑事处罚或者重大行政处罚；最近1年没有因相近业务被采取重大行政监管措施；没有因重大违法违规行为处于整改期间，或者因涉嫌重大违法违规行为正在被监管机构调查。

7. 商业计划与风险处置预案

独立基金销售机构的控股股东应制定合理明晰的投资商业计划，对可能发生的风险导致无法正常经营的情况制定合理有效的风险处置预案。《公开募集证券投资基金销售机构监督管理办法》对基金销售机构的准入条件进行了全面而细致的规定，旨在确保基金销售机构具备足够的实力、资质和风险管理能力来承担基金销售业务的风险和责任。

四、基金销售机构的职责规范

《公开募集证券投资基金销售机构监督管理办法》及其他规范性文件对基金销售机构职责的规范主要包括以下几方面。

(一) 基金销售业务的基本规范

1. 注册与资格

基金销售机构应向中国证券监督管理委员会(以下简称中国证监会)或其派出机构申请注册，取得基金销售业务资格，并领取"经营证券期货业务许可证"。

2. 业务规则制定

基金销售机构应制定完善的业务规则，对基金认购、申购、赎回、转换、非交易过户等行为进行明确规定，并监督实施。

(二) 销售协议的签订

基金销售机构在办理基金销售业务前，应与基金管理人签订书面销售协议，明确双方的权利与义务，确保销售活动的合法性和规范性。

(三) 账户管理与资金安全

1. 账户管理

基金销售机构应严格管理基金交易账户，确保账户信息的真实性和准确性，防止账户被冒用或滥用。

2. 资金安全

基金销售结算资金属于投资人，基金销售机构不得将基金销售结算资金归入其自有财产，禁止任何单位或个人以任何形式挪用基金销售结算资金。

(四) 反洗钱与合规运作

1. 反洗钱

基金销售机构应根据中国人民银行《金融机构大额交易和可疑交易报告管理办法》等相关规定，监测客户现金收支或款项划转情况，对符合大额交易标准的交易及时报告，并对可疑交易进行识别和报告。

2. 合规运作

基金销售机构应建立相关制度，加强对基金业务合规运作和销售人员行为规范的检查和监督，确保销售活动符合法律法规和监管要求。

(五) 投资者适当性管理

基金销售机构应制定完善的投资者适当性管理制度，对投资者的风险承受能力进行评估，确保销售的基金产品与投资者的风险承受能力相匹配，保护投资者的合法权益。

(六) 信息披露与宣传推介

1. 信息披露

基金销售机构应按照规定向投资者披露基金产品的相关信息，包括基金合同、招募说明书、基金份额发售公告等。

2. 宣传推介

基金销售机构在宣传推介基金产品时，应遵守相关法律法规和监管要求，不得夸大基金产品的收益或隐瞒风险，确保宣传推介材料的真实性和准确性。

(七) 内部控制与风险管理

基金销售机构应建立完善的内部控制和风险管理制度，确保销售活动的合规性和稳健性。具体包括制定完善的业务流程、销售人员执业操守、应急处理措施等基金销售业务管理制度，以及符合法律法规要求的反洗钱、反恐怖融资及非居民金融账户涉税信息尽职调查内部控制制度等。

综上所述，《公开募集证券投资基金销售机构监督管理办法》对基金销售机构的职责规范涵盖注册与资格、销售协议签订、账户管理与资金安全、反洗钱与合规运作、投资者适当性管理、信息披露与宣传推介以及内部控制与风险管理等多个方面，旨在规范基金销售行为，保护投资者的合法权益，促进基金市场的健康发展。

知识链接

基金销售机构的销售理论、方式和策略

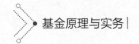

第四节　基金托管人

一、基金托管人的市场准入

基金托管人是依据基金运行中"管理与保管分开"的原则对基金管理人进行监督和对基金资产进行保管的机构。基金托管人与基金管理人签订托管协议,在托管协议规定的范围内履行自己的职责并收取一定的报酬。

概括地说,基金托管人应该是完全独立于基金管理机构,具有一定的经济实力,实收资本达到一定规模,具有行业信誉的金融机构。

《证券投资基金法》规定,基金托管人由依法设立并取得基金托管资格的商业银行担任。申请取得基金托管资格,应当具备下列条件,并经国务院证券监督管理机构和国务院银行业监督管理机构核准。

(1) 设有专门的基金托管部。
(2) 实收资本不少于80亿元。
(3) 取得基金从业资格证的专职人员达到法定人数。
(4) 具备安全保管基金全部资产的条件。
(5) 具备安全、高效的清算和交割能力。
(6) 有符合要求的营业场所、安全防范设施以及与基金托管业务有关的其他设施。
(7) 有完善的内部稽核监控制度和风险控制制度。
(8) 法律、行政法规规定的和经国务院批准的国务院证券监督管理机构、国务院银行业监督管理机构规定的其他条件。

二、基金托管人的机构设置

基金托管机构一般要设立专门的基金托管部或者资产托管部。托管部一般包括以下4个部门。

(1) 主要负责证券投资基金托管业务的市场开拓、研究部门以及维护客户关系的市场部门。
(2) 主要负责基金资金清算、核算的部门。
(3) 主要负责技术维护、系统开发的部门。
(4) 主要负责交易监控、风险管理的部门。

知识拓展
托管人对基金财产的保管要求和内容

三、基金托管人的职责

基金托管人负责管理和保护投资者的资金,其主要职责包括以下几方面。

(1) 资金保管。基金托管人为所托管的不同基金资产分别设立独立的账户，基金托管人独立持有和保管投资者的资金，并确保其安全、完整与独立。

(2) 交易结算。按照基金合同的约定，执行基金管理人的投资指令，处理基金投资组合的买卖交易，办理基金名下的资金往来，并确保交易结算的准确性。

(3) 会计核算。建立基金账册并进行会计核算，复核、审查基金管理人计算的基金资产净值以及基金份额申购和赎回价格，核算和支付基金的运营费用、分红等。

托管人对基金运作的监督内容和方式

(4) 运作监督。监督基金管理人的运作，确保其遵守法规和基金合同的规定。

(5) 报告和审计。对基金财务会计报告、中期和年度基金报告出具意见，向投资者提供基金报告和账目信息，并接受独立审计。

■ **思考**

基金托管人的权利主要有哪些？

提示：

基金托管人的权利包括保管基金资产、监督基金管理人的投资运作、获取基金托管费用。

四、基金托管业务流程

按照业务运作的顺序，基金托管业务流程主要分4个阶段，即签署基金合同、基金募集、基金运作和基金终止。

(1) 签署基金合同。签署基金合同是基金托管人介入基金托管业务的起始阶段。在这一阶段，托管人与拟募集基金的基金管理公司商议基金募集及托管业务合作事宜。如达成合作意向，双方草拟、共同签署基金合同(草案)、托管协议(草案)，提交监管机构评审。

(2) 基金募集。基金募集是基金托管人开展基金托管业务的准备阶段。在基金募集期间，基金托管人要进行基金托管业务的各项准备，主要工作包括：刻制基金业务用章、财务用章，开立基金的各类资金账户、证券账户，建立基金账册；与基金管理人及注册登记机构进行技术系统的联调、测试，将基金有关参数输入监控系统；在募集结束后，基金管理人将按规定完成验资的募集资金划入基金资金账户，如果基金募集不成立，则由基金管理人承担将募集资金返还到投资人账户的职责。

(3) 基金运作。基金运作是基金托管人全面行使职责的主要阶段。基金合同生效后，基金管理人开始进行投资运作，基金托管人也开始根据法律法规和基金合同等的规定，开始运作各类托管业务。基金托管人在该阶段的主要工作或业务内容包括：安全、独立保管基金的全部财产；每个工作日进行基金资产净值计算与会计核算，并与基金管理人核对；根据基金管理人的指令办理资金划拨；监督基金投资范围、投资比例、投资风格、关联交易等；承担基金定期报告、招募说明书(更新)等信息披露文件的复核监督职责；承担基金费用提取、收益分配、基金份额持有人大会等业务的监督职责；保管基金份额持有人名册、重要合同、有关实物证券、业务档案等资料。

(4) 基金终止。基金终止是基金托管人尽责的善后阶段。在更换基金托管人或基金终止清算两种情形下，根据法律法规的要求，基金托管人要参与基金终止清算，按规定保存清算结果和相关资料。

习题

第六章 基金募集、交易与终止

第一节 基金募集程序

基金募集一般经过申请、注册、发售、合同生效4个步骤。

一、基金募集申请

基金募集是指基金管理公司根据有关规定向中国证监会提交募集申请文件、发售基金份额、募集基金的行为。

在我国,基金管理人想要募集基金,必须依据《证券投资基金法》的有关规定,向中国证监会提交相关文件。申请募集基金需要提交的文件主要有基金募集申请报告、基金合同草案、基金托管协议草案、招募说明书草案、律师事务所出具的法律意见书等。其中,基金合同草案、基金托管协议草案、招募说明书草案等文件是基金管理人向中国证监会提交设立基金的申请注册文本,还未正式生效,因此被称为草案。对于复杂或者创新产品,中国证监会将根据基金的特征与风险,要求基金管理人补充提交证券交易所和证券登记结算机构的授权函、投资者适当性安排、技术准备情况和主要业务环节的制度安排等文件。一旦申请材料被受理,其中相关内容不得随意更改。申请期间申请材料涉及的事项发生重大变化的,基金管理人应当自变化发生之日起5个工作日内向中国证监会提交更新后材料。

基金募集程序

二、基金募集注册

《证券投资基金法》第五十一条规定:"注册公开募集基金,由拟任基金管理人向国务院证券监督管理机构提交下列文件:申请报告、基金合同草案、基金托管协议草案、招募说明书草案、律师事务所开具的法律意见书、国务院证券监督管理机构规定提交的其他文件。"

《证券投资基金法》第五十四条规定:"国务院证券监督管理机构应当自受理公开

募集基金的募集注册申请之日起6个月内依照法律、行政法规及国务院证券监督管理机构的规定进行审查，作出注册或者不注册的决定，并通知申请人；不予注册的，应当说明理由。"中国证监会在基金注册审查过程中，可以委托基金业协会进行初步审查并就基金信息披露文件合规性提出相关意见，或者组织专家评审会对创新基金募集申请进行评审，也可就特定基金的投资管理、销售安排、交易结算、登记托管及技术系统准备情况等征求证券交易所、证券登记结算机构等的意见，供注册审查时参考。基金募集申请经中国证监会注册后方可发售基金份额。

基金募集程序表

近年来，中国证监会不断推进基金产品注册制度改革，对基金募集的注册审查以要件齐备和内容合规为基础，不对基金的投资价值及市场前景等做出实质性判断或者保证，并将注册程序分为简易程序和普通程序。对于常规基金产品，按照简易程序注册，注册审查时间原则上不超过20个工作日；对于其他产品，按照普通程序注册，注册审查时间不超过6个月。适用于简易程序的产品包括常规股票基金、混合基金、债券基金、指数基金、货币基金、发起式基金、合格境内机构投资者(QDII)基金、理财基金和交易型指数基金(含单市场、跨市场/跨境ETF)及联接基金。分级基金及中国证监会认定的其他特殊产品暂不实行简易程序。

三、基金份额发售

基金管理人应当自收到核准文件之日起6个月内进行基金份额发售，并负责办理基金份额发售工作。基金销售机构包括基金管理人以及取得基金代销业务资格的其他机构，依法办理基金份额的认购、申购和赎回。基金托管人作为投资人权益的代表，是基金资产的名义持有人或管理机构，按照资产管理和保管分开的原则，专门负责保管基金资产，以确保其安全。基金注册登记机构负责基金登记、存管、清算和交收业务，是基金市场日常运作的重要部分。如果超过6个月开始募集且原注册事项未发生实质性变化，基金管理人应报国务院证券监督管理机构备案；如果发生实质性变化，则应重新提交注册申请。

基金的募集期限不得超过中国证监会核准的期限，通常自基金份额发售之日起计算，且一般不得超过3个月。在基金募集期间，募集的资金应存入专门账户，且在募集行为结束前不得动用。基金管理人还应在基金份额发售的3日前公布招募说明书、基金合同及其他相关文件。

四、基金合同生效

基金合同生效的条件包括以下几个：基金募集期限届满，封闭式基金应满足募集的基金份额总额达到核准规模的80%以上，并且基金份额持有人人数达到200人以上；开放式基金应满足募集份额总额不少于2亿份，基金募集金额不少于2亿元人民币，基金份额持有人的人数不少于200人。基金管理人应当自募集期限届满之日起10日内聘请法定验资机构验资。

募集失败责任表

自收到验资报告之日起10日内，基金管理人向中国证监会提交备案申请和验资报告，办理基金备案手续。中国证监会自收到基金管理人验资报告和基金备案材料之日起3个工作日内予以书面确认。自中国证监会书面确认之日起，基金备案手续办理完毕，基金合同生效。基金管理人应当在收到中国证监会确认文件的次日予以公告。

只有基金募集达到法定条件，并且基金管理人依照规定向国务院证券监督管理机构办理了基金备案手续，基金合同才能生效。基金合同生效，即产生法律上的约束力，基金合同当事人依照基金合同的约定享有权利、履行义务、承担责任。

这里需要强调的特殊事项是，发起式基金的基金合同生效不受上述条件的限制。发起式基金是指基金管理人在募集基金时，使用公司股东资金、公司固有资金、公司高级管理人员或者基金经理等人员资金认购的金额不少于1000万元人民币，且持有期限不少于3年的基金。发起式基金的基金合同生效3年后，若基金资产净值低于2亿元，基金合同自动终止。发起式基金的持有期限自该基金公开发售之日或者合同生效之日孰晚日起计算。

基金募集期限届满，基金不满足有关募集要求的，基金募集失败，基金管理人应承担下列责任：以固有财产承担因募集行为而产生的债务和费用；在基金募集期限届满后30日内返还投资者已缴纳的款项，并加计银行同期存款利息。

> ■ **思考**
>
> 基金在募集期有收益吗？
>
> **提示：**
>
> 基金在募集期是有收益的。通常情况下，基金的募集期不会很长，一般在几周到几个月内结束。基金发行结束后，报告会披露基金收益，包括募集到的资金总额和募集期间的利息，利息应计入基金份额中。

第二节　基金认购

基金认购是指在基金募集期间投资者申请购买基金份额的行为。基金认购以书面委托或其他经过认可的方式进行。

一、开放式基金的认购

投资人认购开放式基金,一般通过基金管理人或管理人委托的商业银行、证券公司、期货公司、保险机构、证券投资咨询机构、独立基金销售机构以及经国务院证券监督管理机构认定的其他机构办理。

(一) 开放式基金的认购步骤

1. 开户

投资人在进行认购时,应提前在注册登记机构开立基金账户。基金账户是基金登记人为基金投资者开立的、用于记录其持有的基金份额余额和变动情况的账户。

2. 申请

投资人在办理基金认购申请时,应填写认购申请表,并按销售机构规定的方式全额缴款。投资者在募集期内可以多次认购基金份额。一般情况下,已经正式受理的认购申请不得撤销。

3. 确认

销售机构受理认购申请并不代表该申请一定成功,而仅代表销售机构确实接受了认购申请,申请成功与否应以注册登记机构的确认结果为准。投资者于T日提交认购申请后,一般可于$T+2$日后到办理认购的网点查询认购申请的受理情况。认购申请被确认无效的,认购资金将退回投资人资金账户。认购的最终结果要待基金募集期结束后才能确认。

(二) 开放式基金的认购方式

开放式基金的认购采取金额认购的方式,即投资者在办理认购申请时,不是直接以认购数量提出申请,而是以金额提出申请。基金注册登记机构在基金认购结束后,再按基金份额的认购价格,将申请认购基金的金额换算为投资者应得的基金份额。

(三) 开放式基金的认购费率和收费模式

在具体实践中,基金管理人会针对不同类型的开放式基金、不同认购金额等设置不同的认购费率。目前,我国股票型基金的认购费率通常按照认购金额设置不同的费率标准,最高不超过1.5%,债券型基金的认购费率通常在1%以下,货币型基金的认购费率通常为0。

基金份额认购存在两种收费模式,即前端收费模式和后端收费模式。前端收费模式是指在认购基金份额时就支付认购费用的付费模式;后端收费模式是指在认购基金份额时不收费,在赎回基金份额时才支付认购费用的收费模式。设计后端收费模式的目的是鼓励投资者长期持有基金,因为后端收费模式的认购费率一般会随着投资时间的延长而递减,甚至不再收取认购费用。

(四) 开放式基金的认购费用与认购份额的计算

为统一规范基金认购费用及认购份额的计算方法,更好地保护基金投资人的合法权益,中国证监会于2007年3月对认购费用及认购份额的计算方法进行了统一规定。根据规定,基金认购费用将统一以净认购金额为基础收取,相应的基金认购费用与认购份额的计算公式为

$$净认购金额 = \frac{认购金额}{1+认购费率}$$

$$认购费用 = 认购金额 - 净认购金额$$

$$认购份额 = \frac{净认购金额 + 认购利息}{基金份额面值}$$

(注:对于适用固定金额认购费的认购,认购费用=固定认购费金额)

【拓展训练】

某投资人投资5万元认购某开放式基金,认购资金在募集期间产生的利息为8元,其对应的认购费率为2.1%,基金份额面值为2元,求其认购费用及认购份额。

$$净认购金额 = \frac{50\,000}{1+2.1\%} = 48\,971.6\,(元)$$

$$认购费用 = 50\,000 - 48\,971.6 = 1\,028.4\,(元)$$

$$认购份额 = \frac{48\,971.6 + 8}{2} = 24\,489.8\,(份)$$

二、封闭式基金的认购

封闭式基金的认购是指投资者购买封闭式基金份额的过程。封闭式基金的认购通常在基金成立时进行,投资者可以通过向基金公司购买基金份额来参与基金投资。封闭式基金认购有一定的限制,投资者通常需要满足一定的条件才能进行认购,具体涉及投资者的资产净值、投资经验、风险承受能力等方面,基金公司会根据这些条件来确定投资者是否适合参与基金认购。封闭式基金的认购通常有一定的时间限制,一旦认购期结束,投资者就无法再购买基金份额;而开放式基金的认购是随时开放的,投资者可以根据自己的需要随时购买或赎回基金份额。封闭式基金的认购需要支付一定的认购费用,包括销售服务费、管理费等。投资者需要在认购时支付这些费用,认购费用的具体金额和支付方式根据基金公司的规定而有所不同。

总体来说,认购封闭式基金是投资者参与基金投资的一种方式,投资者需要满足一定的条件,并支付一定的费用。投资者在认购时应该仔细了解基金的投资策略、风险收益特点等,以便做出明智的投资决策。

封闭式基金主要有网上发售与网下发售两种方式。网上发售是指通过全国各地与证券交易所交易系统联网的证券营业部，向公众发售基金份额的发行方式。网下发售是指通过基金管理人指定的营业网点和承销商的指定账户，向机构或个人投资者发售基金份额的方式。

目前，募集的封闭式基金通常为创新型封闭式基金。创新型封闭式基金按1.00元募集，券商在此基础上自行按认购费率收取认购费。拟认购封闭式基金份额的投资人必须开立沪、深证券账户或沪、深基金账户及资金账户，根据自己计划的认购量在资金账户中存入足够的资金，并以"份额"为单位提交认购申请。认购申请一经受理就不能撤单。

三、ETF和LOF份额的认购

(一) ETF份额的认购

与普通的开放式基金不同，根据投资者认购ETF份额所支付的对价种类，ETF份额的认购又可以分为现金认购和证券认购。

1. 现金认购

现金认购是指用现金换购ETF份额的行为。现金认购分为场内现金认购和场外现金认购。场内现金认购是指投资者通过基金管理人指定的基金发售代理机构，以现金方式参与证券交易所网上定价发售。投资者进行场内现金认购时需具有沪、深证券账户。场外现金认购是指投资者通过基金管理人及其指定的发售代理机构以现金进行的认购。投资者进行场外现金认购时需具有开放式基金账户或者沪、深证券账户。

2. 证券认购

证券认购是指用指定证券换购ETF份额的行为。证券认购是指投资者通过基金管理人及其指定的发售代理机构对指定的证券进行的认购。投资者进行证券认购时，需具有沪、深A股证券账户。

(二) LOF份额的认购

目前，我国只有深圳证券交易所开办LOF业务，因此，本部分关于LOF的介绍主要以深圳证券交易所LOF的相关规则为准。

LOF份额的认购分为场内认购和场外认购两种方式。场内认购的基金份额注册登记在中国证券登记结算有限责任公司的证券登记结算系统；场外认购的基金份额注册登记在中国证券登记结算有限责任公司的开放式基金注册登记系统。

基金募集期间，投资者可以通过具有基金代销业务资格的证券经营机构营业部场内认购LOF份额，也可以通过基金管理人及其代销机构的营业网点场外认购LOF份额。场内认购LOF份额，应使用深圳证交所人民币普通证券账户或证券投资基金账户；场外认购LOF份额，应使用中国证券登记结算有限责任公司深圳证交所开放式基金账户。

四、QDII基金份额的认购

QDII基金份额的认购程序与一般开放式基金基本相同,主要包括开户、认购、确认3个步骤。

QDII基金份额的认购渠道与一般开放式基金类似。在募集期间,投资者应当在基金管理人、代销机构办理基金发售业务的营业场所或按基金管理人、代销机构提供的其他方式办理基金认购。

QDII基金主要投资于境外市场,因而与仅投资于境内证券市场的其他开放式基金相比,在募集认购的具体规定上有如下几点独特之处:首先,发售QDII基金的基金管理人必须具备合格境内机构投资者资格和经营外汇业务资格;其次,基金管理人可以根据产品特点确定QDII基金份额面值的大小;最后,QDII基金份额除可以用人民币认购外,也可以用美元或其他外汇货币认购。

第三节 基金交易、申购和赎回

一、封闭式基金的上市与交易

封闭式基金募集成立后,即安排在证券交易所上市,以使投资者获得流动性。

(一) 上市交易条件

封闭式基金份额上市交易,应当经由基金管理人向证券交易所提出申请,证券交易所依法审核同意的,双方应当签订上市协议。

封闭式基金份额上市交易,应当符合下列条件。
(1) 基金的募集符合《证券投资基金法》的规定。
(2) 基金合同期限为5年以上。
(3) 基金募集金额不低于2亿元人民币。
(4) 基金份额持有人不少于1000人。
(5) 基金份额上市交易规则规定的其他条件。

(二) 交易账户的开立

投资者买卖封闭式基金必须开立沪、深证券账户或沪、深基金账户及资金账户。

(1) 基金账户。投资者需要持本人身份证到证券登记机构办理开户手续。需要注意的是,一个有效证件只能办理一个基金账户,已开设证券账户的不可以重复开设基金账户,开设基金账户只能用于基金、国债及其他债券的认购和交易。

(2) 资金账户。投资者需要持本人身份证和已办理的股票账户卡或者基金账户卡到证券营业机构办理开户手续,每个投资者只能办理一个资金账户,并只能对应一个股票账户或者基金账户。

(三) 交易规则

封闭式基金发行结束后,不能按基金净值买卖,投资者可委托券商(证券公司)在证券交易所按市价(二级市场)买卖,直到到期日。

封闭式基金的交易时间为每周一至周五(法定假日及公众假日除外)的9:30—11:30以及13:00—15:00。

封闭式基金的交易遵从"价格优先、时间优先"的原则。价格优先是指较高价格买进申报优先于较低价格买进申报,较低价格卖出申报优先于较高价格卖出申报。时间优先是指买卖方向、价格相同的,先申报者优先于后申报者,先后顺序按交易主机接受申报的时间确定。与此同时,封闭式基金的报价单位为每份基金价格。基金的申报价格最小变动单位为0.001元人民币。买入与卖出封闭式基金份额,申报数量应当为100份或其整数倍。基金单笔交易最大数量应当低于100万份。

在我国,目前沪、深证券交易所对封闭式基金的交易与股票交易一样实行价格涨跌幅限制,涨跌幅比例为10%(基金上市首日除外)。我国封闭式基金在达成交易后,二级市场交易份额和股份的交割在$T+0$日完成,资金交割在$T+1$日完成。

(四) 交易费用

(1) 佣金不得高于成交金额的0.3%,起点为5元,不足5元的按5元收取。
(2) 由证券公司向投资者收取交易费用,证券登记公司与证券公司平分。
(3) 沪、深证交所上市的封闭式基金交易不收取印花税。

(五) 折(溢)价率

投资者常常使用折(溢)价率反映封闭式基金份额净值与其二级市场价格之间的关系,折(溢)价率的计算公式为

$$折(溢)价率 = \frac{二级市场价格 - 基金份额净值}{基金份额净值} \times 100\%$$

$$= \left(\frac{二级市场价格}{基金份额净值} - 1\right) \times 100\%$$

当二级市场价格高于基金份额净值时,为溢价交易,对应的是溢价率;当二级市场价格低于基金份额净值时,为折价交易,对应的是折价率。当折价率较高时,常常被认为是购买封闭式基金的好时机,但实际上并不尽然。有时折价率会继续攀升,在弱市时更有可能出现价格与净值同步下降的情形。

二、开放式基金的申购和赎回

(一) 封闭期及基金开放申购和赎回

开放式基金的合同生效后,有一个短暂的封闭期。根据中国证监会《公开募集证券投资基金运作管理办法》的规定,开放式基金合同生效后,可以在基金合同和招募说明书规定的期限内不办理赎回,但该期限最长不超过3个月。封闭期结束后,开放式基金将进入日常申购和赎回期。基金管理人应当在每个工作日办理基金份额的申购和赎回业务。基金合同另有约定的,按照其约定。

开放式基金的申购是指投资者在开放式基金合同生效后,申请购买基金份额的行为。开放式基金的赎回是指基金份额持有人要求基金管理人购回所持有的开放式基金份额的行为。基金认购与基金申购略有不同,一般区别在于:认购费一般低于申购费,在基金募集期内认购基金份额,一般会享受到一定的费率优惠;认购通常按1元/份的初始面值进行认购,而申购通常按未知价确认;认购份额要在基金合同生效时确认,并且有封闭期,而申购份额通常在T+2日之内确认,确认后的下一工作日就可以赎回。

> **■ 思考**
>
> 认购与申购有何区别?
>
> 第一,购买基金的范围不同。认购是针对所有购买基金的行为,申购是针对开放式基金的行为。
>
> 第二,购买基金的时间不同。认购发生在基金募集期,申购发生在基金合同生效后。

(二) 申购和赎回的原则

1. 股票基金、债券基金的申购和赎回原则

(1) 未知价交易原则。投资者在申购和赎回股票基金、债券基金时并不能即时获知成交价格。申购、赎回价格只能以申购日、赎回日交易时间结束后基金管理人公布的基金份额净值为基准进行计算。这与股票、封闭式基金等大多数金融产品按已知价原则进行交易不同。

(2) 金额申购、份额赎回原则。股票基金、债券基金申购以金额申请,赎回以份额申请。这是适应未知价格情况下的一种最为简便、安全的交易方式。在这种交易方式下,购买数量和赎回金额在交易当时是无法确定的,只有在交易次日或更晚一些才能获知。过去开放式基金招募说明书中一般规定申购申报单位为1元人民币,申购金额应当为1元的整数倍,且不低于1000元;赎回申报单位为1份基金份额,赎回应当为整数份额,但现在这一规定逐渐取消。

2. 货币市场基金的申购和赎回原则

(1) 确定价原则。货币市场基金申购和赎回基金份额价格以1元人民币为基准进行计算。

(2) 金额申购、份额赎回原则。货币市场基金申购以金额申请,赎回以份额申请。

(三) 申购和赎回的场所及时间

1. 申购和赎回的场所

开放式基金的申购和赎回可以通过基金管理人的直销中心与基金销售代理网点进行。投资者也可以通过基金管理人或其指定的基金销售代理人通过电话、传真或互联网等形式进行申购和赎回。

2. 申购和赎回的时间

基金管理人应在申购和赎回开放日前3个工作日在至少一种中国证监会指定的媒体上刊登公告。申购和赎回的工作日为证券交易所交易日,具体业务办理时间为上海证券交易所、深圳证券交易所的交易时间。目前,上海证券交易所、深圳证券交易所的交易时间为周一至周五(法定假日和公众假日除外)的9:30—11:30和13:00—15:00。

(四) 申购和赎回的费用及销售服务费

1. 申购费用

投资者在办理开放式基金申购时,一般需要缴纳申购费。可以选择在基金份额申购时收取申购费的前端收费方式,也可以选择在赎回时从赎回金额中扣除申购费的后端收费方式。在前端收费方式下,基金管理人可以选择根据投资人的申购金额分段设置申购费率。在后端收费方式下,基金管理人可以选择根据投资人的持有期分段设置申购费,对于持有期低于3年的投资人,基金管理人不得免收其后端申购费。基金销售机构可以对基金销售费用实行一定的优惠。

2. 赎回费用

基金管理人办理开放式基金份额的赎回,应当收取赎回费。如为场外赎回,可按份额在场外的持有时间分段设置赎回费率;如为场内赎回,应采用固定赎回费率,不可按份额持有时间分段设置赎回费率。扣除手续费后,赎回费余额不得低于赎回费总额的25%,并应当归入基金财产。

目前,对于一般的股票型和混合型基金赎回费归入基金财产的比例有以下规定:不收取销售服务费的,对持续持有期少于7日的投资人收取不低于1.5%的赎回费,对持续持有期少于30日的投资人收取不低于0.75%的赎回费,并将上述赎回费全额计入基金财产;对持续持有期少于3个月的投资人收取不低于0.5%的赎回费,并将不低于赎回费总额的75%计入基金财产;对持续持有期长于3个月但少于6个月的投资人收取不低于0.5%的赎回费,并将不低于赎回费总额的50%计入基金财产;对持续持有期长于6个月的投资人收取不低于0.75%的赎回费,并将不低于赎回费总额的25%计入基金财产。

对于交易型开放式指数基金(ETF)、上市开放式基金(LOF)、分级基金、指数基金、短期理财产品基金等股票基金、混合基金以及其他类别基金，基金管理人可以参照上述标准在基金合同、招募说明书中约定赎回费的收取标准和计入基金财产的比例，不做强制要求。

3. 销售服务费

基金管理人可以从开放式基金财产中计提一定比例的销售服务费，用于基金的持续销售和为基金份额持有人提供服务。

【拓展训练】　博时主题行业股票证券投资基金招募说明书(节选)

1. 申购和赎回费率

申购金额区间	申购费率
小于50万元	1.5%
大于等于50万元小于500万元	1.2%
大于等于500万元小于1000万元	0.6%
大于等于1000万元	收取固定费用1000元

持有基金份额期限	赎回费率
小于2年	0.5%
大于等于2年小于3年	0.25%
大于等于3年	0%

2. 其他说明

(1) 本基金的申购费用由申购人承担，不列入基金资产，申购费用于本基金的市场推广和销售。

(2) 赎回费用由基金赎回人承担，赎回费用的25%归基金资产，余额用于支付注册登记费和其他必要的手续费。

(3) 基金管理人可以根据情况调整申购费率，但最高不超过1.5%。基金管理人可以根据情况调低赎回费率，最迟于新费率实施日前3个工作日在指定媒体上公告。

(五) 申购份额及赎回金额的计算

1. 申购费用及申购份额

按照中国证监会《关于统一规范证券投资基金认(申)购费用及认(申)购份额计算方法有关问题的通知》的规定，申购费用与申购份额的计算公式为

$$净申购金额 = \frac{申购金额}{1+申购费率}$$

$$申购费用 = 申购金额 - 净申购金额$$

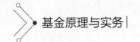

$$申购份额 = \frac{净申购金额}{申购当日基金份额净值}$$

当申购费用为固定金额时,申购份额的计算公式为

$$净申购金额 = 申购金额 - 固定金额$$

$$申购份额 = \frac{净申购金额}{T日基金份额净值}$$

一般规定基金份数以四舍五入的方法保留小数点后两位以上,由此产生的误差损失由基金资产承担,产生的收益归基金资产所有,但不同的基金招募说明书对此约定不一样,有些也规定"基金份额小数点两位以后部分舍去"。

2. 赎回金额的确定

赎回金额的计算公式为

$$赎回金额 = 赎回总额 - 赎回费用$$

$$赎回总额 = 赎回数量 \times 赎回日基金份额净值$$

$$赎回费用 = 赎回总额 \times 赎回费率$$

赎回费率一般按投资者持有时间的长短分级设置,投资者持有时间越长,适用的赎回费率越低。

【拓展训练】

某投资者投资15 000元申购某开放式基金,假设申购费率为1.5%,当日的基金单位净值为1.52元/份。第二年,投资者预计赎回所有基金单位,假设赎回费率为0.5%,当日的基金单位资产净值为1.96元。求该投资者得到的份额以及第二年的赎回金额。

净申购金额=15 000/(1+1.5%)=14 778.33(元)

申购费用=15 000-14 778.33=221.67(元)

申购份额=14 778.33/1.52=9 722.59(份)

赎回费用=9 722.59×1.96×0.5%=95.28(元)

赎回金额=9 722.59×1.96-95.28=18 961(元)

3. 货币市场基金的手续费

货币市场基金手续费较低,通常申购和赎回费率为0。通常货币市场基金从基金资产中计提比例不高于0.25%的销售服务费,用于基金的持续销售和为基金份额持有人提供服务。

(六) 申购和赎回登记及资金清算

基金份额登记过程实际上是基金注册登记机构通过基金注册登记系统对基金投资者所投资基金份额及其变动的确认、记账的过程。

基金管理人应当在每个工作日办理基金份额的申购和赎回业务,基金合同另有约定的,按照其约定。

投资人申购基金份额采用全额缴款方式(中国证监会另有规定的基金除外)。投资人按规定提交申购申请并全额交付款项的,申购申请即为成立;若资金在规定时间内未全额到账,则申购不成功。申购不成功或无效,款项将退回投资者账户。基金份额登记机构确认基金份额时,申购生效。一般而言,投资者申购基金成功后,登记机构会在$T+1$日为投资者办理增加权益的登记手续,投资者自$T+2$日起有权赎回该部分基金份额。

基金份额持有人递交赎回申请,赎回成立;基金份额登记机构确认赎回时,赎回生效。投资者赎回基金份额成功后,登记机构一般在$T+1$日为投资者办理扣除权益的登记手续。投资者赎回申请成功后,基金管理人应通过销售机构按规定向投资者支付赎回款项。对一般基金而言,基金管理人应当自受理基金投资者有效赎回申请之日起7个工作日内(因基金品种和托管银行的处理速度而存在不同)支付赎回款项。

基金管理人可以在法律法规允许的范围内,对登记办理时间进行调整,并最迟于开始实施前3个工作日内在至少一种中国证监会指定的信息披露媒体上公告。

资金结算分为清算和交收两个环节。清算是按照确定的规则计算出基金当事各方应收应付资金数额的行为。交收是基金当事各方根据确定的清算结果进行资金收付,从而完成整个交易的过程。

基金份额申购和赎回的资金清算是注册登记机构根据确认的投资者申购和赎回数据信息进行的。按照清算结果,投资者的申购和赎回资金将会从投资者的资金账户转移至基金在托管银行开立的银行存款账户,或从基金的银行存款账户转移至投资者的资金账户。

由于基金申购和赎回的资金清算依据注册登记机构的确认数据进行,为保护基金投资人的利益,有关法规明确规定,基金管理人应当自收到投资者的申购(认购)、赎回申请之日起3个工作日内,对该申购(认购)、赎回申请的有效性进行确认。

申购和赎回资金结算流程

目前,我国境内基金申购款一般能在$T+2$日内到达基金的银行存款账户,赎回款一般于$T+3$日内从基金的银行存款账户划出。货币市场基金的赎回资金划付更快一些,一般$T+1$日即可从基金的银行存款账户划出,最快可在划出当天到达投资者资金账户。

(七) 巨额赎回的认定及处理

1. 巨额赎回的认定

单个开放日基金净赎回申请超过基金总份额的10%时,为巨额赎回。单个开放日的净赎回申请,是指该基金的赎回申请与基金转换中该基金的转出申请之和,扣除当日发生的该基金申购申请与基金转换中该基金的转入申请之和后得到的余额。

2. 巨额赎回的处理

出现巨额赎回时,基金管理人可以根据基金当时的资产组合状况决定接受全额赎回或部分延期赎回。

(1) 接受全额赎回。当基金管理人认为有能力兑付投资者的全额赎回申请时,按正常赎回程序执行。

(2) 部分延期赎回。当基金管理人认为兑付投资者的赎回申请有困难,或认为为了兑付投资者的赎回申请进行的资产变现可能使基金份额净值发生较大波动时,基金管理人可以在当日接受赎回比例不低于上一日基金总份额10%的前提下,对其余赎回申请延期办理。对单个基金份额持有人的赎回申请,应当按照其申请赎回份额占申请赎回总份额的比例确定该单个基金份额持有人当日办理的赎回份额。未受理部分除投资者在提交赎回申请时选择将当日未获受理部分予以撤销外,延迟至下一开放日办理。转入下一开放日的赎回申请不享有赎回优先权,并将以下一个开放日的基金份额净值为基准计算赎回金额。以此类推,直到全部赎回为止。

当发生巨额赎回及部分延期赎回时,基金管理人应立即向中国证监会备案,并于3个工作日内在至少一种中国证监会指定的信息披露媒体上公告,同时说明有关处理方法。

基金连续2个开放日以上发生巨额赎回,如基金管理人认为有必要,可以暂停接受赎回申请;已经接受的赎回申请可以延缓支付赎回款项,但不得超过正常支付时间20个工作日,并应当在至少一种中国证监会指定的信息披露媒体上公告。

三、ETF的上市交易与申购和赎回

(一) ETF份额的折算

基金合同生效后,基金管理人应逐步调整实际组合直至达到跟踪指数要求,此过程为ETF建仓阶段。ETF建仓期不超过3个月。基金建仓期结束后,为方便投资者跟踪基金份额净值变化,基金管理人通常会以某一选定日期作为基金份额折算日,以标的指数的1%(或1‰)作为份额净值,对原来的基金份额及其净值进行折算。

1. ETF份额折算的原则

基金份额折算后,基金份额总额与基金份额持有人的基金份额将发生调整,但调整后的基金份额持有人持有的基金份额占基金份额总额的比例不发生变化。基金份额折算对基金份额持有人的收益无实质性影响。基金份额折算后,基金份额持有人将按照折算后的基金份额享有权利并承担义务。

2. ETF份额折算的步骤

(1) 计算基金资产净值。基金资产净值是指基金全部资产减去所有负债后的余额,再除以基金总份额,得到的单位净值。

(2) 计算新旧份额比例。新旧份额比例是指折算后份额数与折算前份额数之间的比例关系,通常会在基金份额折算公告中进行公告。

(3) 计算持有人持有的新旧份额数。持有人持有的新旧份额数等于其原持有份额数乘新旧份额比例。

(4) 计算持有人持有的新旧基金净值。持有人持有的新旧基金净值等于其原持有份额数乘原基金单位净值，再乘新旧份额比例。

需要注意的是，份额折算通常不会影响投资者的实际投资收益，因此投资者无须过度担心份额折算的影响。此外，ETF份额折算后，基金的资产净值保持不变，对投资者的真实资产没有任何影响，即ETF上市前折算不会改变投资者的资产总额。

3. ETF份额折算的方法

ETF在募集期内，按照每天基准指数的成分及成分股权重购入一篮子股票，由于在募集期内的ETF基准指数是变动的，每天ETF的净值都会受当天交易的影响，即投资者在募集期内某天认购的基金份额在几天后与另一投资者在当天认购的份额净值是不一样的。在募集期结束后，基金公司通常会发布公告确定ETF份额折算日，根据折算日基金净资产、基金份额计算出基金单位份额净值，根据当天的ETF基准指数点位，净基金份额净值换算成对应的ETF基准指数点位。基金份额也相应调整，但保持基金份额乘单位净值等于基金净资产。

假设某ETF管理人确定了基金份额折算日(T日)。T日收市后，基金管理人计算当日的基金资产净值X和基金份额总额Y。T日标的指数收盘值为I，若以标的指数的1%作为基金份额净值进行基金份额的折算，则T日的目标基金份额净值为$I/1000$，基金份额折算比例(保留小数点后8位)的计算公式为

$$折算比例 = \frac{X/Y}{I/1000}$$

折算后的份额 = 原持有份额 × 折算比例

(二) ETF份额的上市交易

ETF合同生效后，基金管理人可以向证券交易所申请上市。ETF上市后，二级市场的交易与封闭式基金类似，要遵循下列交易规则。

(1) 基金上市首日的开盘参考价为前一工作日基金份额净值。

(2) 基金实行价格涨跌幅限制，涨跌幅比例为10%，自上市首日起实行。

知识链接

ETF的上市交易特点

(3) 基金买入申报数量为100份或其整数倍，不足100份的部分可以卖出。

(4) 基金申报价格最小变动单位为0.001元。

基金管理人在每一个交易日开市前应向证券交易所提供当日的申购和赎回清单。证券交易所在开市后根据申购和赎回清单以及组合证券内各只证券的实时成交数据，计算并每15秒发布一次基金份额参考净值，供投资者交易、申购和赎回基金份额时参考。

(三) ETF份额的申购和赎回

1. ETF申购和赎回的场所

交易型开放式指数证券投资基金(exchange traded fund，ETF)简称"交易型开放式指数基金"，又称"交易所交易基金"。ETF是需要在证券账户中进行申购和赎回的，申购和赎回只能在证券交易所进行，在我国仅指上海证券交易所与深圳证券交易所。

基金管理人应在开始办理申购和赎回业务前公告申购和赎回代理证券公司(上海证券交易所称为"代理证券公司"，深圳证券交易所称为"代办证券公司"，两者可以统一称为"参与券商")的名单。投资者应在参与券商办理基金申购和赎回业务的营业场所或按参与券商提供的其他方式办理基金的申购和赎回。部分ETF基金管理人还提供场外申购和赎回模式，投资者可以采用现金方式，通过场外申购和赎回代理机构办理申购和赎回业务。

2. ETF申购和赎回的数额限制

投资者申购和赎回的基金份额需为最小申购和赎回单位的整数倍。我国ETF的最小申购和赎回单位一般为50万份或100万份。基金管理人有权对其进行更改，并于更改前至少3个工作日在至少一种中国证监会指定的信息披露媒体上公告。

3. ETF申购和赎回的时间

(1) ETF申购和赎回的开始时间。在基金份额折算日之后可以开始办理申购ETF。自基金合同生效日后不超3个月的时间起开始办理赎回。

基金管理人应于申购开始日和赎回开始日前至少3个工作日在至少一种证监会指定的信息披露媒体上公告。

(2) ETF开放日及开放时间。投资者可办理申购和赎回业务的开放日为证券交易所的交易日，开放时间为周一至周五(法定假日和公众假日除外)的9:30—11:30和13:00—15:00，除此时间之外不办理基金份额的申购和赎回。

4. ETF申购和赎回的原则

ETF申购和赎回的原则主要包括以下几项。

(1) 采用份额申购、份额赎回的方式。ETF的申购和赎回都是以份额为单位进行的，即投资者通过提交一定数量的份额进行申购和赎回操作。

(2) 申购和赎回对价包括组合证券、现金替代、现金差额和其他对价。在申购和赎回时，投资者需要提供或接收的不仅仅是现金，还可能包括组合证券、现金替代品等，这取决于具体的ETF产品及其条款。

(3) 申购和赎回申请一旦提交后，不得撤销。这意味着一旦投资者提交了申购或赎回申请，就不能再撤销这个申请，需要等到申请处理完成后才能进行其他操作。

(4) 申购份额和赎回金额的计算方式。申购份额的计算涉及申购金额、申购费用和基金份额净值等因素，而赎回金额的计算则涉及赎回份额、基金份额净值和赎回费率等因素。这些计算方式有助于投资者准确计算申购或赎回的成本和收益。

(5) 场内申购和赎回与场外申购和赎回的差异。场内申购和赎回与场外申购和赎回存在一定的差异,投资者需要根据不同的方式支付或接收不同的对价。这反映了ETF在不同市场环境下的灵活性和便利性。

(6) ETF申购和赎回与开放式基金的差异。ETF申购和赎回通常涉及使用一篮子指数成分股实物进行交换,而开放式基金则可能使用现金进行交换。这种差异体现了ETF与开放式基金在交易机制上的不同。

综上所述,ETF申购和赎回遵循特定的原则和流程,旨在为投资者提供灵活的交易方式,同时确保交易的准确性和透明度。

5. ETF申购和赎回的程序

(1) 申购和赎回申请的提出。投资者应按申购和赎回参与券商规定的手续,在开放日的开放时间提出申购和赎回申请。投资者申购基金时需根据申购清单备足相应数量的股票和现金。投资者提交赎回申请时必须持有足够的基金份额余额和现金。

(2) 申购和赎回申请的确认与通知。深交所对符合要求的申购和赎回申报及时予以确认,对不符合要求的申购和赎回申报做无效处理。投资者可以在申请当日通过其办理申购和赎回的销售网点查询确认情况。基金投资者的申购和赎回申请在受理当日进行确认。如投资者未能提供符合要求的申购对价,则申购申请失败。如投资者持有的符合要求的基金份额不足,或未能根据要求准备足额的现金,或基金投资组合内不具备足额的符合要求的赎回对价,则赎回申请失败。

(3) 申购和赎回的清算交收与登记。投资者T日申购和赎回成功后,登记结算机构在T日收市后为投资者办理组合证券的清算交收以及基金份额、现金替代的清算,在$T+1$日办理基金份额、现金替代等的交收以及现金差额的清算,在$T+2$日办理现金差额的交收,并将结果发送给代办证券公司、基金管理人和基金托管人。如果登记结算机构在清算交收时发现不能正常履约的情形,登记结算机构可以在法律法规允许的范围内,对清算交收和登记的办理时间、方式进行调整,并最迟于清算交收开始实施前3个工作日在至少一种中国证监会指定的信息披露媒体上公告。

6. 申购和赎回的对价、费用及价格

基金份额场内申购和赎回时,申购对价是指投资者申购基金份额时应交付的组合证券、现金替代、现金差额及其他对价;赎回对价是指投资者赎回基金份额时,基金管理人应交付给赎回人的组合证券、现金替代、现金差额及其他对价。申购对价和赎回对价分别根据申购和赎回清单以及投资者申购和赎回的基金份额确定。基金份额场外申购和赎回时,申购对价和赎回对价均为现金。投资者在申购或赎回基金份额时,申购或赎回参与券商可按照0.5%的标准收取佣金,其中包含证券交易所、登记结算机构等收取的相关费用。

T日的基金份额净值在当天收市后计算,并在$T+1$日公告,计算公式为计算日基金资产净值除以计算日发售在外的基金份额总数。T日的申购和赎回清单在当日上海证券交易所开市前公告。如遇特殊情况,可以适当延迟计算或公告,并报中国证监会备案。

7. 申购清单和赎回清单

1) 申购清单和赎回清单的内容

T日申购清单和赎回清单公告内容包括最小申购和赎回单位所对应的组合证券内各成分证券数据、现金替代、T日预估现金部分、T-1日现金差额、基金份额净值及其他相关内容。

2) 组合证券相关内容

组合证券是指基金标的指数所包含的全部或部分证券。申购清单和赎回清单将公告最小申购和赎回单位所对应的各成分证券名称、证券代码及数量。

3) 现金替代相关内容

现金替代是指在申购和赎回过程中,投资者按基金合同和招募说明书的规定,用于替代组合证券中部分证券的一定数量的现金。采用现金替代是为了在相关成分股股票停牌等情况下便利投资者的申购,提高基金运作效率。基金管理人在制定具体的现金替代方案时应遵循公平、公开的原则,以保护基金份额持有人利益为出发点,并及时、充分进行信息披露。现金替代分为3种类型,即禁止现金替代、可以现金替代和必须现金替代。

(1) 禁止现金替代。禁止现金替代是指在申购和赎回基金份额时,该成分证券不允许使用现金作为替代。

(2) 可以现金替代。可以现金替代是指在申购基金份额时,允许使用现金作为全部或部分该成分证券的替代,但在赎回基金份额时,该成分证券不允许使用现金作为替代。可以现金替代的证券一般是由于停牌等原因导致投资者无法在申购时买入的证券。

最新价格的确定原则为:该证券正常交易时,采用最新成交价;该证券正常交易中出现涨停时,采用涨停价格;该证券停牌且当日有成交时,采用最新成交价;该证券停牌且当日无成交时,采用前一交易日收盘价。

现金替代溢价又称为"现金替代保证"。收取现金替代溢价的原因是,对于使用现金替代的证券,基金管理人应在证券恢复交易后买入,而实际买入价格加上相关交易费用后与申购时的最新价格可能有所差异。为便于操作,基金管理人应在申购和赎回清单中预先确定现金替代溢价比例,并据此收取现金替代金额。如果预先收取的金额高于基金购入该部分证券的实际成本,基金管理人将退还多收取的差额;如果预先收取的金额低于基金购入该部分证券的实际成本,则基金管理人将向投资者收取欠缺的差额。

(3) 必须现金替代。必须现金替代是指在申购和赎回基金份额时,该成分证券必须用现金作为替代。必须现金替代的证券一般是由于标的指数调整,即将被剔除的成分证券。对于必须现金替代的证券,基金管理人将在申购清单和赎回清单中公告替代现金的一定数量,即"固定替代金额"。

4) 预估现金部分相关内容

预估现金是指为便于计算基金份额参考净值及申购和赎回,参与券商预先冻结申请申购和赎回的投资者的相应资金,由基金管理人计算的现金数额。

5) 现金差额相关内容

T日现金差额在$T+1$日的申购清单和赎回清单中公告。

T日投资者申购和赎回基金份额时,应按$T+1$日公告的T日现金差额进行资金的清算和交收。

现金差额的数值可能为正、负或零。在投资者申购时,如现金差额为正数,投资者应根据其申购的基金份额支付相应的现金;如现金差额为负数,则投资者应根据其申购的基金份额获得相应的现金。在投资者赎回时,如现金差额为正数,投资者应根据其赎回的基金份额获得相应的现金;如现金差额为负数,则投资者应根据其赎回的基金份额支付相应的现金。

8. 申购和赎回的暂停

如出现以下情况,基金管理人可以暂停接受投资者的申购和赎回申请。

(1) 不可抗力导致基金无法接受申购和赎回。

(2) 证券交易所决定临时停市,导致基金管理人无法计算当日基金资产净值。

(3) 证券交易所、申购和赎回参与券商、登记结算机构因异常情况无法办理申购和赎回。

(4) 法律法规规定或经中国证监会批准的其他情形。

在发生暂停申购和赎回的情形之一时,基金的申购和赎回可能同时暂停。发生上述情形之一的,基金管理人应当在当日报中国证监会备案,并及时公告。在暂停申购和赎回的情况消除时,基金管理人应及时恢复申购和赎回业务的办理,并予以公告。

四、LOF的上市交易与申购和赎回

(一) LOF的上市交易

LOF完成登记托管手续后,由基金管理人向深圳证券交易所提交挂牌上市申请。LOF在交易所的交易规则与封闭式基金基本相同,以下为具体内容。

(1) 买入LOF申报数量应当为100份或其整数倍,申报价格最小变动单位为0.001元人民币。

(2) 深圳证券交易所对LOF交易实行价格涨跌幅限制,涨跌幅比例为10%,自上市首日起执行。

(3) 投资者T日卖出基金份额后的资金在$T+1$日即可到账(T日也可做回转交易),而赎回资金最早在$T+2$日到账。

(二) LOF份额的申购和赎回

1. LOF份额申购和赎回的规定

注册登记在中国结算公司的开放式基金注册登记系统(TA系统)内的基金份额,可通过基金管理人及其代销机构在场外办理LOF申购和赎回;登记在中国结算公司的证券登记结算系统内的基金份额,也可以通过具有基金代销业务资格且符合风险控制要求的深圳证券交易所会员单位在场内办理申购和赎回业务。

LOF采取"金额申购、份额赎回"原则,即申购以金额申报,赎回以份额申报。场内申购申报单位为1元人民币,赎回申报单位为1份基金份额;场外申购和赎回申报单位由基金管理人在基金招募说明书中载明。

T日在深圳证券交易所申购的基金份额,自$T+1$日开始可以在深圳证券交易所卖出或赎回;T日买入的基金份额,$T+1$日可以在深圳证券交易所卖出或赎回。

2. LOF份额申购和赎回的费率

LOF是指数开放式基金,其全称为"上市开放式基金"(listed open-ended fund)。LOF通常以指数作为跟踪标的,投资者可以通过申购和赎回来参与基金份额的交易。关于LOF的申购和赎回费率,可能因基金公司和具体基金的不同而有所差异。

一般而言,基金公司在设立LOF时会规定申购和赎回的费率,这些费率可能包括申购费和赎回费。申购费是投资者在购买基金份额时需要支付的费用,而赎回费则是投资者在卖出基金份额时需要支付的费用。这些费率的具体数值会在基金的招募说明书或基金合同中详细说明。

投资者在选择LOF时,应该仔细阅读基金的相关文件,了解申购和赎回费率的具体情况。此外,不同的基金可能会根据市场情况和投资策略进行调整,因此投资者需要及时获取最新的基金信息。

(三) LOF份额转托管

1. LOF份额转托管的类型

LOF份额转托管业务分为两种类型,即系统内转托管和跨系统转托管。

(1) 系统内转托管。系统内转托管是指投资者将托管在某证券经营机构的LOF份额转托管到其他证券经营机构(场内到场内),或将托管在某基金管理人或其代销机构的LOF份额转托管到其他基金代销机构或基金管理人(场外到场外)。

(2) 跨系统转托管跨系统转托管是指投资者将托管在某证券经营机构的LOF份额转托管到基金管理人或代销机构(场内到场外),或将托管在基金管理人或其代销机构的LOF份额转托管到某证券经营机构(场外到场内)。

2. LOF份额转托管的注意事项

(1) 转托管转出基金比例数量不得超越该基金账户在转出方的实际持有基金份额,否则该申报无效。

(2) 转托管对份额明细的处理准则与普通投资基金类似,采取"先进先出"准则,即份额登记日期在前的应先转出,反之则应后转出。

(3) 基金份额持有人在办理转托管时,能够将其在转出机构所购买的基金比例一次性悉数转出,也能够部分转出,但最终确认转出和转入的基金份额比例余额都不得低于最低持有份额显示;反之,则应确认为失败交易申请。若投资者持有的某只基金份额余额已低于最低份额,建议转托管时一次性全部转出。

(4) 相应转出办理机构可对转托管业务收取一定的手续费用。

投资者通过深圳证券交易所交易系统获得的基金份额托管在证券营业部处,登记在中国证券登记结算有限责任公司的证券登记系统中。这部分基金份额既可以在深圳证券交易所交易,也可以通过深圳证券交易所交易系统直接申请赎回;投资者通过基金管理人及其代销机构获得的基金份额托管在代销机构或基金管理人处,登记在中国证券登记结算有限责任公司的基金登记系统中,只能申请赎回,不能直接在深圳证券交易所交易。

投资者如需将登记在基金登记系统中的基金份额通过深圳证券交易所交易,或申请在场外赎回需将登记在证券登记系统中的基金份额,应先办理跨系统转托管手续。LOF份额跨系统转托管只限于在深圳证券账户和以其为基础注册的深圳开放式基金账户之间进行。投资者将LOF份额从证券登记系统转入基金登记系统,自$T+2$日开始,投资者可以在转入方代销机构或基金管理人处申报赎回基金份额。投资者将上市开放式基金份额从TA系统转入证券登记系统,自$T+2$日开始,投资者可以通过转入方证券营业部申报在深圳证券交易所卖出或赎回的基金份额。如果是分红派息前$R-2$日至R日(R日为权益登记日)的LOF份额,或者处于质押、冻结状态的LOF份额,都不得办理跨系统转托管。此外,对于处于募集期内或封闭期内的LOF份额进行跨系统转托管虽没有明确规定禁止,但一般的运作方式均为在封闭期结束后再开通跨系统转托管。

五、QDII基金的申购和赎回

QDII基金的申购和赎回的渠道、开放日及时间、程序、原则、申购份额和赎回金额的确定、巨额赎回的处理办法等与一般开放式基金类似,但申购和赎回的币种以及登记方面与一般开放式基金的申购和赎回有所不同,具体体现在以下几个方面。

(一) 币种

一般情况下,QDII基金申购和赎回的币种为人民币,但基金管理人可以在不违反法律法规规定的前提下,接受其他币种的申购和赎回,并提前公告。

(二) 申购和赎回登记

一般情况下,基金管理公司会在$T+2$日内对该申请的有效性进行确认。T日提交的有效申请,投资者应在$T+3$日到销售网点柜台或以销售机构规定的其他方式查询申请的确认情况。

对QDII基金而言，赎回申请成功后，基金管理人将在$T+10$日(包括该日)内支付赎回款项。在发生巨额赎回时，款项的支付办法按基金合同有关规定处理。

(三) 拒绝或暂停申购的情形

因为QDII基金主要投资于海外市场，所以拒绝或暂停申购的情形与一般开放式基金有所不同，如基金规模不可超出中国证监会、国家外汇管理局核准的境外证券投资额度等。

> ■ 思考
>
> QDII基金能直接向基金公司申购和赎回吗？
>
> 提示：
>
> 只有指定的基金销售机构才可以进行QDII基金的申购和赎回，参与者无法直接向基金公司申购和赎回QDII基金。

第四节 基金终止与清算

一、基金终止

基金终止是指基金由于各种原因不再经营运作，进行清算解散的过程。基金终止须依据有关法规和基金契约(公司型基金为基金公司章程)的规定，由基金持有人大会通过，并报证监会批准。

有下列情形之一的，基金应当终止。

(1) 封闭式基金存续期满未被批准续期的。

(2) 基金持有人大会决定终止的。

(3) 原基金管理人和基金托管人职责终止，没有新基金管理人和基金托管人承接的。

(4) 基金合同或者基金章程规定的情形。

二、基金清算

基金清算是指基金终止时，组织清算小组对基金资产进行清算的过程。清算小组出具的清算报告，必须经注册会计师审计、律师书面确认并报国务院证券监督管理机构备案后公告。中国证监会监督基金清算的过程。

(一) 清算小组

自基金终止之日起3个工作日内成立基金清算小组,小组成员由基金发起人、基金管理人、基金托管人、具有从事证券相关业务资格的注册会计师、具有从事证券法律业务资格的律师以及中国证监会指定的人员组成,可以聘用必要的工作人员。基金清算小组在中国证监会的监督下进行基金清算,负责基金资产的保管、清理、估价、变现和分配,还可以依法进行必要的民事活动。

(二) 清算程序

(1) 基金终止后,由基金清算小组统一接管基金资产。
(2) 对基金资产进行清理和确认。
(3) 对基金资产进行分配。

(三) 清算费用

清算费用是指基金清算小组在进行基金清算过程中发生的所有合理费用,由基金清算小组用基金资金支付。

(四) 基金剩余资产的分配

基金清算后的全部剩余资产扣除基金清算费用后,将余额按基金持有人持有的基金单位比例分配给基金持有人。

(五) 基金清算的公告

基金终止并报证监会备案后,5个工作日内由基金清算小组公告。清算过程中的有关重大事项应及时公告。基金清算结果由基金清算小组经中国证监会批准后3个工作日内公告。

(六) 清算账册及文件的保存

基金清算账册及有关文件由基金托管人保存15天。

习题

第七章 基金份额登记与营销

第一节 基金份额登记

一、基金份额登记的概念

基金份额登记是指基金份额的登记过户、存管和结算等业务活动,具体是指投资者认购基金份额后,由登记机构为投资者建立基金账户,在投资者的基金账户中进行登记,表明投资者所持有的基金份额。投资者申购基金份额,由登记机构在投资者的基金账户中登记,表明投资者所持有的基金份额的增加;投资者赎回基金份额,取得款项,由登记机构在投资者的基金账户中注销,表明投资者所持基金份额的减少。

二、我国基金份额登记机构及其职责

基金份额登记机构是指从事基金份额登记业务活动的机构。基金管理人可以办理募集基金的份额登记业务,也可以委托基金份额登记机构代为办理基金份额登记业务。公开募集基金份额登记机构由基金管理人和中国证监会认定的其他机构担任。

(一) 我国开放式基金注册登记体系的模式

(1) 基金管理人自建注册登记系统的"内置"模式。
(2) 委托中国证券登记结算有限责任公司作为注册登记机构的"外置"模式。
(3) 以上两种情况兼有的"混合"模式。

(二) 基金注册登记机构的主要职责

(1) 建立并管理投资者基金份额账户。
(2) 负责基金份额登记,确认基金交易。
(3) 发放红利。

(4) 建立并保管基金投资者名册。
(5) 基金合同或者登记代理协议规定的其他职责。

三、基金份额登记流程

基金份额登记流程实际上是基金注册登记机构通过基金注册登记系统对基金投资者所投资基金份额及其变动的确认、记账的过程,这个过程与基金的申购和赎回过程是一致的,以下为具体流程。

(1) 在T日,投资者的申购和赎回申请信息通过代销机构网点传送至代销机构总部,由代销机构总部将本代销机构的申购和赎回申请信息汇总后统一传送至注册登记机构。

(2) $T+1$日,注册登记机构根据T日各代销机构的申购和赎回申请数据及T日的基金份额净值统一进行确认处理,并将确认的基金份额登记至投资者的账户,然后将确认的申购和赎回数据信息下发至各代销机构,各代销机构再下发至各所属网点。同时,注册登记机构将登记数据发送至基金托管人。

至此,注册登记机构完成对基金份额持有人的基金份额登记。如果投资者提交的信息不符合注册登记的有关规定,最后的确认信息将是投资者申购和赎回失败。

对于不同基金品种,份额登记时间可能不一样,一般基金通常为$T+1$日登记,而QDII基金通常是$T+2$日登记。

第二节　基金营销

一、基金营销的概念和特征

(一) 基金营销的概念

"基金营销"是近年来新出现的一个名词,实际上它是市场营销的一种。市场营销是关于企业如何发现、创造和交付价值以满足一定目标市场的需求,同时获取利润的学科。营销学用来辨识未被满足的需要,定义、量度目标市场的规模和利润潜力,找到最适合企业进入的细分市场和适合该细分市场的供给品。

所以,基金营销是指基金销售机构从市场和客户需要出发所进行的基金产品设计、销售、售后服务等一系列活动的总称,是基金销售机构为了追求利润最大化而采取的一种营销策略。

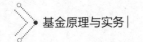

(二) 基金营销的特征

证券投资基金属于金融服务行业,其市场营销不同于有形产品营销,有其特殊性,主要体现在以下5个方面。

1. 规范性

基金销售机构、基金营销人员在开展基金营销活动时,必须严格遵守监管规定。

2. 服务性

基金是一种金融产品,投资者购买基金时无法体验实物,产品的品质也体现为基金未来的收益和营销人员的持续服务。

3. 专业性

与一般有形产品的营销相比,基金对营销人员的专业水平有更高的要求。

4. 持续性

基金营销作为一种理财产品服务,不是一锤子买卖,更需要制度化、规范化的持续性服务。

5. 适用性

基金销售机构在销售基金和相关产品的过程中,应注重根据基金投资人的风险承受能力销售不同风险等级的产品,把合适的产品卖给合适的基金投资人。

二、基金客户和目标客户的选择

(一) 基金客户

基金客户是指基金份额的持有人以及基金产品的投资人,是基金资产的所有者以及基金投资回报的受益人,是开展一切基金活动的核心。

(二) 目标客户的选择

如何选择目标客户是基金销售中最为重要的问题之一,因为只有选择正确的目标客户才能增加销售成功的概率。一般来说,选择目标客户时需要考虑以下几个方面。

1. 客户需求

基金销售的核心是为客户提供一种投资工具来满足其需求,因此选择目标客户时需要考虑客户的需求。客户的需求主要有长期的资本增值、收入增长、风险控制等,可以通过调查客户的需求来确定客户需要哪一类基金产品。

2. 客户特征

了解目标客户的个人特征非常重要。通常,销售人员可以基于客户的职业、年龄、财务状况等个人特征来确定其投资能力和偏好,以此来推荐适合的投资产品。例如,年轻人可能会偏向于高风险、高收益的投资,而老年人可能更关注资产保值。

3. 客户价值

选择目标客户时，需要考虑客户的价值，即客户的潜在业务价值和价值贡献。通常，高价值客户可能具有较高的投资能力和对基金产品的接受度，因此在制定营销策略时应重点关注这类客户。

三、基金营销的内容和渠道

(一) 基金营销的内容

基金营销的内容主要包括以下几个方面。

1. 基金市场调研与分析

分析市场需求、竞争对手情况以及潜在投资者的偏好，为基金产品定位和市场营销策略提供依据。跟踪基金产品的销售状况和市场表现，定期分析市场反馈和投资者的需求变化，并向管理团队提供相关报告和建议。

2. 基金产品策划与推广

参与基金产品的设计和策划，包括基金类型选择、投资策略制定、产品组合优化等。编写基金营销材料和宣传文案，结合市场调研结果进行产品推广。组织和参与基金推广活动，如路演、投资者座谈会等。制订和执行基金市场推广计划，包括线上线下渠道的整合和运营。

3. 投资者关系维护

向投资者提供专业的投资咨询和指导服务，解答投资者疑问，提供基金产品的相关信息和分析报告。组织和参与投资者教育活动，提高投资者的投资意识和理财能力。定期与投资者进行沟通和互动，及时回应投资者的反馈和投诉。

4. 渠道拓展与合作

建立和维护与销售渠道的伙伴关系，包括金融机构、证券公司、投资顾问等。推动渠道拓展，扩大基金销售规模。开发和管理线上销售渠道，包括基金公司官方网站、基金销售平台等。寻找和拓展新的销售渠道，如互联网金融平台、社交媒体等。

5. 市场数据分析与风险控制

收集、整理和分析基金市场的各类数据，包括市场指数、基金业绩、投资者行为等，为基金申购、赎回和转换等决策提供支持。监控市场风险和基金风险，及时调整投资组合，保障基金的稳健运作。研究市场趋势和投资策略，发现并把握投资机会，提高基金的收益能力。

6. 市场监管合规

遵守相关的法律法规，确保基金销售活动的合规性。定期向监管机构和管理层提供市场营销工作的相关报告和数据，配合监管部门的审计和检查。

(二) 基金营销的渠道

基金营销的渠道主要分为直销、其他平台代销和独立销售3种。

1. 基金直销渠道

直销渠道是指基金公司直接向投资者销售基金的渠道。直销适合市场号召力强、市场影响力大的基金公司。投资者直接在基金公司购买基金的优点是能够节省很多中间成本费，购买基金的价格也会更加优惠；缺点是只能购买单一基金公司旗下的基金产品，如果投资者想要购买的多只基金属于不同的基金公司，就必须开通多家基金公司账户，操作流程比较烦琐。基金直销渠道可以细分为如下3种。

(1) 基金公司官网。基金公司会在官网上直接公布基金信息并销售基金，投资者在基金公司官网上基本能够购买到该公司推出的所有基金产品，可以按需选择。

(2) 基金公司直接运营的线上渠道。很多基金公司开通了公众号、开发了App等，这些都是基金公司直接销售基金的线上渠道，投资者可以关注或下载，线上挑选心仪的基金产品。

(3) 基金公司的线下柜台和电话销售。这是比较传统的基金购买方式，投资者可以直接前往基金公司的柜台申购基金，或者打电话给客户经理要求申购基金。

2. 其他平台代销渠道

基金公司为了提高基金销售额，增加基金曝光率，会选择与其他金融平台合作代销基金。投资者在代销平台购买基金的优点是安全性较高，选择范围较大，能够获得专业客户经理的推荐，还能购买到专门渠道的基金，比如场内交易的ETF基金只有券商能够提供；缺点是投资者购买基金的成本费率增加了，现在通过代销渠道购买基金的费率为1%~1.5%，而且不同的代销机构承销的基金是不同的，这和与其合作的基金公司有关，因此可能会出现投资者想投资的多只基金由不同代销平台代销的情况。

3. 独立销售渠道

独立销售渠道有支付宝的蚂蚁财富、微信的理财通、京东金融、天天基金网等。投资者在独立销售渠道购买基金的优点是操作方便，不需要开通银行卡，不需要开户，可以直接购买的基金种类更加齐全；缺点是申购基金的费用高于直接在基金公司申购基金，但平台有时候会推出交易费率打折的活动，投资者可以多多关注。此外，独立销售渠道没有专业的客户经理提供指导，而无论是在基金公司直接购买还是通过银行、经纪商购买，都会有专业的客户经理为投资者进行讲解并推荐产品。

四、基金营销的方式和策略

(一) 基金营销的方式

选择正确的营销方式对于基金营销非常重要，不同的营销方式可能会影响目标客户的接受度和销售成功率。常见的基金营销方式有以下3种。

1. 线上营销

随着互联网和移动设备的普及，线上营销已经成为推广基金产品的重要方式。投资者可以通过基金平台、社交媒体和手机应用程序等多种线上营销途径，了解基金产品，掌握实时信息和交易信息。

2. 演讲和研讨会

演讲和研讨会通常由基金公司或销售人员主办，目的是向投资者介绍基金产品、传达投资理念，同时回答投资者提出的问题，从而帮助投资者了解基金产品，并鼓励他们参与投资。

3. 客户关系管理

客户关系管理是基金营销的关键部分，基金公司通过客户关系管理来维护客户关系，提升客户满意度和忠诚度，具体措施有定期通过电话、邮件、短信沟通，开展客户满意度调查等。

(二) 基金营销的策略

基金营销策略是指通过市场推广手段，刺激潜在客户购买基金产品的一系列策略。常见的基金营销策略有以下几种。

1. 定位目标客户群体

根据基金产品特点和风险收益特征，明确目标客户群体。例如，对于风险偏好较高的年轻人群体，可以推荐高风险高收益的股票型基金；对于风险偏好较低的中年人群体，可以推荐稳健收益的债券型基金。

2. 建立品牌形象

通过广告、宣传和公关活动等手段，打造基金公司的品牌形象，凸显基金公司的专业、可信赖和稳健，提高品牌知名度和美誉度。

3. 提供多样化的产品选择

根据不同客户的需求和风险承受能力，提供多样化的产品供其选择。例如，可以推出不同风险收益特征的基金产品，如股票型基金、债券型基金、货币市场基金等。

4. 引入明星基金经理

基金经理是基金产品的核心竞争力之一，引入具有知名度和业绩优秀的明星基金经理可以增强基金产品的吸引力和竞争力。

5. 开展教育和培训

通过举办投资教育活动、开设投资培训课程等方式，丰富客户的投资知识，提升客户的理财能力。同时，也可以通过互联网、移动应用等渠道，向客户提供投资相关资讯和研究报告，帮助客户做出正确的投资决策。

6. 提供优质服务

提供便捷、高效和个性化的客户服务，增强客户对基金公司的信任和认同感。例如，提供电话咨询、在线交易、投资顾问等一站式服务。

7. 加强合作和联盟

与银行、保险公司、证券公司等金融机构建立合作伙伴关系，共享资源、互利共赢。还可以通过联合销售、产品合作等方式，拓展客户群体和扩大市场份额。

8. 提高透明度和诚信度

通过定期公布业绩报告、持仓情况等信息，增加基金公司的透明度。同时，积极参与行业自律组织的监管和评级，提高业内的诚信度。

9. 利用社交媒体

在社交媒体平台开展运营和推广活动，与客户积极互动，以增加基金产品曝光率并提升口碑。

总之，基金营销策略需要根据市场需求和竞争环境的变化不断调整和优化，同时也需要充分考虑客户的需求和利益，以提供更有价值和个性化的投资产品和服务。

习题

第八章 基金估值、费用、收益分配与会计核算

第一节 基金估值概述

一、基金估值的概念

基金估值即基金资产估值,是指通过对基金管理人或基金持有人所拥有的全部基金资产及全部基金负债按一定的原则和方法进行估算,进而确定基金资产公允价值的过程。

基金估值的目的在于客观以及准确地反映基金管理人或基金持有人的基金资产的价值,并将其与给定的标准进行比较,以衡量基金是否发生贬值或增值,同时依据基金估值的数据来确定基金资产的净值,并计算出基金单位资产的净值,然后将其作为计算基金申购与基金赎回价格的基础,相关计算公式为

$$基金资产净值 = 基金资产 - 基金负债$$

$$基金份额净值 = \frac{基金资产净值}{基金总份额}$$

基金份额净值是计算投资者申购基金份额、赎回基金金额的基础,也是评价基金投资业绩的基础指标之一。

【拓展训练】

某基金总资产为80亿元,总负债为35亿元,发行在外的基金份数为20亿份,求该基金的基金份额净值。

$$基金份额净值 = \frac{80-35}{20} = 2.25(元)$$

【知识拓展】 **基金资产累计净值和最新净值**

累计单位净值体现了基金从成立以来所取得的累计收益,计算公式为

累计单位净值 = 单位净值 + 基金成立后累计单位派息金额(即基金分红)

累计净值增长率是指基金从创建到基金分红之前增加或减少的百分比(包含分红

部分),体现了基金成立至今的业绩表现,计算公式为

$$累计净值增长率=(份额累计净值-单位面值)/单位面值$$

基金最新净值可以作为了解即时交易价格的一种参考,但它并不是投资者选择基金的主要依据,基金净值未来的成长性才是投资者判断基金投资价值的关键。从投资者比较基金业绩的角度来看,累计净值比最新净值和分红更有参考价值。

二、基金估值的意义

基金估值可以帮助投资者了解基金的财务状况和市场价值。基金估值通常在每个交易日结束后进行,并根据市场情况进行调整。

基金份额净值是计算开放式基金申购份额、赎回金额的基础,直接关系到基金投资者的利益,因此基金份额净值的计算必须准确。同时对于基金投资者来说,申购者希望以低于实际价值的价格进行申购,赎回者希望以高于实际价值的价格进行赎回,而基金持有人希望流入比基金实际价值更多的资金,流出比基金实际价值更少的资金。因此,基金份额净值必须是公允的。

总之,基金估值是投资者在进行基金投资时需要关注的一个重要概念。通过了解基金估值,投资者可以更好地把握投资机会,降低投资风险,实现投资收益最大化。

三、基金估值的法律依据

基金估值主体在现有基金法律体系中是完备的,无论是《证券投资基金法》还是中国证监会都有明确规定,基金管理人是基金估值的第一责任主体。根据《证券投资基金法》第二十条和第三十七条的规定,基金管理公司应履行计算并公告基金资产净值的责任,确定基金份额申购、赎回价格;托管人应履行复核、审查基金管理公司计算的基金资产净值和基金份额申购、赎回价格的责任。根据证券投资基金信息披露内容与格式准则第6号《基金合同的内容与格式》的要求,基金合同应列明基金资产估值事项,包括估值日、估值方法、估值对象、估值程序、估值错误的处理、暂停估值的情形、基金净值的确认和特殊情况的处理。根据《关于进一步规范证券投资基金估值业务的指导意见》的要求,基金管理公司应制定健全有效的估值政策和程序,建立相关的信息披露制度和内部控制制度,履行信息披露义务,并在估值方法和调整幅度做出重大变化时进行公告或解释。

四、基金估值应注意的问题

(一)估值频率

基金估值有固定的时间间隔,监管法规通常会规定一个最小的估值频率。开放式

基金估值的时间通常与开放申购、赎回的时间一致。目前，我国的开放式基金于每个交易日估值，于次日公告基金份额净值。封闭式基金每周披露一次基金份额净值，但每个交易日都进行估值。海外基金多数也是每个交易日估值，但也有一部分基金每周估值一次，有的甚至每半个月、每月估值一次。基金估值的频率是由基金的组织形式、投资对象的特点等因素决定的，需要在相关的发行法律文件中明确列示。

(二) 交易价格

当基金只投资于交易活跃的证券时，资产估值较为容易。在这种情况下，市场交易价格是可接受的，也是可信的，直接采用市场交易价格就可以对基金资产估值。

当基金投资于交易不活跃的证券时，资产估值要复杂得多。在这种情况下，基金持有的证券要么没有交易价格，要么交易价格不可信，因此对基金资产进行估值时就要非常慎重，其中证券资产的流动性是非常关键的影响因素。

(三) 估值方法的一致性及公开性

估值方法的一致性是指基金估值应采取同样的估值方法，遵守同样的估值规则。

估值方法的公开性是指基金估值方法需要在法定募集文件中公开披露。如果变更了基金估值方法，需要及时进行披露。2008年9月12日，中国证监会发布了《关于进一步规范证券投资基金估值业务的指导意见》，对基金所持有的投资品种的估值原则进行了规定。之后，国内各基金公司发布了关于旗下基金估值方法变更的提示性公告，表示对旗下基金持有的长期停牌股票等没有市价的投资品种按照指数收益法进行估值，并对相关的基金资产净值进行了调整。

(四) 价格操纵及滥估问题

基金价格操纵是指以获取不当利益或转嫁风险为目的，利用其资金、信息等优势或者滥用职权操纵市场，影响基金交易价格，制造基金市场假象，诱导或者致使投资者在不了解事实真相的情况下做出基金投资决定，扰乱基金市场秩序的行为。

投资者在对基金进行估值时需要注意价格操纵和滥估问题，如果基金估值的主观判断是由基金管理人做出的，便会有滥估的可能。此外，流动性差的基金可能存在价格操纵问题，这是因为流动性差的基金估值往往存在主观判断因素，这为滥估提供了机会。

五、基金估值的原则与方法

(一) 基金估值的原则

基金估值需要遵循如下几项基本原则。

1. 公平价值原则

基金估值应该基于公平价值原则,即基金的净资产值应该与基金实际的市场价值相一致。这意味着基金估值应该反映市场的真实情况,不能出现人为的调整或错误。

2. 一致性原则

基金估值应该保持一致性,即不同时间点对同一基金资产的估值结果应该尽可能相近。这样可以确保基金估值的准确性和可比性,便于投资者更全面地评估基金的价值和风险。

3. 实时性原则

基金估值应该及时进行,以便及时反映市场变动情况。由于基金的市值可能会随时发生变化,基金估值应该能够及时获取和更新相关市场数据,并将其应用于基金估值过程中,以确保估值结果的准确性。

4. 独立性原则

基金估值应该由独立的第三方机构或机构内部独立的估值部门进行。这样可以确保基金估值的客观性和公正性,避免估值人员因利益冲突而对基金估值结果进行干扰或任意调整。

5. 透明度原则

基金估值应该具有透明度,即估值的计算方法和过程对投资者来说应该是清晰和可理解的。基金公司应该向投资者提供关于基金估值的相关信息,包括估值基准和估值计算方法等,以便投资者能够更全面地了解基金的估值情况。

6. 数据质量原则

基金估值应该基于准确和可靠的数据。基金公司应确保所使用的市场数据和基金资产数据的准确性和完整性,并采取必要措施来验证这些数据的可靠性,以确保基金估值的准确性。

7. 风险控制原则

基金估值应该基于风险控制原则,即估值结果应该反映基金的风险水平和投资策略,基金公司可以据此合理确定估值方法和估值参数,从而确保基金估值的合理性并与实际情况相符。

总之,基金公司应遵循上述这些原则,保证基金估值的准确性和公正性,以维护投资者的利益和市场的稳定运行。

(二) 基金估值的方法

基金估值的方法主要有以下几种。

1. 市场价值法

市场价值法基于基金资产的市场价格来确定基金的净值。例如,对于股票基金,市场价值法根据股票的市场价格计算基金的净资产;对于债券基金,则根据债券的市场价格计算基金的净资产。

2. 成本法

成本法基于基金持有的资产成本对基金进行估值。对于股票和债券，投资者在购买时所支付的成本可作为估值的依据。

3. 净收益法

净收益法根据基金产生的收入和支出来估计基金的净值。对于股票基金，计算方法是用股息和相关资本收益减去管理费用；对于债券基金，计算方法是用利息减去管理费用。

4. 市净率法

市净率法适用于指数基金或交易所交易基金(ETF)，通过用指数或ETF的资产净值除以发行的股份数量来确定每单位份额的净值。

5. 市值法

在交易所上市交易的债券通过市场交易会产生收盘价，如果估值日没有交易，则以最近交易日的收盘价估值。

【知识拓展】 **已知价计算法和未知价计算法**

一、已知价计算法

已知价又称历史价，是指上一个交易日的收盘价，已知价计算法的计算公式为

$$基金份额净值 = \frac{根据上一个交易日的收盘价计算的基金所拥有的金融资产总值}{已售出的基金总份额} + 现金资产$$

投资者当天就可以知道单位基金的买卖价格，从而及时办理交割手续。

二、未知价计算法

未知价又称期货价，是指当日证券市场上的收盘价。

在采用这种计算方法时，投资者当天并不知道买卖的基金价格是多少，在第二天才能知道单位基金的价格。

6. 摊余成本法

摊余成本法是指估值对象以买入成本列示，按照票面利率或商定利率并考虑其买入时的溢价和折价，在其剩余期限内平均摊销，每日计提收益的方法。

每种方法都有适用的场景和优势，在实际应用中，可以根据基金投资的具体资产类型和市场情况选择合适的估值方法。比如，封闭式基金每周披露一次基金份额净值，但每个交易日都进行估值；开放式基金按收盘价估值；货币市场基金采用摊余成本法对持有的投资组合进行会计核算。

六、基金估值的责任人

在我国，基金估值的责任人是基金管理人，但基金托管人对基金管理人的估值结果

负有复核责任。

为了准确、及时地进行基金估值和份额净值计价,基金管理公司应制定基金估值和份额净值计价的业务管理制度,明确基金估值的原则和程序;建立健全估值决策体系;使用合理、可靠的估值业务系统;加强对业务人员的培训,确保估值人员熟悉各类投资品种的估值原则及具体估值程序;不断完善相关风险监测、控制和报告机制;根据基金投资策略定期审阅估值原则和程序,确保其持续适用性。托管人在复核、审查基金资产净值以及基金份额申购和赎回价格之前,应认真审阅基金管理公司采用的估值原则和程序。当托管人对估值原则或程序有异议时,有义务要求基金管理公司做出合理解释,通过积极商讨达成一致意见。

基金业协会为了提高基金资产估值的合理性和可靠性,还专门成立了基金估值工作小组。基金估值工作小组会定期评估基金行业的估值原则和程序,并对活跃市场上没有市价的投资品种和活跃市场不存在的投资品种提出具体估值意见。基金管理公司和托管人在进行基金估值、计算基金份额净值及相关复核工作时,可参考工作小组的意见,但是并不能免除各自的估值责任。

> ■ **思考**
>
> 基金估值的第一责任主体是谁?
>
> **提示:**
>
> 根据《证券投资基金法》第十九条和第三十六条的规定,基金管理公司应履行计算并公告基金资产净值的责任,确定基金份额申购、赎回价格,所以基金估值的第一责任人是基金管理公司。

七、基金估值的程序

在我国,基金日常估值由基金管理人和基金托管人同时实行。基金资产估值的程序主要包括以下几个步骤。

(1) 基金管理人用每个开放日闭市后基金资产净值除以当日基金份额的余额数量计算基金份额净值。

(2) 基金管理人在每个交易日对基金资产估值后,将基金份额净值结果发给基金托管人。

(3) 基金托管人按基金合同规定的估值方法、时间、程序对基金管理人的计算结果进行复核,复核无误后签章返回给基金管理人,由基金管理人对外公布,并由基金注册登记机构根据确认的基金份额净值计算申购、赎回数额。月末、年中和年末估值复核与基金会计账目的核对同时进行。

八、暂停基金估值的情形

当基金发生下列情形时，可以暂停估值。
(1) 基金投资所涉及的证券交易所遇法定节假日或因其他原因暂停营业的。
(2) 因不可抗力或其他情形致使基金管理人、基金托管人无法准确评估基金资产价值的。
(3) 占基金相当比例的投资品种的估值出现重大转变，而基金管理人为保障投资人的利益已决定延迟估值的。
(4) 出现基金管理人认为属于基金事故的任何情况，将导致基金管理人不能出售或评估基金资产的。
(5) 中国证监会和基金合同认定应暂停估值的其他情形。

九、计价错误的处理与责任担当

(一) 计价错误的处理

一般基金管理公司应制定估值及份额净值计价错误的识别及应急方案。当估值或份额净值计价错误实际发生时，基金管理公司应立即纠正，及时采取合理措施，防止损失进一步扩大。当错误率达到或超过基金资产净值的0.25%时，基金管理公司应及时向监管机构报告。当错误率达到基金资产净值的0.5%时，基金管理公司应当公告并报监管机构备案。

(二) 责任的担当

基金管理公司和基金托管人在进行基金估值、计算或复核基金份额净值的过程中，未能遵循相关法律法规规定或基金合同约定，给基金财产或基金份额持有人造成损害的，应分别对各自行为依法承担赔偿责任。因共同行为给基金资产或基金份额持有人造成损害的，应承担连带赔偿责任。基金管理人对不应由其承担的责任，有权向过错人追偿。

知识链接
QDII基金资产的估值问题

> ■ 思考
> 基金估值时，对于持有人持有的未上市的配股和公司增发的新股，应该如何估值？
> 提示：
> 有关法规规定，送股、转增股、配股和公开增发股等发行未上市股票，按交易所上市的同一股票的市价估值。

第二节 基金费用

基金费用是指在基金运作过程中发生的与基金有关的,应在基金财产中列支的费用,即基金销售过程中发生的由基金投资人自行承担的费用以及在基金管理过程中发生的费用。根据《公开募集证券投资基金运作管理办法》的规定,基金募集期间的信息披露费、会计师费、律师费以及其他费用不得从基金财产中列支;基金收取认购费的,可以从认购费中列支。

一、基金费用的种类

基金费用主要包括两大类:一类是在基金销售过程中发生的由基金投资人自己承担、不参与基金会计核算的费用;另一类是在基金管理过程中发生、从基金资产中列支的费用。

(一) 基金销售过程中发生的费用

1. 认购费

认购费是指投资者在基金募集期间认购基金时需要一次性支付的费用,主要包括基金募集期间的营销费、销售费、注册费、登记费等。

2. 申购费、赎回费及基金转换费

申购费是投资者在购买基金份额时需要支付的费用,它是基金公司为了弥补销售、推广以及管理等方面的成本而收取的费用。赎回费是投资者在卖出基金份额时需要支付的费用。收取赎回费的目的主要在于对基金资产的流动性进行一定的限制,避免投资者频繁买卖基金,从而影响基金的正常运作和长期投资策略的实施。基金转换费是投资者在同一基金管理人所管理的不同基金之间转换投资时需要支付的费用。

(二) 基金管理过程中发生的费用

1. 固定管理费

固定管理费包括私募基金日常运营中产生的一系列费用,如托管费、律师费和会计师费等。

2. 浮动管理费(业绩报酬)

浮动管理费是私募基金公司最大的收益来源,是私募基金应将部分利润作为业绩报酬提取给基金管理人的费用。

3. 基金托管费

托管机构负责基金资产的保管、交割等工作，同时还承担监督基金公司的职能，因此会产生一定的费用。

4. 基金管理费

基金管理费是支付给实际运用基金资产、为基金提供专业化服务的基金管理人的费用。

5. 其他费用

其他费用包括持有人大会费、信息披露费、会计师费、律师费、证券交易费等。这些费用的具体内容和费率可能会因基金类型、投资策略以及市场情况等因素的不同而有所不同。投资者在投资前应详细了解相关费用信息，以便做出合理的投资决策。

> ■ 思考
>
> 基金管理过程中产生的所有费用都可以从基金资产中列支吗？
> 提示：
> 不是。只有在基金合同生效后产生的信息披露费、会计师费和律师费才可以从基金资产中列支。

二、各种费用的计提方式和计提标准

(一) 计提方式

目前，我国的基金管理费、基金托管费及基金销售服务费均是按前一日基金资产净值的一定比例逐日计提、按月支付的，计算公式为

$$H = \frac{E \cdot R}{当年实际天数}$$

式中：H 表示每日计提的费用；E 表示前一日的基金资产净值；R 表示年费率。

【拓展训练】

假设某封闭式基金5月18日的基金资产净值为15 000万元人民币，5月19日的基金资产净值为15 225万元人民币，该股票基金的基金管理费率为0.25%，该年实际天数为365天，计算该基金5月19日应计提的托管费。

$$H = \frac{E \cdot R}{当年实际天数} = \frac{15\,000 \times 0.25\%}{365} = 0.1027(万元)$$

(二) 计提标准

1. 基金管理费

在西方成熟的基金市场中,基金管理费率通常与基金规模成反比,与风险成正比。基金规模越大,基金管理费率越低;基金风险程度越高,基金管理费率越高。不同类别及不同国家和地区的基金,管理费率不完全相同。但从基金类型看,衍生工具基金的管理费率最高。例如,认股权证基金的管理费率为1.5%~2.5%;股票基金的管理费率居中,为1%~1.5%;债券基金的管理费率为0.5%~1.5%;货币市场基金的管理费率最低,为0.25%~1%。我国香港基金公会公布了几种基金的管理年费率,其中,债券基金年费率为0.5%~1.5%,股票基金年费率为1%~2%。在美国等基金业发达的国家和地区,基金管理年费率通常为1%左右;而在一些发展中国家和地区,该费率通常较高,一般为1.5%,有的发展中国家和地区的基金管理年费率甚至超过3%。目前,我国股票基金大部分按照1.5%的比例计提基金管理费,债券基金的管理费率一般低于1%,货币市场基金的管理费率不高于0.33%。

2. 基金托管费

基金托管费收取的比例与基金规模、基金类型有一定关系。在西方成熟的基金市场中,通常基金规模越大,基金托管费率越低。新兴市场国家和地区的托管费收取比例相对要高。国际上基金托管年费率为0.2%左右。目前,我国股票型封闭式基金按照0.25%的比例计提基金托管费;开放式基金根据基金合同的规定比例计提基金托管费,通常低于0.25%;股票基金的托管费率要高于债券基金及货币市场基金的托管费率。

3. 基金销售服务费

目前,只有货币市场基金和一些债券型基金收取基金销售服务费,费率一般为0.25%。收取销售服务费的基金通常不收取申购费和赎回费。

> **■ 思考**
>
> 为什么基金管理费率通常与基金规模成反比?
>
> **提示:**
>
> 基金管理费率通常与风险成正比,基金规模越大,风险程度越低,因此基金管理费率越低。

三、不列入基金费用的项目

下列费用不列入基金费用。

(1) 基金管理人和基金托管人因未履行或未完全履行义务导致的费用支出或基金财产的损失。

(2) 基金管理人和基金托管人处理与基金运作无关的事项发生的费用。

(3) 基金合同生效前的相关费用，包括验资费、会计师和律师费、信息披露费等。

第三节 基金利润与税收

一、基金利润概述

(一) 基金利润的概念

基金利润是指基金在一定会计期间的经营成果，是基金资产在运作过程中所产生的各种利润，包括收入减去费用后的净额、直接计入当期利润的利得或损失等。

(二) 基金利润来源

基金利润来源主要包括利息收入、投资收益以及其他收入。此外，基金资产估值引起的资产价值变动作为公允价值变动损益计入当期损益。

1. 利息收入

利息收入是指基金经营活动中因债券投资、资产支持证券投资、银行存款、结算备付金、存出保证金、按买入返售协议融出资金等实现的利息收入。

2. 投资收益

投资收益是指基金经营活动中因买卖股票、债券、资产支持证券等实现的差价收益，因股票、基金投资等获得的股利收益，以及衍生工具投资产生的相关损益，如卖出或放弃权证、权证行权等实现的损益。

3. 其他收入

其他收入是指除上述收入以外的其他各项收入，包括赎回费扣除基本手续费后的余额、手续费返还、ETF替代损益，以及基金管理人等机构为弥补基金财产损失而支付给基金的赔偿款项等。这些收入项目一般根据发生的实际金额确认。

4. 公允价值变动损益

公允价值变动损益是指基金持有的采用公允价值模式计量的交易性金融资产、交易性金融负债等公允价值变动形成的应计入当期损益的利得或损失。

(三) 与基金利润有关的财务指标

1. 本期利润

本期利润是指基金在一定时期内全部损益的总和，包括计入当期损益的公允价值变动损益。该指标既包括基金已经实现的损益,也包括未实现的估值增值或减值,是一个能够全面反映基金在一定时期内经营成果的指标。

2. 本期已实现收益

本期已实现收益是指基金本期利息收入、投资收益、其他收入(不含公允价值变动损益)扣除相关费用后的余额,是将本期利润扣除本期公允价值变动损益后的余额,反映基金本期已经实现的损益。

3. 期末可供分配利润

期末可供分配利润为期末资产负债表中未分配利润与未分配利润中已实现部分的孰低数。

(1) 如果期末未分配利润的未实现部分为正数,期末可供分配利润的金额为期末未分配利润的已实现部分。

(2) 如果期末未分配利润的未实现部分为负数,期末可供分配利润的金额为期末未分配利润(已实现的利润扣减未实现的利润)。

4. 未分配利润

未分配利润是基金进行利润分配后的剩余额,未分配利润将转入下期分配。

二、基金利润分配

(一) 基金利润分配对基金份额净值的影响

基金利润分配会导致基金份额净值的下降,但对投资者的利益没有实际影响。

(二) 不同类型基金利润分配的要求

开放式基金的利润分配是指基金管理人根据基金利润情况,按投资者持有基金份额数量的多少进行利润分配。我国开放式基金按规定应在基金合同中约定每年基金利润分配的最多次数和基金利润分配的最低比例,同时要求基金收益分配后基金份额净值不能低于面值,即基金收益分配基准日的基金份额净值减去每单位基金份额收益分配金额后不能低于面值。每一个基金份额享有同等分配权。

1. 开放式基金的利润分配

(1) 现金分红方式。根据基金利润情况,基金管理人依据投资者持有基金单位的数量,将利润分配给投资者。这是最普遍的基金利润分配方式。

(2) 分红再投资转换为基金份额。分红再投资转换为基金份额是指将应分配的净利润按除息后的份额净值折算为新的基金份额进行基金收益分配。

根据有关规定,基金收益分配默认采用现金分红方式。开放式基金的基金份额持有人可以事先选择将所获分配的现金利润转为基金份额,即选择分红再投资。基金份额持有人事先没有做出选择的,基金管理人应当支付现金。

2. 封闭式基金的利润分配

关于封闭式基金的利润分配,《公开募集证券投资基金运作管理办法》有如下规定。

(1) 封闭式基金的收益分配,每年不得少于一次。

(2) 封闭式基金年度收益分配比例不得低于基金年度可供分配利润的90%。

(3) 基金收益分配后基金份额净值不得低于面值。

(4) 封闭式基金只能采用现金分红方式进行收益分配。

三、基金份额分拆与合并

(一) 基金份额分拆

基金份额分拆是指将基金份额进行分割,使得基金份额数量增加,单份份额的规模缩减,而基金的总份额和资产规模不发生变化。在实际操作中,基金公司通过将一份大额份额拆分成若干份小额份额的方式来实现基金份额分拆。例如,将一份面值为200元的基金份额分拆为10份面值为20元的基金份额。

基金份额分拆的主要目的是方便投资者进行投资,降低单份份额的价格,提高流动性,从而吸引更多的投资者参与。另外,对于基金公司来说,基金份额分拆有助于扩大基金规模,进而增加公司的管理费用收入。

基金份额分拆与股票拆分类似,但两者存在一定的区别。基金份额分拆是通过增加基金份额数量来降低单份份额价格的,而股票拆分是通过增加股票数量来降低单股价格的。了解基金份额分拆的概念是非常必要的,因为它与基金的流动性、价格等方面都有关系。对于基金公司来说,基金份额分拆是一种常见的策略。

【拓展训练】

假设某投资者持有20 000份基金A,当前的基金份额净值为1.5元,则其对应的基金资产为1.5×20 000=30 000元。

如果对该基金按1:1.5的比例进行拆分操作,基金净值变为1元,而投资者持有的基金份额由原来的20 000份变为20 000×1.5=30 000份,其对应的基金资产仍为1×30 000=30 000元,资产规模不发生变化。

(二) 基金份额合并

基金份额合并是指将两个或多个分级基金的份额按照一定比例进行合并,形成一个新的基金份额。这种操作通常是为了简化基金结构、降低管理成本、提高投资效率。

1. 基金份额合并步骤

(1) 合并前准备。投资者需要了解所持有的分级基金是否具备合并条件,确保基金满足一定的运作要求。

(2) 提交合并申请。投资者可以通过基金管理人的官方网站、客户端或第三方基金交易平台提交分级基金合并申请。在提交申请时,需要提供相关证件信息、基金份额信息等。

(3) 合并执行。基金管理人在收到合并申请后,对申请进行审核。审核通过后,基金管理人按照投资者提供的合并比例进行合并操作,将合并后的基金份额划转至投资者的账户。

(4) 合并完成。合并完成后,投资者可以在账户中看到新的基金份额,此时可以根据自己的投资需求进行赎回、定投等操作。

2. 基金份额合并的注意事项

(1) 合并风险。虽然分级基金合并可以提高投资效率,但存在一定的风险,例如合并后的基金可能会面临更高的市场风险、流动性风险等。因此,在进行合并操作前,投资者应充分了解合并基金的风险收益特征。

(2) 合并费用。分级基金合并可能会产生一定的费用,如交易手续费、管理费等。投资者在进行合并操作时,应提前了解相关费用,以免影响投资收益。

(3) 合并后的投资策略。合并后的基金可能会调整投资策略,投资者应密切关注基金的运作情况,以便及时调整自己的投资计划。

此外,分级基金的拆分与合并主要通过交易所的交易系统进行。投资者可以在交易日内通过买入或卖出相应的基金份额来实现拆分或合并。拆分是将母基金份额拆分为预期的子基金份额,而合并则是将不同风险收益特征的子基金份额合并为母基金份额。

四、基金税收

(一) 基金自身投资活动产生的税收

1. 营业税

财政部、国家税务总局《关于证券投资基金税收问题的通知》规定,对基金管理人运用基金买卖股票、债券的差价收入,在2003年年底前暂免征收营业税。财政部、国家税务总局《关于证券投资基金税收政策的通知》规定,自2004年1月1日起,对证券投资基金(封闭式证券投资基金、开放式证券投资基金)管理人运用基金买卖股票、债券的差价收入,继续免征营业税。证券投资基金管理人以发行基金方式募集资金不属于营业税的征税范围,不征收营业税。

2. 印花税

根据财政部、国家税务总局的规定,从2008年9月19日起,基金卖出股票时按照1%

的税率征收证券(股票)交易印花税，而对买入交易不再征收印花税，即对印花税实行单向征收。

3. 所得税

对证券投资基金从证券市场中取得的收入，包括买卖股票、债券的差价收入，股权的股息、红利收入，债券的利息收入及其他收入，暂不征收企业所得税。对基金取得的股利收入、债券的利息收入、储蓄存款利息收入，由上市公司、发行债券的企业和银行在向基金支付上述收入时，代扣代缴20%的个人所得税。

(二) 基金购买者买卖基金产生的税收

1. 机构投资者买卖基金的税收

(1) 增值税。机构投资者买卖基金份额属于金融商品转让，应按照卖出价扣除买入价后的余额为销售额计征增值税。但机构投资者购入基金、信托、理财产品等各类资产管理产品持有至到期，不属于金融商品转让。合格境外投资者(QFII)委托境内公司在我国从事证券买卖业务、我国香港市场投资者通过基金互认买卖内地基金份额取得的收入免征增值税。

(2) 印花税。机构投资者买卖基金份额暂免征收印花税。

(3) 所得税。机构投资者在境内买卖基金份额获得的差价收入，应并入企业的应纳税所得额，征收企业所得税；对机构投资者从基金分配中获得的收入，暂不征收企业所得税。对内地企业投资者通过基金互认买卖香港基金份额取得的转让差价所得，计入其收入总额，依法征收企业所得税。对内地企业投资者通过基金互认从香港基金分配取得的收益，计入其收入总额，依法征收企业所得税。

2. 个人投资者投资基金的税收

(1) 增值税。对个人买卖基金份额的行为，免征增值税。

(2) 印花税。对个人投资者买卖基金份额，暂免征收印花税。对我国香港市场投资者通过基金互认买卖、继承、赠予内地基金份额，按照内地现行税制规定，暂不征收印花税。对内地投资者通过基金互认买卖、继承、赠予香港基金份额，按照香港特别行政区现行印花税税法规定执行。

(3) 所得税。对个人投资者买卖基金份额获得的差价收入，在对个人买卖股票的差价收入未恢复征收个人所得税以前，暂不征收个人所得税。对个人投资者从基金分配中获得的股票的股利收入、企业债券的利息收入，由上市公司、发行债券的企业和银行在向基金支付上述收入时，代扣代缴20%的个人所得税。对个人投资者从基金分配中取得的收入，暂不征收个人所得税。对个人投资者从基金分配中获得的国债利息、买卖股票差价收入，在国债利息收入、个人买卖股票差价收入未恢复征收所得税以前，暂不征收所得税。对个人投资者从封闭式基金分配中获得的企业债券差价收入，按现行税法规定，征收个人所得税。对个人投资者申购和赎回基金份额取得的差价收入，在对个人买卖股票的差价收入未恢复征收个人所得税以前，暂不征收个人所得税。对内地个人投资者通过基金互认买卖香港基金份额取得的转让差价所得，自2015年12月18日起至2018年12月17日止，3年内暂免征收个人所得税。对内地个人投资者通过基金互认从香港基金分配取得的收益，由该香港基金在内地的代理人按照20%的税率代扣代缴个人所得税。

(三) 基金管理人和基金托管人的税收

对基金管理人、基金托管人从事基金管理活动取得的收入，依照税法的规定征收营业税和企业所得税。

第四节　基金会计核算

一、基金会计核算的概念

基金会计核算是指收集、整理、加工有关基金投资运作的会计信息，准确记录基金资产变化情况，及时向相关各方提供财务数据以及会计报表的过程。

基金会计核算主要包括证券和衍生工具交易核算、权益核算、利息和溢价核算、费用核算、基金申购与赎回核算、估值核算、利润核算、基金财务会计报告以及基金会计核算的复核。

二、基金会计核算的特点

(一) 会计主体是证券投资基金

会计主体是指会计工作为其服务的特定对象。企业会计核算以企业为会计核算主体，基金会计核算则以证券投资基金为会计核算主体。基金会计核算的责任主体是对基金进行会计核算的基金管理公司和基金托管人，其中前者承担主会计责任。

区分会计核算主体的根本意义：首先，将证券投资基金的管理主体即基金管理公司的经营活动与证券投资基金的投资管理活动区别开来；其次，将基金管理公司管理的不同基金之间的投资管理活动区别开来。明确了会计主体，就能有效区分从事会计工作和提供会计信息的空间范围。

(二) 基金会计分期细化到日

传统的会计分期以年度、半年度、季度和月度为单位，分期反映会计主体的财务状况。但对于证券投资基金来说，这种期间的划分远远不能满足投资者的需要。因此，从及时性原则出发，基金会计期间划分必然更加细化，即以周甚至是以日为核算披露期间。

目前，我国基金会计核算均已细化到日。例如，开放式基金的申购、赎回逐日进行，逐日计算债券利息、银行存款利息等，逐日预提或待摊影响到基金份额净值小数点后第4位的费用，逐日对基金资产进行估值确认，货币市场基金一般每日结转损益，等等。

(三) 基金资产会计分类

根据《企业会计准则第22号——金融工具确认和计量》，金融资产在初始确认时划分为4类：以公允价值计量且其变动计入当期损益的金融资产，持有至到期投资，贷款和应收款项，以及可供出售的金融资产。其中，以公允价值计量且其变动计入当期损益的金融资产包括交易性金融资产和指定为以公允价值计量且其变动计入当期损益的金融资产。金融负债在初始确认时划分为两类：以公允价值计量且其变动计入当期损益的金融负债和其他金融负债。其中，以公允价值计量且其变动计入当期损益的金融负债包括交易性金融负债和指定为以公允价值计量且其变动计入当期损益的金融负债。

基金以投资管理为主要业务，其目的是在承受风险的同时获取较高的资本利得收益，投资管理活动的性质决定了其取得的金融资产或金融负债是交易性的。同时，对于开放式基金而言，其持有的金融资产必须能随时变现，以应对基金持有人赎回基金份额的需求。因此，除非基金合同另有约定，基金持有的金融资产和承担的金融负债通常归类为以公允价值计量且其变动计入当期损益的金融资产和金融负债。

三、基金会计核算的主要内容

根据《证券投资基金会计核算业务指引》，基金会计核算对象包括资产类、负债类、共同类、所有者权益类和损益类的核算，涉及基金的投资交易、基金申购和赎回、基金估值、基金费用计提和支付、基金利润分配等基金经营活动。

基金会计核算主要包括以下业务。

(1) 证券交易及其清算的核算，主要包括股票交易、债券交易、回购交易等。

(2) 权益事项的核算，主要包括新股、红股、红利、配股核算。

(3) 各类资产的利息核算，主要包括债券利息、银行存款利息、清算备付金利息、回购利息等。利息应按日计提，当日确认为利息收入。

(4) 基金费用的核算，主要包括计提基金管理费、托管费，预提、摊销费用等。费用应按日计提，当日确认为费用。

(5) 开放式基金份额变化的核算。

(6) 投资估值增(减)值的核算。基金逐日按规定对其资产进行估值，并于当日将投资估值增(减)值确认为公允价值变动损益。

(7) 本期收益及收益分配的核算。证券投资基金一般在月末结转当期损益，按固定价格报价的货币市场基金一般逐日结转损益。

(8) 基金会计报表的核算，涉及资产负债表、利润表及净值变动表等。

(9) 基金会计核算的复核。基金托管人按照规定对基金管理人的会计核算进行复核并出具复核意见。

第五节 基金财务会计报告分析

一、基金财务会计报告分析的主要内容

基金财务会计报告是指基金对外提供的反映基金某一特定日期的财务状况和某一会计期间的经营成果、现金流量等会计信息的文件。

基金作为一种进行证券投资的资产组合，其财务会计报告分析与普通企业财务会计报告分析有很大的不同，不同类型基金的分析方法和内容也不一样。一般来说，对股票型基金及混合型基金的财务会计报告的分析包括以下方面。

(一) 基金持仓结构分析

股票投资、债券投资和银行存款等现金类资产分别占基金资产净值的比例等指标，在基金定期报告的投资组合报告中披露，计算公式为

$$股票投资占基金资产净值的比例 = \frac{股票投资}{基金资产净值}$$

$$债券投资占基金资产净值的比例 = \frac{债券投资}{基金资产净值}$$

$$银行存款等现金类资产占基金资产净值的比例 = \frac{现金类资产合计}{基金资产净值}$$

基金定期报告还披露股票投资在各行业的分布情况，通过行业分布可以分析出基金的重点投资方向。

$$某行业投资占股票投资的比例 = \frac{该行业股票投资市值}{股票投资总额}$$

在分析基金的持仓结构时，还可以将基金持仓结构的变化与基准指数的变化进行对比分析，从而了解基金的资产配置情况与能力。

在进行持仓结构的分析时应注意，股票投资占基金资产净值的比例如发生少量变动，并不意味着基金经理一定进行了增仓或减仓操作，因为市场波动也可能引起计算结果的变动。例如，期初某基金资产净值为4亿元，股票市值为2.8亿元，现金为1.1亿元。股票投资占基金资产净值的比例为70%。在此期间基金经理未进行任何操作，但由于市

场波动,期末股票市值变为2.4亿元,基金资产净值变为3.6亿元,那么此时股票投资占基金资产净值的比例下降到了66.7%。

(二) 基金盈利能力和分红能力分析

在基金定期报告中,一般会披露本期利润、本期已实现收益、加权平均基金份额本期利润、本期加权平均净值利润率、本期基金份额净值增长率、期末可供分配利润、期末可供分配基金份额利润、期末基金资产净值、期末基金份额净值等指标,通过这些指标可以分析基金的盈利能力和分红能力。

(三) 基金收入情况分析

基金收入包括利息收入、投资收益、公允价值变动损益和其他收入。其中,利息收入包括存款利息收入、债券利息收入、资产支持证券利息收入和买入返售金融资产收入,投资收益包括股票投资收益、债券投资收益、资产支持证券投资收益、衍生工具收益和股利收益。

对于证券投资基金来说,这些收入是其份额净值变动的源泉,通过分析基金的收入结构可以了解基金的投资情况。大多数投资者认为应该更关心基金份额净值及其变化情况,他们不太关心引起净值变化的收入结构,其实这是一种误解。通过对基金收入来源的分析,尤其是通过基金收入来源结构的比较分析,可以更为深入地了解该基金具体的投资状况。

(四) 基金费用情况分析

基金费用一般包括管理人报酬、托管费、销售服务费、交易费、利息支出和其他费用。由于目前管理人报酬、托管费和销售服务费是按净值的一定比例计提支付的,在计算基金净值时已经将基金费用扣除,大部分股票基金投资者对此并不太敏感。但对于货币市场基金及债券型基金来说,基金费用的高低对于基金净值有着较大的影响。

(五) 基金份额变动分析

对于开放式基金来说,基金份额会随申购、赎回活动而变动,基金定期报告中一般会披露基金份额的变动情况和基金持有人的结构。通过对基金份额变动情况和持有人结构的比较分析,可以了解投资者对该基金的认可程度。如果基金份额变动较大,会对基金管理人的投资有不利影响;反之则有助于基金投资的稳定。如果基金持有人中个人投资者较多,该基金的规模相对更加稳定;如果基金持有人中机构投资者较多,表明机构比较认可该基金的投资。

某开放式基金份额变动

(六) 基金投资风格分析

不同基金有不同的投资风格,根据基金披露的投资组合情况,可以从不同角度进行分析，以了解基金的投资风格。

(1) 持仓集中度分析。通过计算持仓的前10只股票占基金净值的比例，可以分析基金是否倾向于集中投资。

(2) 基金持仓股本规模分析。通过基金持有股票的股本规模分析，可以了解基金所投资的上市公司股票的规模偏好。

(3) 基金持仓成长性分析。通过分析基金所持有的股票的成长性指标，可以了解基金投资的上市公司的成长性。

二、基金财务会计报告分析的目的

基金财务会计报告包括基金会计报表和附注以及其他应当在基金财务会计报告中披露的相关信息和资料。基金会计报表包括资产负债表、利润表和净值变动表等报表。基金会计报表附注包括重要的会计政策和会计估计，会计政策和会计估计变更以及差错更正的说明，报表重要项目的说明和关联方关系及其交易等内容。

从基金投资人的角度来看，除了关注基金净值的增长所带来的投资回报外，还需要分析能够引起基金净值变化的各种因素。通过对基金财务会计报告以及基金所披露的其他信息资料(如投资组合报告)的分析，能够更为深入地了解基金情况，从而为投资决策提供参考。

基金财务会计报告分析可以达到以下目的。

(1) 评价基金过去的经营业绩及基金管理人的投资管理能力。

(2) 通过分析基金现时的资产配置及投资组合状况，可以了解基金的投资状况。

(3) 通过预测基金未来的发展趋势，为基金投资人的投资决策提供依据。

习题

第九章 基金信息披露

第一节 基金信息披露概述

一、基金信息披露的概念与目的

基金信息披露是指基金市场上的有关当事人在基金募集、上市交易、投资运作等一系列环节中,依照法律法规规定向社会公众进行的信息披露。

依靠强制性信息披露,培育和完善市场运行机制,增强市场参与各方对市场的理解和信心,是世界各国证券市场监管的普遍做法,基金市场作为证券市场的组成部分也不例外。基金投资用通俗的话来讲,就是"受人之托,专业理财",基金持有人作为委托人有权利了解基金运作和资产变动的相关信息。人们常说,"阳光是最好的消毒剂","路灯是最好的警察",通过强制性信息披露,实现基金信息的真实、准确、完整、公平、及时披露,可以提高基金运作的透明度,有效保护基金当事人,特别是基金持有人的合法权益。

二、基金信息披露的作用

基金信息披露的作用主要体现在以下几个方面。

(一) 有利于投资者的价值判断

在基金份额的募集过程中,基金招募说明书等募集信息披露文件能够向公众投资者阐明基金产品的风险收益特征及有关募集安排,投资者能据以选择适合自己风险偏好和收益预期的基金产品。在基金运作过程中,通过充分披露基金投资组合、历史业绩和风险状况等信息,现有基金份额持有人可以评价基金经理的管理水平,了解基金投资是否符合基金合同的承诺,从而判定该基金产品是否值得持有。与此同时,潜在投资者也可以根

据自己的风险偏好和收益预期对基金价值进行理性分析，进而进行投资选择。

(二) 有利于防止利益冲突与利益输送

资本市场的基础是信息披露，监管的主要内容之一就是对信息披露的监管。相对于实质性审查制度，强制性信息披露的基本推论是投资者在公开信息的基础上"买者自慎"。基金信息披露可以改变投资者的信息弱势地位，增加资本市场的透明度，防止利益冲突与利益输送，增加对基金运作的公众监督，限制和阻止基金管理不当和欺诈行为的发生。

(三) 有利于提高证券市场的效率

由于证券市场的信息不对称问题，投资者无法对基金进行有效甄别，也无法有效克服基金管理人的道德风险，高效率的基金无法吸引到足够的资金进行投资，不能形成合理的资金配置机制。通过强制性信息披露，迫使隐藏的信息得以及时和充分公开，可以消除逆向选择和道德风险等问题带来的低效无序状况，提高证券市场的有效性。

(四) 有效防止信息滥用

如果法规不对基金信息披露进行规范，任由不充分、不及时、虚假的信息传播，那么市场上便会充斥着各种猜测，投资者可能会受这种市场"噪声"的影响而做出错误的投资决策，甚至给基金运作带来致命性打击，这将不利于整个行业的长远发展。

三、基金信息披露的要求和原则

(一) 基金信息披露的要求

依据中国证监会的规定，我国基金信息披露应满足以下要求。

1. 全面性

这是对基金信息披露范围的要求。信息披露当事人应依法充分、完整地公开所有法定项目的信息，不得有遗漏和短缺；应充分披露可能对基金持有人权益或基金单位的交易价格产生重大影响的信息，不得有任何隐瞒或重大遗漏。

2. 真实性

信息披露的核心是信息的真实性。公开披露的基金信息应当真实、准确，不得有虚假记载或误导性陈述。

3. 时效性

这是对信息披露操作时间的要求，信息披露当事人应毫不拖延地依法披露有关的重要信息。

(二) 基金信息披露的原则

信息披露的原则体现为对披露内容和披露形式两方面的要求。在披露内容方面，要求遵循真实性原则、准确性原则、完整性原则、及时性原则和公平性原则；在披露形式方面，要求遵循规范性原则、易解性原则和易得性原则。

1. 信息披露内容方面应遵循的实质性原则

(1) 真实性原则。真实性原则是基金信息披露最根本、最重要的原则，信息披露的内容应以客观事实为基础，以没有扭曲和不加粉饰的方式反映基金真实状态。

(2) 准确性原则。准确性原则要求用精确的语言披露信息，在内容和表达方式上避免使人误解，不得使用模棱两可的语言。

(3) 完整性原则。完整性原则要求披露可能影响投资者决策的某一具体信息时，必须对该信息的所有重要方面进行充分披露，不仅要披露对信息披露义务人有利的信息，更要披露对信息披露义务人不利的各种风险因素。该原则要求充分披露重大信息，但并不是要求事无巨细地披露所有信息，因为这不仅会增加披露义务人的成本，也会增加投资者收集信息的成本和筛选有用信息的难度。

(4) 及时性原则。及时性原则要求以最快的速度公开信息，体现为基金管理人应在法定期限内披露基金招募说明书、定期报告等文件，在重大事件发生之日起2日内披露临时报告。及时性原则还要求公开披露信息处于最新状态。为此，基金管理人应定期更新招募说明书。

(5) 公平性原则。公平性原则要求向市场上所有的投资者平等公开地披露信息，而不是仅向个别机构或投资者披露信息。

2. 信息披露形式方面应遵循的形式性原则

(1) 规范性原则。规范性原则要求必须按照法定的内容和格式披露基金信息，以保证披露信息的可比性。

(2) 易解性原则。易解性原则要求信息披露的表述应当简明扼要、通俗易懂，避免使用冗长、技术性用语。

(3) 易得性原则。易得性原则要求公开披露的信息易为一般公众投资者所获取。例如，目前我国基金信息披露采用了多种方式，包括通过中国证监会指定报刊、基金管理人网站披露信息，将信息披露文件备置于特定场所供投资者查阅或复制，直接邮寄给基金份额持有人等。

四、基金信息披露的内容

基金信息披露的内容包括以下方面。
(1) 基金招募说明书。

(2) 基金合同。

(3) 基金托管协议。

(4) 基金份额发售公告。

(5) 基金募集情况。

(6) 基金合同生效公告。

(7) 基金份额上市交易公告书。

(8) 基金资产净值、基金份额净值。

(9) 基金份额申购、赎回价格。

(10) 基金定期报告,包括基金年度报告、基金半年度报告和基金季度报告。

(11) 临时报告。

(12) 基金份额持有人大会决议。

(13) 基金管理人、基金托管人的基金托管部门的重大人事变动。

(14) 涉及基金管理人、基金财产、基金托管业务的诉讼。

(15) 澄清公告。

(16) 中国证监会规定的其他信息。

五、基金信息披露的禁止行为

为了防止信息误导给投资者造成损失,保护公众投资者的合法权益,维护基金市场的正常秩序,法律法规对于借公开披露基金信息为名编制、传播虚假基金信息,恶意进行信息误导,诋毁同行或竞争对手等行为做出了禁止性规定,具体包括以下情形。

(1) 公开披露或者变相公开披露。具体包括:通过报刊、电台、电视台、网站、微博账号、微信公众号等公众传播媒体,或组织讲座、报告会、分析会等活动,以及通过布告、传单、手机短信、微信、博客和电子邮件等方式向不特定对象公开宣传推介私募基金,公开披露或者变相公开披露单只基金业绩等基金信息;或者使用"业绩最佳""规模最大""堪称神话""一骑绝尘"等误导性陈述,在公众传播媒体上公开披露单只私募基金业绩,公开发布私募基金排名、评级结果。

(2) 虚假记载、误导性陈述或者重大遗漏。虚假记载是指信息披露义务人将不存在的事实在基金信息披露文件中予以记载的行为。误导性陈述是指使投资者对基金投资行为做出错误判断并产生重大影响的陈述。重大遗漏是指信息披露中存在应披露而未披露的信息,以至于影响投资者做出正确决策。

(3) 对基金投资业绩进行预测。基金的投资领域横跨资本市场和货币市场,投资范围涉及股票、债券、货币市场工具等金融产品,基金的各类投资标的由于受到发行主体、经营情况、市场涨跌、宏观政策以及基金管理人的操作等因素影响,其风险收益变化存在一定的随机性,因此,对基金的投资业绩水平进行预测并不科学,应予以禁止。

(4) 违规承诺收益或者承担损失。基金是存在一定投资风险的金融产品,投资者应根据自己的收益偏好和风险承受能力，审慎选择基金品种，即"买者自慎"。一般情况下，管理人可以受托管理基金资产，托管人可以受托保管基金资产，但没有人可以替代投资者承担基金投资的盈亏。基金信息披露义务人没有承诺收益的能力，也不存在承担损失的可能。因此，如果基金信息披露中违规承诺收益或承担损失，将被视为对投资者的诱骗及不当竞争。

(5) 诋毁其他基金管理人、基金托管人或者基金销售机构。如果基金管理人、基金托管人或者基金销售机构对其他同行进行诋毁、攻击，借以抬高自己，将被视为违反市场公平原则，扰乱市场秩序，构成不当竞争行为。

(6) 登载任何自然人、法人或者其他组织的祝贺性、恭维性或推荐性文字。

(7) 采用不具有可比性、公平性、准确性、权威性的数据来源和方法进行业绩比较，任意使用"业绩最佳""规模最大"等相关词汇。

(8) 法律、行政法规、中国证监会和基金业协会禁止的其他行为。

六、我国基金信息披露制度体系

(一) 我国建立多层次基金信息披露制度体系

我国基金信息披露制度体系可分为国家法律、部门规章、规范性文件与自律规则4个层次。

我国的基金信息披露制度体系

在国家法律层面，以《证券投资基金法》为核心，奠定了信息披露的基本原则和要求。在部门规章层面，《证券投资基金信息披露管理办法》进一步细化了信息披露的具体规定。在规范性文件层面，具体包括信息披露内容与格式准则、编报规则及XBRL模板等，为实际操作提供了详细指导。在自律规则层面，由证券交易所、行业协会等制定相关规则，如证券交易所的业务规则、ETF和LOF业务实施细则等，强化了对特定产品和交易场所的信息披露管理。多层次基金信息披露制度体系确保了基金信息的真实性、准确性和完整性，维护了市场公平、公正和透明，为投资者提供了可靠的决策依据，促进了基金行业的健康发展。

(二) 我国基金信息披露过程中存在的问题

目前，我国基金信息披露过程中存在的问题主要体现在以下几个方面。

1. 信息误导

有些基金管理人出于经营管理的特殊目的，往往会隐瞒或者虚假披露基金信息。有些基金管理人为了提升基金产品的吸引力，在信息披露中故意使用一些似是而非的语言，或者文字表述不够通俗易懂，让投资者摸不着头脑。还有些基金管理人在信息披露时避重就轻，报喜不报忧，对有利于基金产品的信息过量披露，而对不利于基金产品的信息沉默不语，主要表现为：第一，不及时或回避披露应披露信息。唐建"老鼠仓事件"被媒体揭露后,上投摩根基金公司不仅未对相关信息进行及时披露,而且公开发表声明,矢口否认媒体上关于其旗下一名基金经理涉嫌"老鼠仓"被举报、中国证监会已介入调查的报道。第二,片面披露相关信息,误导基金投资人。许多基金营销时,为扩张基金规模,常常片面宣传已取得的业绩,人为制造基金销售紧俏氛围,使投资者误认为申购投资基金稳赚不赔并可获得高收益等,而对基金可能面临的风险,或避而不谈,或在宣传资料中不引人注意的地方以很小的字号显示。这种信息误导行为严重破坏市场秩序,给投资者的投资行为带来很大的损害。

2. 披露滞后

《证券投资基金信息披露管理办法》第十八条至第二十条分别规定,基金管理人应当在每年结束之日起90日内,编制完成基金年度报告,并将年度报告正文登载于网站上,将年度报告摘要登载在指定报刊上;于上半年结束之日起60日内,编制完成基金半年度报告;基金管理人应当在每个季度结束之日起15个工作日内,编制完成基金季度报告。然而,在这90日、60日、15日的工作期内,法规并没有限制投资基金的仓位不准变化,也没有要求这种变化应该进行公告。于是,在投资基金进行公告的日子里,投资者看到的证券投资基金公告中持有股票的信息并不是"现在时"或者"现在进行时",一般都已经变成"过去时"。实际上,基金在公告前的15日中,其持仓情况已有很大改变。这种滞后性导致的失真率扩大,极易在市场上造成信息误导。

3. 被动披露

随着证券投资基金业的发展,越来越多的基金管理人在激烈的行业竞争中争夺广大投资者、争取利润最大化,逐渐认识到主动信息披露的重要性。但是由于基金管理人在对基金资产的运作方面存在许多不愿让公众知悉的"暗点",对基金的信息披露产生一种害怕和回避的心理。在基金市场中,这种情况表现为基金管理人把信息披露看成一种额外的负担,而不是自身应当承担的责任和基金投资者应该享有的权利;不主动披露基金信息,而是抱着能少披露就尽量少披露的想法。在实际操作中,基金管理人往往将信息披露的范围仅限于法律规定的范围,除此之外的信息不愿意透露分毫。这种被动性必然会对基金信息披露的全面性、真实性、及时性产生负面影响。

4. 内容烦琐

1997年颁布的《证券投资基金招募说明书内容与格式(试行)》对招募说明书应该公布的内容作了详细的规定,正文部分共需披露24个项目,涵盖从基金设立到基金终止的全过程,也包括对基金运行中各方当事人的披露。一般基金招募说明书都是洋洋洒洒几万字,投资者面对此说明书往往无从下手,想找关键信息犹如大海捞针。2004年8月,中国证监会修订了《证券投资基金招募说明书的内容与格式》,其中,对于招募说明书正文的规定几乎没有变化,依然要求披露24个项目,值得一提的是首次提出基金公司要编制和披露招募说明书摘要,招募说明书摘要是招募说明书的简化版本。此举似乎克服了以往信息披露内容重点不突出的问题,但是仔细分析该规定中涉及招募说明书摘要的内容以及基金公司在现实中披露的招募说明书摘要,我们发现摘要依然有18项内容,包括基金合同生效的日期、风险提示、基金管理人、基金托管人、相关服务机构、基金名称、基金类型、基金投资目标、基金投资方向、基金投资策略、基金业绩比较标准、基金风险收益特征、基金投资组合报告、基金投资组合、基金业绩、费用概览、对招募说明书更新部分的说明和签署日期。摘要篇幅依然很长，字数有时甚至超过一万字，而投资者较为关注的基金投资目标、基金投资策略、基金风险收益特征和费用概览等重要内容往往安排在招募说明书最后几页，其字数往往只占全文的20%左右。也就是说，尽管增加了招募说明书摘要这个文件，依然没有解决信息披露内容烦琐、重点不突出的弊病。

知识链接

XBRL在基金信息披露中的应用

第二节 基金主要当事人的信息披露义务

在基金募集和运作过程中，负有信息披露义务的当事人主要有基金管理人、基金托管人、召集基金份额持有人大会的基金份额持有人。他们应当依法及时披露基金信息，并保证所披露信息的真实性、准确性和完整性。下面介绍各基金当事人在信息披露中应承担的具体义务。

一、基金管理人的信息披露义务

基金管理人主要负责办理与基金财产管理业务活动有关的信息披露事项，具体涉及基金募集、上市交易、投资运作、净值披露等环节。

(1) 向中国证监会提交基金合同草案、托管协议草案、招募说明书草案等募集申请材料。在基金份额发售3日前，将招募说明书、基金合同摘要登载在指定报刊和管理人网站上，将基金合同、托管协议登载在管理人网站上，将基金份额发售公告登载在指定报刊和管理人网站上。

(2) 在基金合同生效的次日，在指定报刊和管理人网站上登载基金合同生效公告。

(3) 开放式基金合同生效后每6个月结束之日起45日内，将更新的招募说明书登载在管理人网站上，将更新的招募说明书摘要登载在指定报刊上；在公告的15日前，应向中国证监会报送更新的招募说明书，并就更新内容提供书面说明。

(4) 基金拟在证券交易所上市的，应向交易所提交上市交易公告书等上市申请材料。基金获准上市的，应在上市日前3个工作日，将基金份额上市交易公告书登载在指定报刊和管理人网站上。ETF上市交易后，其管理人应在每日开市前向证券交易所和证券登记结算公司提供申购、赎回清单，并在指定的信息发布渠道上公告。

(5) 至少每周公告一次封闭式基金的资产净值和份额净值。开放式基金在开始办理申购或者赎回前，至少每周公告一次资产净值和份额净值；开放申购、赎回后，应于每个开放日的次日披露基金份额净值和份额累计净值。如遇半年末或年末，还应披露半年度和年度最后一个市场交易日的基金资产净值、份额净值和份额累计净值。

(6) 在每年结束后90日内，在指定报刊上披露年度报告摘要，在管理人网站上披露年度报告全文。在上半年结束后60日内，在指定报刊上披露半年度报告摘要，在管理人网站上披露半年度报告全文。在每季结束后15个工作日内，在指定报刊和管理人网站上披露基金季度报告。上述定期报告在披露后的第2个工作日，应分别报中国证监会及地方监管局、基金上市的证券交易所备案。对于当期基金合同生效不足2个月的基金，可以不编制上述定期报告。

(7) 当发生对基金份额持有人权益或者基金价格产生重大影响的事件时，应在2日内编制并披露临时报告书，并分别报中国证监会及地方监管局备案。封闭式基金还应在披露临时报告前，送基金上市的证券交易所审核。

(8) 当媒体报道或市场流传的消息可能对基金价格产生误导性影响或引起较大波动时，管理人应在知悉后立即对该消息进行公开澄清，将有关情况报告中国证监会及基金上市的证券交易所。

(9) 管理人召集基金份额持有人大会的，应至少提前30日公告大会的召开时间、会议形式、审议事项、议事程序和表决方式等事项。会议召开后，应将持有人大会决定的事项报中国证监会核准或备案，并予公告。

(10) 基金管理人职责终止时，应聘请会计师事务所对基金资产进行审计，并将审计结果予以公告，同时报中国证监会备案。

除依法披露基金财产管理业务活动相关的事项外，对管理人运用固有资金进行基金投资的事项，基金管理人也应履行相关披露义务，包括：认购基金份额的，在基金合同生效公告中载明所认购的基金份额、认购日期、适用费率等情况；申购、赎回或者买卖基金份额的，在基金季度报告中载明申购、赎回或者买卖基金的日期、金额、适用费率等情况。

为了做好上述信息披露工作，基金管理人应当在公司内部建立健全信息披露管理制度，明确信息披露的目的、原则、方式、内容、程序等事项，并指定专人负责管理基金信息披露事务。

二、基金托管人的信息披露义务

基金托管人的信息披露义务主要是办理与基金托管业务活动有关的信息披露事项，具体涉及基金资产保管、代理清算交割、会计核算、净值复核、投资运作监督等环节。

(1) 在基金份额发售的3日前，将基金合同、托管协议登载在托管人网站上。

(2) 对基金管理人编制的基金资产净值、份额净值、申购赎回价格、基金定期报告和定期更新的招募说明书等公开披露的相关基金信息进行复核、审查，并向基金管理人出具书面文件或者盖章确认。

(3) 在基金半年度报告及年度报告中出具托管人报告, 对报告期内托管人是否尽职尽责履行义务以及管理人是否遵规守约等情况做出声明。

(4) 当基金发生涉及托管人及托管业务的重大事件时, 例如, 基金托管人的专门基金托管部门的负责人变动, 该部门的主要业务人员在1年内变动超过30%, 托管人召集基金份额持有人大会, 托管人的法定名称或住所发生变更, 发生涉及托管业务的诉讼, 托管人受到监管部门的调查或托管人及其托管部门的负责人受到严重行政处罚, 等等, 托管人应当在事件发生之日起2日内编制并披露临时公告书, 同时报中国证监会及地方监管局备案。

(5) 托管人召集基金份额持有人大会的, 应至少提前30日公告大会的召开时间、会议形式、审议事项、议事程序和表决方式等事项。会议召开后, 应将持有人大会决定的事项报中国证监会核准或备案, 并予公告。

(6) 基金托管人职责终止时, 应聘请会计师事务所对基金财产进行审计, 并将审计结果予以公告, 同时报中国证监会备案。

同基金管理人一样, 基金托管人也应建立健全各项信息披露管理制度, 指定专人负责管理信息披露事务。

三、基金份额持有人的信息披露义务

基金份额持有人的信息披露义务主要体现在与基金份额持有人大会相关的披露义务。根据《证券投资基金法》, 当代表基金份额10%以上的基金份额持有人就同一事项要求召开持有人大会, 而管理人和托管人都不召集的时候, 代表基金份额10%以上的持有人有权自行召集。此时, 该类持有人应至少提前30日公告持有人大会的召开时间、会议形式、审议事项、议事程序和表决方式等事项。会议召开后, 如果基金管理人和托管人对持有人大会决定的事项不履行信息披露义务, 召集基金持有人大会的基金份额持有人应当履行相关的信息披露义务。

另外, 有时公开披露的基金信息需要由中介机构出具意见书。例如, 会计师事务所需要对基金年度报告中的财务报告、基金清算报告等进行审计, 律师事务所需要对基金招募说明书、基金清算报告等文件出具法律意见书。此时, 该类中介机构应保证所出具文件内容的真实性、准确性和完整性。

第三节 基金募集信息披露

依据《证券投资基金法》, 基金募集申请经中国证监会注册后, 基金管理人应当在

基金份额发售3日前,将基金份额发售公告、基金招募说明书提示性公告和基金合同提示性公告登载在规定报刊上,将基金份额发售公告、基金招募说明书、基金产品资料概要、基金合同和基金托管协议登载在规定网站上;基金托管人应当同时将基金合同、基金托管协议登载在规定网站上。基金管理人应当在基金合同生效的次日在规定报刊和规定网站上登载基金合同生效公告。基金合同生效后,基金招募说明书、基金产品资料概要的信息发生重大变更的,基金管理人应当在3个工作日内,更新基金招募说明书和基金产品资料概要,并登载在规定网站上。

基金合同、基金招募说明书和基金托管协议是基金募集期间的三大信息披露文件。

一、基金合同

基金合同是约定基金管理人、基金托管人和基金份额持有人权利义务关系的重要法律文件。投资者交纳基金份额认购款项时,即表明其对基金合同的承认和接受,此时基金合同成立。

(一) 基金合同的主要内容

(1) 募集基金的目的和基金名称。

(2) 基金管理人、基金托管人的名称和住所。

(3) 基金运作方式,基金管理人运用基金财产进行证券投资,采用资产组合方式的,其资产组合的具体方式和投资比例也要在基金合同中约定。

(4) 封闭式基金的基金份额总额和基金合同期限,或者开放式基金的最低募集份额总额。

(5) 确定基金份额发售日期、价格和费用的原则。

(6) 基金份额持有人、基金管理人和基金托管人的权利与义务。

(7) 基金份额持有人大会召集、议事及表决的程序和规则。

(8) 基金份额发售、交易、申购、赎回的程序、时间、地点、费用计算方式以及给付赎回款项的时间和方式。

(9) 基金收益分配原则、执行方式。

(10) 作为基金管理人、基金托管人报酬的管理费、托管费的提取、支付方式与比例。

(11) 与基金财产管理、运用有关的其他费用的提取、支付方式。

(12) 基金财产的投资方向和投资限制。

(13) 基金资产净值的计算方法和公告方式。

(14) 基金募集未达到法定要求的处理方式。

(15) 基金合同解除和终止的事由、程序以及基金财产清算方式。

(16) 争议解决方式。

(二) 基金合同包含的重要信息

基金合同包含以下两类重要信息。

1. 基金投资运作安排和基金份额发售安排方面的信息

此类信息包括基金运作方式、费用、基金发售、交易、申购、赎回的相关安排，基金投资基本要素，基金估值和净值公告等事项。此类信息一般会在基金招募说明书中出现。

2. 基金合同特别约定的事项

此类信息包括基金当事人的权利和义务、基金持有人大会以及基金合同终止等方面的信息。

(1) 基金当事人的权利和义务，特别是基金份额持有人的权利。例如，基金份额持有人可申请赎回持有的基金份额，参与分配清算后的剩余基金财产，要求召开基金份额持有人大会并对大会审议事项行使表决权，对基金管理人、托管人或基金份额发售机构损害其合法权益的行为依法提起行政诉讼等。

(2) 基金持有人大会的召集、议事及表决的程序和规则。根据《证券投资基金法》，提前终止基金合同、转换基金运作方式、提高管理人或托管人的报酬标准、更换管理人或托管人等事项均需要通过基金份额持有人大会审议通过。持有人大会是基金份额持有人维权的一种方式，基金合同当事人应当在基金合同中明确约定持有人大会的召开、议事规则等事项。

(3) 基金合同终止的事由、程序及基金财产的清算方式。基金合同一旦终止，基金财产就进入清算程序，对于清算后的基金财产，投资者是享有分配权的。对此，基金投资者需要事先了解，以便对基金产品的存续期限有所预期，对封闭式基金现行的价格水平有所判断，对基金产品的风险有所认识。

二、基金招募说明书

基金招募说明书是基金管理人为发售基金份额而依法制作的，供投资者了解管理人基本情况，说明基金募集有关事宜，指导投资者认购基金份额的规范性文件。基金招募说明书的编制原则是基金管理人应将所有对投资者做出投资判断有重大影响的信息予以充分披露，以便投资者更好地做出投资决策。

(一) 招募说明书的主要披露事项

(1) 招募说明书摘要。
(2) 基金募集申请的核准文件名称和核准日期。

(3) 基金管理人和基金托管人的基本情况。

(4) 基金份额的发售日期、价格、费用和期限。

(5) 基金份额的发售方式、发售机构及登记机构名称。

(6) 基金份额申购和赎回的场所、时间、程序、数额与价格，拒绝或暂停接受申购、暂停赎回或延缓支付、巨额赎回的安排等。

(7) 基金的投资目标、投资方向、投资策略、业绩比较基准、投资限制。

(8) 基金资产的估值。

(9) 基金管理人和基金托管人的报酬及其他基金运作费用的费率水平、收取方式。

(10) 基金认购费、申购费、赎回费、转换费的费率水平、计算公式、收取方式。

(11) 出具法律意见书的律师事务所和审计基金财产的会计师事务所的名称和住所。

(12) 风险警示内容。

(13) 基金合同和基金托管协议的内容摘要。

(二) 招募说明书包含的重要信息

作为投资者，应重点关注招募说明书中的下列信息。

1. 基金运作方式

采用不同运作方式的基金，其交易场所和方式不同，基金产品的流动性也不同。例如，封闭式基金主要通过交易所进行交易；开放式基金主要在基金的直销和代销网点申购和赎回；而个别开放式基金品种，如ETF既可在交易所上市交易，也可在一级市场上以组合证券进行申购和赎回。此外，不同运作方式的基金，其运作特点也会有差异。例如，开放式基金在运作中要保留一定的现金以应付赎回，而封闭式基金组合的运作流动性要求会低一些，因此两类基金的风险收益特征必然会存在差异。

2. 从基金资产中列支的费用的种类、计提标准和方式

不同类别基金的管理费和托管费水平存在差异。即使是同一类别基金，计提管理费的方式也可能不同。例如，有的管理人会在招募说明书中约定，如果基金资产净值低于某一标准，将停止计提管理费；对于一些特殊的基金品种，如货币市场基金，不仅计提管理费和托管费，还计提销售服务费用。所有这些条款是管理人计提基金运作费用的依据，也是投资者合理预期投资收益水平的重要标准。

3. 基金份额的发售、交易、申购、赎回的约定，特别是买卖基金费用的相关条款

例如，不同开放式基金的申购和赎回费率可能不同。即使是同一开放式基金品种，由于买卖金额不同、收费模式不同(如前端收费和后端收费)，也可能适用不同的费率水平。有的基金品种是不收取申购费和赎回费的，如货币市场基金。

4. 基金投资目标、投资范围、投资策略、业绩比较基准、风险收益特征、投资限制等

这些是招募说明书中最为重要的信息，因为它体现了基金产品的风险收益水平，可以帮助投资者选择与自己风险承受能力和收益预期相符合的产品。与此同时，投资者通

过将这些信息同基金存续期间披露的运作信息进行比较，可以判断基金管理人遵守基金合同的情况，从而决定是否继续信赖该基金管理人。

5. 基金资产净值的计算方法和公告方式

开放式基金是按照基金份额净值进行申购和赎回的，而封闭式基金的交易价格一般也是围绕基金份额净值上下波动的，因此，基金资产净值与基金投资成本息息相关。对于投资者来说，除了应了解基金估值的原则和方法，还应清楚基金资产净值的公告方式，以便及时了解净值信息。

6. 基金风险提示

在招募说明书封面的显著位置，基金管理人一般会做出"基金过往业绩不预示未来表现；不保证基金一定盈利，也不保证最低收益"等风险提示。在招募说明书正文，基金管理人还会就基金产品的各项风险因素进行分析，并列明与特定基金品种、特定投资方法或特定投资对象相关的特定风险。只有对投资基金的相关风险有清醒的认识，投资者才能做出合理的选择，才能放心地将资金交给管理人管理。即便是基金运作中出现亏损，投资者也能理解和接受。对于基金管理人来说，充分揭示风险可以保证资金来源的稳定，从而为基金运作提供基本保障。

7. 招募说明书摘要

该部分出现在每6个月更新的招募说明书中，主要包括基金投资基本要素、投资组合报告、基金业绩和费用概览、招募说明书更新说明等内容，可谓招募说明书内容的精华。在基金存续期的募集过程中，投资者只需阅读该部分信息，即可了解基金产品的基本特征、过往投资业绩、费用情况以及近6个月以来与基金募集相关的最新信息。

三、基金托管协议

基金托管协议是基金管理人和基金托管人签订的协议，主要目的在于明确双方在基金财产保管、投资运作、净值计算、收益分配、信息披露以及相互监督等事宜中的权利、义务与职责，确保基金财产的安全，保护基金份额持有人的合法权益。基金托管协议包含两类重要信息。

1. 基金管理人和基金托管人之间的相互监督和核查

例如，基金管理人应对基金托管人履行账户开设、净值复核、清算交收等托管职责的情况等进行核查；基金托管人应依据法律法规和基金合同的约定，对基金投资对象、投资范围、投融资比例、投资禁止行为、基金参与银行间市场的信用风险控制等进行监督。

2. 协议当事人权责约定中事关持有人权益的重要事项

例如，当事人在净值计算和复核中重要环节的权责，包括基金管理人与基金托管人依法自行商定估值方法的情形和程序，基金管理人或基金托管人发现估值未能维护持有人权益时的处理，估值错误时的处理及责任认定，等等。

第四节 基金运作信息披露

基金运作信息披露文件主要包括基金净值公告、基金季度报告、基金半年度报告、基金年度报告以及基金上市交易公告书等。

一、基金净值公告

基金净值公告主要披露基金资产净值、份额净值和份额累计净值等信息。封闭式基金和开放式基金在披露净值公告的频率上有所不同。对于封闭式基金,一般至少每周披露一次资产净值和份额净值。对于多数开放式基金(不包括ODII基金),在其开放申购、赎回前,一般至少每周披露一次资产净值和份额净值;开放申购、赎回后,则披露每个开放日的份额净值和份额累计净值。

二、基金季度报告

基金管理人应当在每个季度结束之日起15个工作日内,编制完成基金季度报告,并将季度报告登载在指定报刊和网站上。基金合同生效不足2个月的,基金管理人可以不编制当期季度报告、半年度报告或者年度报告。

基金季度报告主要披露基金概况、主要财务指标和净值表现、管理人报告、投资组合报告、开放式基金份额变动等信息。在季度报告的投资组合报告中,需要披露基金资产组合按行业分类的股票投资组合、前10名股票明细、按券种分类的债券投资组合、前5名债券明细及投资组合报告附注等信息。

三、基金半年度报告

基金管理人应当在上半年结束之日起60日内,编制完成基金半年度报告,并将半年度报告正文登载在网站上,将半年度报告摘要登载在指定报刊上。与年度报告相比,半年度报告主要有以下特点。

(1) 半年度报告不要求进行审计。

(2) 半年度报告只需披露当期的数据和指标;而年度报告应提供最近3个会计年度的主要会计数据和财务指标。

(3) 半年度报告披露净值增长率列表的时间段与年度报告有所不同。半年度报告既无须披露近5年每年的净值增长率,也无须披露近3年每年的基金收益分配情况。

(4) 半年度报告的管理人报告无须披露内部监察报告。

(5) 财务报表附注的披露。半年度财务报表附注重点披露相较于上年度财务会计报告更新的信息,并应遵循重要性原则。例如,半年度报告无须披露所有的关联关系,只披露关联关系的变化情况;又如,半年度报告只对当期的报表项目进行说明,无须说明两个年度的报表项目。

(6) 对于重大事件,半年度报告只披露报告期内改聘会计师事务所的情况,无须披露支付给聘任会计师事务所的报酬及事务所已提供审计服务的年限等。

(7) 半年度报告摘要的财务报表附注无须对重要的报表项目进行说明;而年度报告摘要的报表附注在说明报表项目部分时,因审计意见的不同而有所差别。

四、基金年度报告

基金年度报告是基金存续期信息披露中信息量最大的文件。基金管理人应当在每年结束之日起 90 日内,编制完成基金年度报告,并将年度报告正文登载在网站上,将年度报告摘要登载在指定报刊上。基金年度报告的财务会计报告应当经过审计。基金份额持有人通过阅读基金年报,可以了解年度内基金管理人和基金托管人履行职责的情况、基金经营业绩、基金份额的变动等信息,以及年度末基金财务状况、投资组合和持有人结构等信息。具体而言,基金年度报告主要披露如下信息。

(一) 基金管理人和基金托管人在年度报告披露中的责任

基金管理人是基金年度报告的编制者和披露义务人,因此,基金管理人及其董事应保证年度报告的真实、准确和完整,承诺其中不存在虚假记载、误导性陈述或重大遗漏,并就其保证承担个别及连带责任。为了进一步保障基金信息质量,法规规定基金年度报告应经2/3以上独立董事签字同意,并由董事长签发;如个别董事对年度报告内容的真实、准确、完整无法保证或存在异议,应当单独陈述理由和发表意见;未参会董事应当单独列示其姓名。

基金托管人在年度报告披露中主要承担一些与托管职责相关的披露责任,包括复核年报、半年报中的财务会计资料等内容,并出具基金托管人报告等。

(二) 正文与摘要的披露

为满足不同类型投资者的信息需求,提高基金信息的使用效率,目前基金年报采用在基金管理人网站上披露正文、在指定报刊上披露摘要的方式。基金管理人披露的正文信息应力求充分、详尽,撰写的摘要应力求简要揭示重要的基金信息。

相对于正文,摘要在基金简介、报表附注、投资组合报告等部分进行了较大程度的简化。普通投资者通过阅读摘要即可获取重要信息,而专业投资者通过阅读正文可获得更为详细的信息。

(三) 关于年度报告中的"重要提示"

为明确信息披露义务人的责任,提醒投资者注意投资风险,目前相关法规规定应在年度报告的扉页针对以下方面做出提示。

(1) 管理人和托管人的披露责任。
(2) 管理人管理和运用基金资产的原则。
(3) 投资风险提示。
(4) 年度报告中注册会计师出具非标准无保留意见的提示。

(四) 基金财务指标的披露

基金年度报告应披露的财务指标一般包括本期已实现收益、本期利润、加权平均基金份额本期利润、本期加权平均净值利润率、本期基金份额净值增长率、期末可供分配利润、期末可供分配基金份额利润、期末资产净值、期末基金份额净值和基金份额累计净值增长率等。在上述指标中,本期基金份额净值增长指标是目前较为合理的评价基金业绩表现的指标。投资者通过比较基金净值增长指标与同期基金业绩比较基准收益率,可以了解基金实际运作情况与基金合同规定基准的差异程度,判断基金的实际投资风格。

(五) 基金净值表现的披露

基金资产净值信息是基金资产运作成果的集中体现。由于基金的主要经营活动是证券投资,其资产运作情况主要表现为证券资产的利息收入、投资收益和公允价值变动损益,具体反映到基金资产净值的波动上。投资者通过考查较长历史阶段内基金净值增长率的波动,可以了解基金产品的长期收益情况和风险程度。基金咨询与评级机构通过对基金净值表现信息进行整理加工和评价,不仅可以向投资者提供有用的决策信息,而且会对基金管理人形成压力和动力,促使其诚信经营、科学管理。可见,基金净值表现信息对于保护投资者利益具有十分重要的意义。目前,相关法规要求基金管理人在基金年度报告、半年度报告、季度报告中以图表的形式披露基金的净值表现。

(六) 管理人报告的披露

管理人报告是基金管理人就报告期内管理职责履行情况等事项向投资者进行的汇报,具体内容包括:管理人及基金经理情况简介;报告期内基金运作遵规守信情况说明;报告期内公平交易情况说明;报告期内基金的投资策略和业绩表现说明;管理人对宏观经济、证券市场及行业走势的展望;管理人内部监察稽核工作情况;报告期内基金估值程序等事项说明;报告期内基金利润分配情况说明以及对会计师事务所出具非标准审计报告所涉事项的说明等。

(七) 基金财务会计报告的编制与披露

1. 基金财务报表的编制与披露

基金财务报表包括报告期末及其前一个年度末的比较式资产负债表、该两年度的比较式利润表、该两年度的比较式所有者权益(基金净值)变动表。

2. 财务报表附注的披露

财务报表附注的披露内容主要包括基金基本情况、会计报表的编制基础、遵循会计准则及其他有关规定的声明、重要会计政策和会计估计、会计政策和会计估计变更以及差错更正的说明、税项、重要报表项目的说明、或有事项、资产负债表日后事项的说明、关联方关系及其交易、利润分配情况、期末基金持有的流通受限证券、金融工具风险及管理等。基金财务报表附注主要是对报表内未提供的或披露不详尽的内容做进一步解释说明。例如，对于按相关法规规定的估值原则不能客观反映资产公允价值、管理人与托管人共同商定估值方法的情况，报表附注中应披露对该资产估值所采用的具体方法。

(八) 基金投资组合报告的披露

基金年度报告中的投资组合报告应披露的信息包括期末基金资产组合、期末按行业分类的股票投资组合、期末按市值占基金资产净值比例大小排序的所有股票明细、报告期内股票投资组合的重大变动、期末按券种分类的债券投资组合、期末按市值占基金资产净值比例大小排序的前5名债券明细、投资组合报告附注等。基金股票投资组合重大变动的披露内容包括：报告期内累计买入、累计卖出价值超出期初基金资产净值2%(报告期内基金合同生效的基金，采用期末基金资产净值的2%)的股票明细；对累计买入、累计卖出价值前20名的股票价值低于2%的，应披露至少前20名的股票明细；整个报告期内买入股票的成本总额及卖出股票的收入总额。披露这些信息的意义主要在于反映报告期内基金的一些重大投资行为。

(九) 基金持有人信息的披露

基金年度报告披露的基金持有人信息主要包括以下几方面。
(1) 上市基金业绩价值前10名持有人的名称、持有份额及占总份额的比例。
(2) 持有人结构，包括机构投资者、个人投资者持有的基金份额及占总份额的比例。
(3) 持有人户数、户均持有基金份额。

当期末基金管理公司的基金从业人员持有开放式基金时，年度报告还应披露公司所有基金从业人员投资基金的总量及占基金总份额的比例。

披露上市基金前10名持有人信息有助于防范上市基金的价格操纵和市场欺诈等行为的发生。持有人结构的集中或者分散程度会直接影响基金规模的稳定性，进而影响基金的投资运作，因此法规要求所有基金披露持有人结构和持有人户数等信息。

(十) 开放式基金份额变动的披露

基金规模的变化在一定程度上反映了市场对基金的认同度，而且不同规模基金的运作和抗风险能力也不同，这是影响投资者进行投资决策的重要因素。因此，相关法规要求在年度报告中披露开放式基金合同生效日的基金份额总额、报告期内基金份额的变动情况(包括期初基金份额总额、期末基金份额总额、期间基金总申购份额、期间基金总赎回份额、期间基金拆分变动份额)。报告期内基金合同生效的基金，应披露自基金合同生效以来基金份额的变动情况。

五、基金上市交易公告书

凡是根据有关法律法规发售基金份额并申请在证券交易所上市交易的基金，基金管理人均应编制并披露基金上市交易公告书。目前，披露上市交易公告书的基金品种主要有封闭式基金、上市开放式基金(LOF)和交易型开放式指数基金(ETF)。基金上市交易公告书披露的事项主要包括基金概况、基金募集情况与上市交易安排、持有人户数、持有人结构及前10名持有人、主要当事人介绍、基金合同摘要、基金财务状况、基金投资组合报告、重大事件揭示等。

第五节 特殊基金品种的信息披露

一些特殊的基金品种，如QDII基金和ETF，它们在投资范围、会计核算等方面有别于其他类型基金，因此，《证券投资基金信息披露管理办法》规定，这些特殊的基金品种除遵循信息披露的一般规定外，还应针对产品特性补充披露其他信息。本节主要介绍反映QDII基金和ETF特殊性的信息披露内容。

一、QDII基金的信息披露

与普通基金仅投资境内证券不同，QDII基金将其全部或部分资金投资于境外证券，基金管理人可能会聘请境外投资顾问为其境外证券投资提供咨询或组合管理服务，基金托管人可能会委托境外资产托管人负责境外资产托管业务。除了常规披露要求之外，现在法规针对QDII基金投资运作上的特性，提出了一些特殊的披露要求。

(一) 信息披露所使用的语言及币种选择

在披露QDII基金相关信息时，可同时采用中文和英文，以中文为准，可单独以人民币或同时以美元等主要外汇币种计算并披露净值信息。涉及币种之间转换的，应披露汇率数据来源，并保持一致性。

(二) 基金合同、基金招募说明书中的特殊披露要求

1. 境外投资顾问和境外托管人信息

基金管理公司在管理QDII基金时，如委托境外投资顾问、境外托管人，应在招募说明书中披露境外投资顾问和境外托管人的相关信息，包括境外投资顾问和境外托管人的名称、注册地址、办公地址、法定代表人、成立时间，境外投资顾问最近一个会计年度资产管理规模，主要负责人教育背景、从业经历、取得的从业资格和专业职称介绍，境外托管人最近一个会计年度实收资本、托管资产规模、信用等级等。

2. 投资交易信息

如果QDII基金投资金融衍生品，应在基金合同和基金招募说明书中详细说明拟投资的衍生品品种及其基本特性，拟采取的组合避险、有效管理策略以及采取的方式、频率。如果QDII基金投资境外基金，应披露基金与境外基金之间的费率安排。

3. 投资境外市场可能产生的风险信息

这些风险信息包括境外市场风险、政府管制风险、政治风险、流动性风险、信用风险等的定义、特征以及可能产生的后果。

(三) 净值信息的披露频率要求

QDII基金也是开放式基金，在其放开申购、赎回前，一般至少每周披露一次资产净值和份额净值；放开申购、赎回后，需要披露每个开放日的份额净值和份额累计净值。QDII基金的净值在估值日后1～2个工作日内披露。

(四) 定期报告中的特殊披露要求

1. 境外投资顾问和境外资产托管人信息

在基金定期报告的产品概况部分披露境外投资顾问和境外资产托管人的基本情况，在基金定期报告的管理人报告部分披露为基金提供投资建议的境外投资顾问主要成员的情况。

2. 境外证券投资信息

在基金投资组合报告中，QDII基金将根据证券交易所的不同，列表说明期末在各个国家(地区)证券市场的权益投资分布情况。除股票投资和债券投资明细外，还应披露基金投资明细及金融衍生品组合情况。

3. 外币交易及外币折算相关信息

例如，在财务报表附注中披露外币交易及外币折算采用的会计政策，计入当期损益的汇兑损益等。

(五) 临时公告中的特殊披露要求

当QDII基金变更境外托管人、变更投资顾问、投资顾问主要负责人发生变动以及涉

及境外诉讼等重大事件时,应在事件发生后及时披露临时公告,并在更新的招募说明书中予以说明。

二、ETF的信息披露

针对ETF特有的证券申购和赎回机制,以及一级市场与二级市场并存的交易制度安排,交易所的业务规则规定了ETF特殊的信息披露事项。

在基金合同和招募说明书中,应明确基金份额的认购、申购和赎回方式,以及投资者认购、申购和赎回基金份额涉及的对价种类等。

基金上市交易之后,应按交易所的要求,在每日开市前披露当日的申购清单和赎回清单,并在交易时间内即时揭示基金份额参考净值(indicative optimized portfolio value,IOPV)。

在每日开市前,基金管理人应向证券交易所、证券登记结算机构提供ETF的申购清单和赎回清单,并通过基金公司官方网站和证券交易所指定的信息发布渠道予以公告。对于当日发布的申购清单和赎回清单,当日不得修改。申购清单和赎回清单主要包括最小申购和赎回单位对应的各组合证券名称、证券代码及数量、现金替代标志等内容。

基金管理人除了按规定于次日(跨境ETF可以为次二个工作日)在指定报刊和管理人网站披露交易日的基金份额净值外,也将通过证券交易所的行情发布系统于次一交易日(跨境ETF可以为次二个工作日)揭示交易日的基金份额净值。

在交易时间内,证券交易所根据基金管理人提供的基金份额参考净值计算方式、申购和赎回清单中的组合证券等信息,实时计算并公布基金份额参考净值。基金份额参考净值是指在交易时间内,申购和赎回清单中组合证券(含预估现金部分)的实时市值,主要供投资者交易、申购和赎回基金份额时参考。

基金管理人关于ETF份额参考净值的计算方式,一般应经证券交易所认可后公告,修改ETF份额参考净值计算方式,也应经证券交易所认可后公告。

对于ETF的定期报告,按相关法规对上市交易指数基金的一般要求进行披露,无特别的披露事项。

习题

第三篇
基金投资管理

本篇导读

基金投资管理是基金运作的重要环节，决定着基金的投资业绩和投资者的收益。本篇从投资者的需求出发，论述马科维茨投资组合理论、资本市场理论、市场有效理论等现代投资理论的主要观点，介绍基金的投资交易管理、投资风险管理和基金业绩评价的方法和指标。其中，投资组合管理和投资组合构建是投资管理的核心内容，是实现基金投资目标的关键，也是本篇学习的重点和难点。

第十章 投资管理流程与投资管理架构

第一节 投资管理流程

一、投资组合管理的基本流程

投资组合管理的目标是实现投资效益最大化,使投资者在获得一定收益的同时承担最低的风险,或在投资者可接受的风险水平内使其获得最高的收益。CFA(Chartered Financial Analyst,特许金融分析师)协会将投资管理过程定义为一个动态反馈的循环过程。整个流程可以划分为规划、执行和反馈3个阶段,如图10-1所示。其中,规划主要侧重于确定决策所需的各种输入信息,包括客户投资目标、风险偏好等资料和资本市场经济、社会等因素的数据等。执行是指资产配置和证券选择等方面的投资决策和实施过程。反馈是指对投资预期、投资目标和投资组合等方面变化的适应过程。上述3个阶段是相互联系的,在时间上相互衔接。从长期看,这3个阶段又是循环往复的,一个阶段的基金绩效评估结果是确定新阶段投资目标的依据。

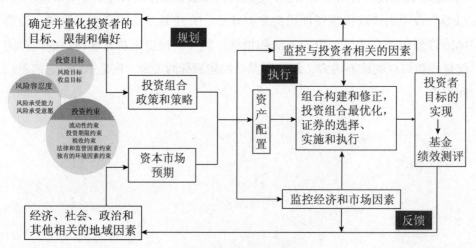

图10-1 投资组合管理流程

二、投资组合管理的基本步骤

具体而言,投资组合管理通常包括以下3个基本步骤。

(一) 规划

1. 确定并量化投资者的投资目标和投资限制

投资规划的首要任务就是了解客户需求及风险偏好,确认并量化投资者的投资目标和投资限制。其中,投资目标包括收益目标和风险目标,它是构建和调整投资组合的依据,也是考核基金管理业绩好坏的标准。投资限制指的是在进行投资活动时所受到的各种约束和规定,用以规范投资者的行为,保障市场的稳定和公平。投资限制通常包括投资规模限制、投资时间限制、投资品种限制、投资领域限制等多个方面。

2. 制定投资政策说明书

确定投资者的投资目标和投资限制后,投资管理人可据此完成投资政策说明书的制定。投资政策说明书是制定所有投资决策的指导性文件,包含投资目标、投资限制以及其他多项内容。

3. 形成资本市场预期

投资管理人在分析经济、政治、社会等因素的基础上,对多种类别资产的长期风险和收益特征进行预测,在此基础上,进行投资组合的资产配置。

4. 建立战略资产配置

资产配置是投资过程中决定投资组合相对业绩的重要环节之一。战略性资产配置通过适当地将资产组合与其配置目标相结合,为投资组合建立了一个框架。在战略性资产配置中,投资管理人结合投资政策说明书和资本市场预期来决定各类目标资产的配置,并设定各类资产权重的上限和下限,作为投资过程中控制非系统性风险的依据。

(二) 执行

投资执行是投资规划的实现。投资组合管理流程中的这一步骤实际上是在实施资产配置决定,投资经理会结合投资组合的既定目标、资本市场预期和分析报告等来制定投资组合构建和证券选择等方面的决策,由交易部门执行投资决策。之后,投资经理会根据投资者的实际情况和资本市场预期的变化对投资组合进行调整。

在投资执行过程中,一般可采用两种管理策略,即消极管理和积极管理。消极管理是指在市场变化时,按照原先制定的投资策略应对变化。积极管理是指按照对市场的预测更新投资组合,或者由于市场条件变化而改变投资目标,相应调整投资策略并重新进行资产配置。基于这种情况,基金经理或改变组合中资产的权重,或买进组合中没有的证券重建组合,以取代原有的投资组合。这种资产配置的调整可能是对原有战略资产配置的暂时偏离,也可能是对战略资产配置方案的永久改变。无论是哪种情况,都应考虑调整过程中所产生的交易成本及调整后投资组合的风险变化。

在进行投资决策时,投资经理会进行投资组合优化。投资组合优化是指通过数量化分析工具将各类资产有效地组合起来,以达到预期的风险和收益目标。

(三) 反馈

投资组合管理的反馈由两个部分组成,即监控和再平衡、业绩评估。

1. 监控和再平衡

监控和再平衡是指对投资者情况、经济因素和市场因素进行监控,持续调整投资组合,以适应新的变化,使投资组合能够符合客户的投资目标和投资限制。

投资者现状发生改变时,投资经理要及时了解投资者投资目标和投资限制的变化情况,并进行相应的组合调整。当经济因素和市场因素导致资本市场预期发生变化时,投资经理也应进行投资组合的再平衡。在实践中,再平衡可以定期进行,或由特定规则触发,也可以将投资经理对情况变化的判断作为实施再平衡的依据。

2. 业绩评估

投资者应定期对投资业绩进行阶段性评估,其目的是对投资目标的实现情况和基金管理人的投资管理能力进行评价。

对基金管理人的投资管理能力的评价包括3个部分,即业绩度量、业绩归因和绩效评估。业绩度量是指对投资组合收益率、风险等各类业绩指标的计算;业绩归因是指确定投资组合收益的来源;绩效评估是指通过将投资组合的表现与业绩基准或同类投资组合进行对比来做出评价。

第二节 基金公司投资管理架构

一、投资管理部门设置

投资管理是基金管理公司的核心业务。基金管理公司的投资管理能力直接影响基金份额持有人的投资收益,投资者会根据基金管理公司以往的收益情况选择基金管理人。如果基金管理公司的投资收益高于其他竞争对手,就能吸引更多的投资者,其管理的资产规模也会扩大。基金公司的主要利润来源是与资产规模相匹配的管理费用,因此,投资管理部门体现着基金管理公司的核心竞争力。不同的基金管理公司的投资管理部门设置有所差别,但基本都包括以下几个部分。

(一) 投资决策委员会

投资决策委员会是基金管理公司管理基金投资的最高决策机构,由各个基金公司自行设立，是非常设的议事机构。投资决策委员会一般由基金管理公司的总经理、分管投资的副总经理、投资总监、研究部经理、基金经理等组成。投资决策委员会应在遵守国家有关法律法规、公司规章制度的前提下，承担以下职责：对基金公司各项重大投资活动进行管理；审定公司投资管理制度和业务流程；确定基金投资策略、投资组合原则和投资限制；审定基金资产配置比例或比例范围；确定不同管理级别的操作权限；定期审议基金经理的投资报告，考核基金经理的工作绩效。

(二) 投资部

投资部负责根据投资决策委员会制定的投资原则和计划制定具体的投资组合方案，向交易部下达投资指令。在实际操作中，基金经理负责投资决策。每只基金均由一个经理或一组经理负责决定组合和投资策略，并形成具体的交易指令，包括证券交易的种类、买卖方向、交易价格与交易时间等。

(三) 研究部

研究部是基金投资运作的基础部门，其研究水平在很大程度上决定了实际投资绩效，其提供的投资研究内容是基金管理公司进行实际投资的基础和前提。研究部通过对宏观经济形势、行业状况、上市公司等进行详细分析和研究，提出行业资产配置建议，并选出具有投资价值的上市公司建立股票池，向基金投资决策部门提供研究报告及投资计划建议。

另外，除了自身的研究力量，基金管理公司还会参考外部研究报告(主要由作为卖方的证券公司提供)，通过内外部研究力量的结合，提高整体的研究水平。

(四) 交易部

交易部是基金投资运作的具体执行部门，是实现基金经理投资指令的最后环节，负责投资组合交易指令的审核、执行与反馈。基金管理公司通常设有交易室，通过电子交易系统完成交易并记录每日投资交易情况。交易部在交易过程中严格遵守交易行为准则，所有投资指令必须经风控部门审核，确认合法合规和完整后方可执行，同时对基金经理的交易行为进行约束，并利用技术手段避免违规行为的出现。为提高交易效率和有效控制基金管理中交易执行的风险，通常采取集中交易制度，基金的投资决策与交易执行职能分别由基金经理与交易部承担。交易部属于基金公司的核心保密区域，执行最严格的保密要求。

在实际操作中，交易部的交易员扮演重要角色，一方面要以有利的价格进行证券交易，另一方面要及时向基金经理反馈市场信息。基金管理公司会对交易员进行定期评估与考核，考核内容包括投资指令的完成率与完成质量以及合规情况。

(五) 风控部

为切实保障投资者利益，基金管理公司通常会成立风险管理委员会以及风控和监察部门，根据相关法律法规建立一套完整的合规风险控制体系与管理制度，并在基金合同和招募说明书中予以明确规定，对基金公司进行内部监察稽核控制。风险管理部、监察稽核部以及其他相关部门负责对投资组合交易进行事前审批、事中监控、事后报告等。

二、投资管理交易流程

基金管理公司投资管理交易流程包括形成投资策略、构建投资组合、执行交易指令、绩效评估与组合调整、风险管理等环节，如图10-2所示。

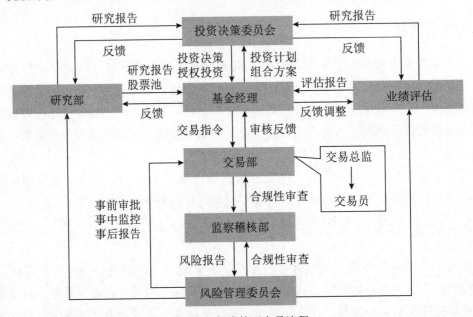

图10-2 投资管理交易流程

(一) 形成投资策略

制定投资策略是投资交易的基础环节，具体包括以下两个步骤。

第一步，研究部提出研究报告。研究部在综合宏观经济分析、行业分析、个股分析的基础上，向投资决策委员会和其他投资部门提供宏观经济分析报告、行业分析报告、上市公司分析报告和证券市场行情报告，并提出投资建议，建立投资股票池。

第二步，投资决策委员会参考研究部提供的研究报告和投资建议，根据现行法律法规和基金合同的有关规定，形成总体投资策略和投资计划。

(二) 构建投资组合

投资部根据总体投资策略和研究报告，制定投资组合方案，并对方案进行风险收益分析。在实际操作中，由基金经理根据投资决策委员会的投资策略及研究部门的研究报告，结合对证券市场、上市公司、投资时机的分析，拟定所管理基金的具体投资计划，包括资产配置、行业配置、重仓个股投资方案等方面。

(三) 执行交易指令

首先，基金经理在自主权限内，通过交易系统向交易部下达交易指令。交易指令具体包括买入(卖出)有价证券的种类、时间、数量和价格控制等。

其次，交易总监审核投资指令(价格、数量)的合法合规性，将指令分派给交易员。投资交易系统可以自动拦截违规指令，如果发现异常指令，由交易总监反馈信息给基金经理并有权终止指令，同时报上级主管领导，并通知合规风控部门。

最后，交易员接收指令，有权根据自身对市场的判断选择合适的时机，以尽可能低的价格买入并以尽可能高的价格卖出，从而完成交易。交易员必须严格按照公平、公正的原则执行交易。

(四) 绩效评估与组合调整

基金公司内部会定期或不定期对基金进行投资绩效评估，并提供相关报告。绩效评估主要分析超额收益的来源、投资风格、投资行为特征等。根据绩效评估结果，基金经理可以对投资策略和投资组合进行适当调整，公司管理层可以对基金经理进行业绩考核与能力评定。

(五) 风险管理

风险管理委员会通过监控投资决策实施和执行的整个过程，提出风控建议，进行风险管理，从而降低投资风险。值得注意的是，风险管理并不是投资流程中的最后一环，而是贯穿于投资组合从设计到开始投资再到日常运作的全过程。风险管理也不只是风控和合规部门的职责，还是投资部、市场部、运营部等部门工作的一部分。

习题

第十一章 投资者分析

第一节 投资者的类型和特征

基金管理公司作为受托的投资管理人,为各种各样的投资者提供多种类型的产品,为了提高服务水平,需要充分了解各类投资者的特点和需求。根据投资主体的差异性,可以把投资者分为个人投资者与机构投资者两种类型。根据风险承受能力、资产状况以及投资知识和经验的不同,可以把投资者分为普通投资者和专业投资者。

一、个人投资者与机构投资者

(一) 个人投资者

个人投资者以自然人身份进行投资,投资目标主要是满足生活需求,或者实现更高的消费水平。例如,个人投资者的短期目标可能是购买房子或汽车,中期目标可能是为孩子储备教育资金,长期目标可能是通过投资为退休后的生活提供保障。因受个人所处生命周期的不同阶段和生活境况的影响,个人投资者的需求呈现差异化和多样化的特征。

1. 影响个人投资者投资需求的因素

(1) 影响个人投资者投资需求的基本因素是他们所处的生命周期阶段。处于不同生命周期阶段的投资者对投资期限、风险和收益、流动性的要求不同,进而影响他们的投资需求和投资决策。通常,随着年龄的增长,个人投资者对待风险的态度将从风险容忍转化为风险厌恶,其风险承受能力和风险承受意愿将逐渐递减。中青年投资者往往尚未体会证券市场波动带来的投资亏损或体会不深,更具有冒险的精神,而且他们有较长的时间来积累财富,其收入也会随着时间的推移而不断增长,因此更能承担不利的投资后果;老年投资者往往经历了证券市场多轮牛熊更替,对风险控制有更深切的体会,而且其大多处于退休状态,增量资金有限,所以更偏向于保守投资。

(2) 个人投资者不同的财务状况在很大程度上影响其投资需求。比如,个人投资者的收入水平以及是否拥有房产等经济状况将直接影响其投资意愿和投资金额,他们也需要考虑在进行长期投资之前是否需要建立现金储备以及购买保险。一些个人投资者资金充裕,风险承受能力强,倾向于为了资金的成长性而投资,因此会寻求具有增值潜力的资产去投资;另一些投资者资金收入不稳定,或收入水平较低,更倾向于从他们持有的资产中获取收益,因此可能会选择投资收益固定和分红类型的产品。

(3) 个人投资者的就业状态会对其投资需求产生多方面的影响。拥有稳定工作的年轻个人投资者,其风险承受能力较强,更青睐高风险、高收益的产品;处于失业状态或者即将退休的个人投资者,已经或者即将失去获得工资收入的能力,其风险承受能力较弱,更倾向于选择低风险、收益稳定的产品。

(4) 个人投资者的家庭状况(例如婚姻状况、子女的数量和年龄、需要赡养老人的数量和老人健康状况)会影响其投资需求。家庭负担越重,可投资的资金越少,个人投资者越倾向于选择稳健的投资策略和产品。

2. 个人投资者对基金产品的选择

个人投资者可以根据自身情况,确定适合自己的基金产品。例如,对于多数个人投资者来说,在参加工作以后的单身阶段面临继续教育、买车买房等生活需求,同时其工资收入有望随着时间的推移而不断增长,故风险承受能力较强,这个阶段可以选择高风险、高预期收益的基金产品;已经成家并已生育的年轻人,不但要考虑家庭财产的保值、增值,还要考虑孩子的教育费用等一系列未来的支出,这个阶段可以选择中高风险、中高预期收益的基金产品;中年人收入一般比较稳定,但家庭负担较重,还要考虑为退休做准备,其风险承受能力逐渐变弱,风险承受意愿也逐渐降低,投资时应该坚持稳健原则,力求分散风险,可以选择中低风险、中低预期收益的基金产品;老年人面临退休和收入降低,风险承受能力较弱,因此更追求投资的稳健、安全和保值,在选择基金产品时应该以低风险为核心,不宜过度配置股票型基金等风险较高的产品。

(二) 机构投资者

机构投资者是指利用自有资金或者从分散的公众手中筹集资金专门进行证券投资的法人机构。这类投资者一般具有投资资金量大、抗风险能力强、收集和分析信息的能力强、投资能力更为专业、投资更注重组合、行为更加规范等特点。

1. 机构投资者的类型

按照主体性质的不同,可以将机构投资者划分为企业法人、金融机构、政府及其机构等。我国机构投资者有许多不同的类型,主要包括商业银行、保险公司、保险资产管理公司、公募基金公司、证券公司、证券公司下属资产管理子公司、私募基金公司、全国社会保障基金、企业年金基金、财务公司、QFII(合格境外机构投资者)等。不同类型的机构投资者的资金来源不同,因此具有不同的投资需求及投资限制,同时体现出不同的投资选择偏好,如表11-1所示。

表11-1 我国机构投资者的资金来源和投资选择偏好

机构投资者类型	资金来源	投资选择偏好
商业银行	吸纳的存款、销售理财产品募集的理财资金	风险容忍度和相应产品的投资目标和约束有关
保险公司	销售保单募集的大量保费	对待风险的态度比较谨慎
全国社会保障基金	中央财政预算拨款、国有资本划转、基金投资收益等	受到严格的制度约束,长期奉行价值投资、长期投资和责任投资的理念
企业年金基金	年金计划筹集的资金、投资运营收益形成的补充养老保险基金	投资范围较广,严格遵循有关法规确定的投资比例限制,遵循谨慎、分散风险的原则,充分考虑基金财产的安全性、收益性和流动性
财务公司	企业在运营过程中产生的、在一定时期内不需要用于运营或进行实业投资的大量现金	根据资金空闲时间和风险约束进行投资。通常会投资于银行存款或货币市场基金,或其他流动性较好的短期资产
QFII	境外募集	投资受到包括主体资格、资金流动、投资范围和投资额度等方面的限制
公募基金公司	发行公募基金产品募集的资金	每一种基金产品都具有特定的投资目标、投资范围和投资策略,体现不同的风险收益特征
证券公司	证券公司自营资金,发行集合资产管理计划产品募集的资金	规模大小、投资期限安排、流动性要求各不相同

总体而言,机构投资者在投资基金时有明确的投资目标,也有比较成熟的基金选择标准,同时因为资金量大,一般情况下投资方式也更为稳定,以长期持有为主。机构投资者更青睐债券型基金,其投资组合中被动指数型基金和另类投资基金的占比也相当高,这表明机构投资者更相信资产配置对于投资组合绩效的贡献。

2. 机构投资者的投资管理方式

机构投资者的投资活动对市场影响较大,因此更关注资产的安全性,注重分散投资风险。一些机构投资者会聘请专业投资人员进行内部管理,另一些机构投资者会将资金委托于一个或多个外部资产管理公司。采用内部管理还是外部管理往往取决于机构投资者的资产规模以及是否拥有专业的投资管理团队。拥有大规模资产的机构通常能够更好地为内部管理提供人力、物力和财力的支持,资产规模越大,内部管理成本相对于投资规模的比例就越低。也有一些机构投资者采用混合模式,将有能力管理的一部分资产交由内部管理,将超出自身管理能力的一部分资产交由外部管理,比如海外资产。当然,即使交由外部管理,机构投资者也需要做出一些复杂的决策,比如决定由哪一个投资管理机构甚至哪一位投资经理来管理资产。他们可能根据内部专家意见来选择投资经理,也可能寻求外部顾问的意见。

■ **思考**

比较个人投资者和机构投资者的差异。

> **提示:**
> 从投资的资金量、风险承受能力、专业能力、投资行为规范等方面进行比较。

二、普通投资者与专业投资者

金融产品投资专业性强,法律关系复杂,各种产品的功能、特点、复杂程度和风险收益特征千差万别。投资者在风险承受能力、风险收益偏好和专业水平等方面都存在很大差异,对金融产品的需求也不尽相同。要确保包括基金管理公司在内的各类资产管理机构向投资者提供与其风险承受能力相适应的产品,保护投资者权益,就必须有统一规范的投资者分类管理。各国对专业投资者的划分标准各有不同,但都体现在业务资质、资产规模、投资经验和金融市场知识等方面。《证券法》第八十九条规定:"根据财产状况、金融资产状况、投资知识和经验、专业能力等因素,投资者可以分为普通投资者和专业投资者。专业投资者的标准由国务院证券监督管理机构规定。普通投资者与证券公司发生纠纷的,证券公司应当证明其行为符合法律、行政法规以及国务院证券监督管理机构的规定,不存在误导、欺诈等情形。证券公司不能证明的,应当承担相应的赔偿责任。"

按照中国证监会制定的《证券期货投资者适当性管理办法》的规定,金融机构、理财产品、养老基金和公益基金、符合条件的法人和组织以及符合条件的自然人这5类投资者为专业投资者;专业投资者之外的投资者为普通投资者。对专业投资者,法律法规要求募集机构根据其业务资格、投资实力、投资经历等因素进行细化分类和管理;对普通投资者,应按照要求进行全套合格投资者确认流程。实践中,一般将普通投资者按照风险承受能力递增的方式分为保守型(C1)、谨慎型(C2)、稳健型(C3)、积极型(C4)、激进型(C5)5个类别,同时将产品风险分为低风险(R1)、中低风险(R2)、中风险(R3)、中高风险(R4)、高风险(R5)5个等级,再将两者进行匹配,具体分类如图11-1所示。

需要注意的是,并非所有的机构投资者都是专业投资者,同样,并非所有的个人投资者都是普通投资者。尽管大部分个人投资者在投资知识和经验方面比较欠缺,但也有一些个人投资者由于受过相关教育或长期从事相关投资业务,积累了丰富的投资经验,投资能力较强;而机构投资者中,也存在资产规模较小、投资经验欠缺的法人或其他组织,其抗风险能力较弱,并不适合投资高风险产品。此外,普通投资者和专业投资者在一定条件下可以互相转化。

知识拓展

专业投资者和普通投资者之间转化的条件

专业投资者具备专业的投资知识和经验,能够自行判断投资品种和期限是否符合投资需求,能够理解金融产品和金融服务的风险,在财务上能够承担相应的投资风险,因此资产管理机构在面对这类投资者时可适当豁免部分适当性义务。相对于专业投资者,普通投资者往往处于信息不对称的相对弱势地位,因此其在信息告知、风险警示、适当性匹配等方面享有特别保护。

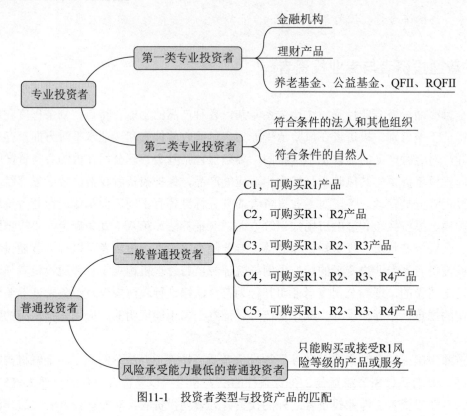

图11-1　投资者类型与投资产品的匹配

第二节　投资者需求和投资政策说明书

一、投资者需求

受多种因素的影响,通常每个投资者都具有不同的投资需求,个人投资者如此,机构投资者也如此。投资者需求由投资目标和投资限制构成。投资目标取决于风险容忍度和收益要求,两者相互依赖,缺一不可。投资限制是指投资者所处的环境因素给投资者的投资选择所带来的限制,通常包括流动性、投资期限、税收政策、法律法规要求以及特殊需求等,这些限制可能是投资者自己设定的,也可能是由法律法规限定的。

投资者的自身境况和投资需求会随着时间的推移而变化,因此有必要定期(至少每年)或者根据投资者的情况变化,重新评估投资者的需求。

(一) 投资目标

投资目标就是投资者想得到的投资结果，主要包括风险和收益两方面。投资目标是由投资者的风险容忍度和收益要求决定的，两者相互依赖，不能只考虑其中一项。投资者很难找到预期收益高但又不用承担高风险的投资产品。因此，投资目标可分为风险目标和收益目标。其中，风险目标反映了投资者的风险容忍度，收益目标反映了投资者的收益要求，风险目标对收益目标有约束作用。

1. 风险容忍度

投资者的风险容忍度也称为风险忍耐度，是指在目标实现过程中对差异的可接受程度，它取决于投资者承担风险的能力和承担风险的意愿两个方面。具备高于平均水平的风险承受能力和风险承担意愿意味着具备高于平均水平的风险容忍度；反之，则意味着具备低于平均水平的风险容忍度。

> **■ 思考**
>
> 如果投资者承担风险的能力很低但是意愿很高，或者承担风险的能力很高但是意愿很低，这两种情况的风险容忍度应如何评判？
>
> **提示：**
> 风险承受能力低或风险承受意愿低，都属于低风险承受能力。

承担风险的能力是指投资者所能承受的最大风险，也就是投资者在不影响正常生产生活的前提下所能承担的风险。承担风险的能力由投资者的投资期限、收入支出状况和资产负债状况、家庭负担等客观因素决定。在其他条件相同的条件下，相较于投资期限较短的投资者而言，投资期限较长的投资者具有更高的风险承受能力。这是因为投资期限较长，投资者就有较长的时间来调整投资组合构成以弥补投资损失，比如提高储蓄率和提高无风险资产在投资组合中所占的比重，或者等待市场情况好转。如果投资者的资产远远高于负债，或者收入远远大于日常支出，那么该投资者承担风险所导致的损失通常可以由资产和收入来弥补，该投资者具有较高的承担风险的能力。如果投资者家庭负担较重，比如有父母需要赡养、有小孩需要抚养，那么该投资者承担风险的能力就比较差。

承担风险的意愿是投资者的主观愿望，反映了投资者的风险厌恶程度，它取决于投资者的心理状况及其当时所处的境况。尽管与投资者承担风险的意愿相关的因素还存在争论，但人们普遍认为，性格类型、自信心、独立思维倾向等心理因素与承担风险的意愿密切相关。有些个人投资者对于承担投资风险不会感觉不适，而有些投资者则会感到非常不安。明确承担风险的意愿对个人投资者来说更为重要，但机构投资者也需要确定一套风险管理原则，对需要承担的投资风险加以限制，以避免因为投资损失而致违约或破产等严重后果。此外，保险公司等金融机构在承担投资风险时往往还受到监管的约束。

基金销售机构对基金投资人风险承受能力的调查和评价

基金管理人可以通过与投资者进行风险讨论或者邀请投资者填写问卷等方式来衡量投资者承担风险的能力和意愿。例如，投资者在首次认购或申购基金公司产品时，需要先进行风险承受能力测评，确定承受能力和意愿后才能进行交易。任何对风险容忍度的评定都必须同时考虑到投资者承担风险的能力和意愿。当发生投资者承担风险的能力与承担风险的意愿相背离的情况时，基金管理人或基金销售机构应当根据实际情况向投资者提供顾问服务，兼顾投资者承担风险的能力与承担风险的意愿，帮助投资者确定合理的风险容忍度。承担风险的能力和意愿不是一成不变的，随着投资者年龄、收入等状况的改变，两者会发生改变。所以，金融机构会定期对投资者承担风险的能力和意愿进行重新测评。

2. 收益目标

收益目标是指在投资者承担一定风险的前提下，通过资本市场或其他市场，借助特定投资工具获得的投资收益率。

收益目标可以是绝对收益——去除投资费用后的实际回报，也可以是相对收益——绝对收益与某些基准收益之间的差。例如，投资者A买了100元的基金，过了一段时间以111元卖出，买卖过程产生了1元钱的费用，此次投资的绝对收益就是(111-100-1)/100=10%；同一时期内，投资者B获得的投资收益是8%，那么相对于B，A的相对收益就是10%-8%=2%。

收益率有名义收益率与实际收益率之分。实际收益率在名义收益率的基础上扣除了通货膨胀率的影响。如果投资名义收益率与通货膨胀率相等，那么资产的实际购买能力没有任何增长。换句话说，就是名义收益率必须高于通货膨胀率，才能产生真正的回报。对于长期投资者而言，因为通货膨胀的存在，应该关注实际收益率。因为实际收益率能够反映资产的实际购买能力的增长率，而名义收益率仅能反映资产名义数值的增长率。

根据收益与风险的关系，收益率还可以分为必要收益率、无风险收益率与风险收益率。必要收益率也称最低必要报酬率或最低要求的收益率，表示投资者对某资产合理要求的最低收益率。必要收益率与人们认识到的风险有关，人们对资产的安全性有不同的看法，如果某项资产的风险较大，要求的必要收益率就会较高，相反则要求的必要收益率也就较低。无风险收益率是指可以确定的、可知的无风险资产的收益率，为了方便起见，通常用短期国库券的利率近似代替无风险收益率。风险收益率是指某资产持有者因承担该资产的风险而要求的超过无风险利率的额外收益，它的大小取决于风险的大小和投资者对风险的偏好这两个因素。

投资者目标各异，但总是希望在获得较高收益的同时承担较低风险。而事实是，要想获得高预期收益,就必须承担高风险。当投资者提出不切实际的收益要求时,基金管理人或基金销售机构应当为其提供顾问服务,让投资者了解在其自身的风险容忍度和当前的市场环境下能够实现的收益目标,投资者的收益目标应与其风险容忍度相匹配。

有些投资者可投资资产规模较大,愿意进行高风险、高收益的投资,其收益要求与其风险容忍度相匹配,可以投资高风险的基金产品。有些投资者虽然资产规模较大,但承受风险的意愿较低,也不追求高收益,其收益要求与其风险容忍度也是契合的。有些投资者承担风险的能力较弱,但为了获得高收益,愿意承担高风险,此时必须对该类投资者进行充分的风险揭示。

(二) 投资限制

投资限制是指投资者内外部因素给投资者的投资选择所带来的限制。由于投资限制不同,风险容忍度和收益期望相同的投资者也会选择不同的投资产品。这些内外部因素通常包括流动性要求、投资期限、税收政策、法律法规要求以及特殊需求等。其中,流动性要求和投资期限直接影响投资者承担风险的能力,进而限制了投资者的风险目标和收益目标。

1. 流动性要求

流动性是指投资者在短期内以合理价格将资产变成现金的容易程度。某些投资产品不能提前变现,某些投资产品则能随时变现,还有一些投资产品在变现时会遭受一定的损失。如果资产能够在短时间内以合理价格变现,且不需要支付较高的成本,则该资产的流动性较好;反之,如果资产在短期内无法变现,或者只能以较低价格或较高的交易成本变现,则该资产的流动性较差。

投资者需要定期或不定期获得现金以应付各类预期和非预期开支,这就产生了流动性要求。流动性要求可以通过持有现金或者现金等价物或者通过把其他资产转为现金或现金等价物来满足。无论是个人投资者还是机构投资者,都应考虑在短时间内需要现金的可能性,并为非预期的变现需求做出预防性安排,因此,有必要在投资组合中配置一定比例的流动性较强的资产。

流动性要求会影响投资机会和投资收益。首先,流动性要求会影响投资机会的选择。在投资过程中,由于受到资产变现难易和变现成本的制约,投资者的投资范围会受到限制,从而失去一些投资机会;其次,流动性要求会影响投资者对投资收益的追求。对于同类产品,流动性与收益之间常常存在反向关系,即流动性更差的产品往往具有更高的预期收益率。如果没有预期的变现需求,投资者可以适当降低流动性要求,以提高投资的预期收益率。如果投资者用于投资的闲余资金随时可能需要变现以应付生活需要,那么选择流动性较强的银行活期存款或可随时赎回的货币市场基金是较为合适的。

2. 投资期限

投资期限是指投资者从购买金融资产到预定兑现日之间的时间长度。

不同个人投资者的投资期限会有所不同。一些投资者可能在短期内需要变现投资资产以满足资金使用需求,比如,青年投资者在两年内有买房的需求,因此投资款项中至少有一部分只能进行短期投资;而中年投资者可能在多年内都没有变现投资资产的需求,但需要安排资金用于养老,那么就可以选择投资期限较长的资产投资。

不同机构投资者的投资期限也会有所差异。比如,财产保险公司吸纳的保费用于财产保险理赔的数量和时间具有很强的随机性,为了能及时办理赔付,只能将资金用于短期投资,以保证流动性;而寿险公司能够对未来多年内的寿险给付做出较准确的预计,所以可以将保费收入用于长期投资;一笔来源于石油收入的海外财富基金投资款,可能是为了下一代的福利而投资,它的投资期限会更长,甚至是几十年。

投资期限的长短影响投资者的风险容忍度。投资期限越长,投资者能够承担的风险越大,但他也有足够的时间来适应新的投资境况。比如,在遭遇投资损失时,投资者可以通过提高储蓄率、调整投资组合构成、提高无风险资产在投资组合中所占比重等方法来弥补。通常情况下,投资期限与投资收益正相关,历史经验表明,在较长的时间内,市场行情总体向好的概率要大于走低的概率,因此投资期限较长的投资者更可能获得良好的投资业绩,因为即便他们在短期内遭受投资损失,也有更多的时间等待市场恢复。

事实上,无论是机构投资者还是个人投资者,其资金需求往往不是单一的长期需求或短期需求,这就要求投资者将长期投资和短期投资相结合。

■ 思考

投资期限与流动性要求存在怎样的关系?

提示:

通常情况下,投资期限越短,投资者对流动性的要求越高。

3. 税收政策

税收政策对投资者的投资决策具有重要影响。投资业绩是以税后收益率来衡量的。对于面临高税率的个人和机构投资者来说,合规避税和税收递延对投资收益有很大的影响,进而影响投资者的投资决策。相较于没有税收优惠的投资产品,免税或者具有优惠税率的投资产品更加受到投资者的青睐。

4. 法律法规要求

法律法规由政府和监管机构颁布实施,它是限制投资者投资决策的外部因素。投资者在开展投资活动时需要评估法律合规性,其投资行为必须严格遵守法律规定。例如,证券市场禁止内幕交易、操纵市场行为,如果投资者没有按照证券法规进行操作,可能会面临合规风险,甚至需要承担法律责任。

5. 特殊需求

投资者的特殊需求有可能会限制其对投资组合的选择。对于个人投资者来说,特殊需求常常存在于生命周期的不同阶段。例如,根据养老基金参与者平均年龄的不同,投资策略存在明显差异。

此外，有的投资者的投资范围还会受到社会、信仰、伦理等各种独特因素的影响。例如，有的投资者注重环境保护，会拒绝投资于他们认为有损环境的公司。一些医疗基金可能会避免投资于烟草股票，因为鼓励吸烟有悖于其提高人们健康水平的经营宗旨。

二、投资政策说明书

投资政策说明书是投资决策的指导性文件。

投资者在风险容忍度、收益要求、流动性要求、投资期限、税收政策、法律法规要求、特殊需求等方面存在差异，因而产生了多样化的投资需求。当投资管理人了解了投资者需求，确认并量化了投资者的投资目标和投资约束后，应基于投资者的需求、财务状况、投资限制和偏好等，为投资者制定投资政策说明书。

(一) 投资政策说明书的作用

投资政策说明书的作用体现在多个方面。

(1) 能够帮助投资者制定切合实际的投资目标。

(2) 能够帮助投资者将其需求真实、准确、完整地传递给投资管理人，避免双方之间的误解。

(3) 有助于投资管理人更加有效地制定并实施满足投资者需求的投资策略，有助于更好地实现投资组合管理。

(4) 有助于合理评估投资管理人的投资业绩。

(二) 投资政策说明书的格式

投资政策说明书没有标准格式，大部分投资政策说明书都包含以下内容。

(1) 介绍。这一部分主要陈述客户的基本情况。

(2) 目的陈述。这一部分陈述投资政策说明书的制定目的。

(3) 责任和义务的陈述。这一部分详细说明客户、客户资产托管人以及投资管理人的责任和义务。

(4) 流程。这一部分详细介绍根据投资政策说明书进行投资的每一个步骤，以及各种突发情况和偶然情况的应对措施。

(5) 投资目标。这一部分陈述客户的投资目标。

(6) 投资限制。这一部分陈述客户的投资限制因素。

(7) 资产配置。这一部分陈述制定战略资产配置应考虑的因素和结果。这是资产配置的基准，也是对投资组合中资产权重进行再平衡的指导原则。

(8) 投资指导方针。这一部分内容是有关投资政策执行的具体细节，例如，可投资资产类别范围、债券评级和久期限制等。

(9) 业绩考核指标与业绩比较基准。这一部分内容用于业绩评估。

(10) 评估与回顾。这一部分说明如何进行投资绩效信息反馈以及如何对投资政策说明书进行重新审查和更新。

除以上内容，有些机构还将投资决策流程、投资策略与交易机制等内容纳入投资政策说明书。投资政策说明书涉及的投资者需求会不断变化，因此在制定之后不能一成不变，需要定期或不定期地进行重新审核与更新，以确保其与投资者需求的变化保持一致。

习题

第十二章 投资组合管理

第一节 投资管理的理论框架

一、投资理论体系

20世纪30年代前后产生的投资技术分析和基本分析理论,被称为古典投资理论。现代投资理论的一条主线是由马科维茨投资组合理论、资本市场理论和APT模型构成的,另一条主线是由有效市场理论以及对传统思想提出挑战的行为金融理论构成的,如图12-1所示。本书重点论述现代投资管理理论的观点。

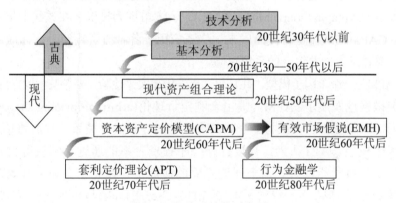

图12-1 投资理论体系发展

二、现代投资管理理论发展概述

1952年,25岁的哈里·马科维茨(Harry Markowitz)在《金融杂志》上发表了一篇题为"资产组合的选择"的文章,首次提出了均值—方差模型,奠定了投资组合理论的基础,标志着现代投资组合理论(modern portfolio theory,MPT)的开端。马科维茨用收益率的期望值来度量收益,用收益率的标准差来度量风险,他推导出的结论是,投资者应该通过同时购买多种证券而不是一种证券进行分散化投资。1990年,马科维茨凭此理论获得诺贝尔经济学奖。马科维茨投资组合理论还包括一个重点内容——投资组合有效边界模型,这是投资组合理论研究的中心问题。"理性投资者"在既定的期望风险水平下选择预期收益最大化,或者在既定的预期收益水平下选择期望风险最小化,从而刻画出投资组合的有效边界。

现代投资组合理论的核心思想就是把多种证券的投资组合看作一个整体来进行分析和度量,然后把投资组合的风险分解为两部分——系统风险和非系统风险。投资者可以通过持有多种类型的证券以达到分散非系统风险的目的,从而进一步降低整个组合的风险。但是该理论也具有一定的局限性,没有进一步说明如何为证券估值和定价,也不能说明投资组合期望回报率与风险之间的关系,因此难以付诸实际应用。随后,威廉·夏普(William Sharpe)、约翰·林特耐(John Linter)和简·莫辛(John Mossin)分别于1964年、1965年和1966年独立研究出著名的资本资产定价模型(capital asset pricing model,CAPM),从而解决了这个问题。1963年,威廉·夏普发表了 *A Simplified Model for Portfolio Analysis* 一文,提出了一个单因子模型,该模型在牺牲了一定的精确性的同时,大大简化了马科维茨投资组合模型,大大减少了大型证券组合应用中的计算,从而提高了投资组合理论的指导作用和实际应用价值。更重要的是,单因子模型为后来的资本资产定价模型(CAPM)奠定了基础。CAPM精确描述了资产的收益、风险以及两者的关系,在一系列假设条件下就投资者行为得出如下结论:对于所有投资者而言,最优的资产组合都是市场资产组合和无风险资产的组合。这种组合的所有可能情况形成一条直线,即资本市场线(capital market line,CML),资本市场为投资者在该线上提供了最优的资源配置。CAPM自从被夏普提出以来,广泛应用于各种投资决策,比如应用于度量各种风险证券或者风险证券组合的系统风险。

鉴于CAPM是一个单因子模型,并且永远无法用事实来检验,斯蒂芬·罗斯(Stephen Ross)于1976年突破性地发展了CAPM,提出套利定价理论(arbitrage pricing theory,APT)。该理论认为,风险资产的收益与多个共同因素之间存在线性关系,从而将单因子CAPM发展为多因子模型。APT认为,只要任何一个投资者不能通过套利获得收益,那么预期收益率一定与风险相联系。这个理论成立的前提是存在完全竞争和有效资本市场。

在这些理论的基础上,费雪·布莱克(Fischer Black)与迈伦·斯克尔斯(Myron Scholes)于1973年发表了一篇关于期权定价的开创性论文,运用随机微分方程理论推导出期权定价模型。同一时期,罗伯特·默顿(Robert Merton)也发现了同样的公式及许多其他有关期权的有用结论,扩展了原模型的内涵,对期权定价理论进行了重要的推广并使之得到广泛应用。罗伯特·默顿和迈伦·斯克尔斯因此获得了1997年诺贝尔经济学奖,布莱克的杰出贡献也得到了肯定。

此外,有效市场理论奠定了现代资本市场理论的基石并构成了其核心内容。资产组合理论产生后,肯德尔(Kendall,1953)与罗伯茨(Roberts,1959)发现股票价格序列类似于随机漫步,他们对这种现象的解释是:在给足所有已知信息后,这些信息一定已经被反映在股价中,所以股价只对新信息做出上涨或下跌的反应。由于新信息是不可预测的，那么随新信息变动的股价必然是随机且不可预测的。尤金·法玛(Eugene F. Fama)于1970年基于这些理论提出了有效市场假说(efficient market hypothesis，EMH)，并把有效市场分为3种不同类型：一是弱有效市场，认为股价已反映了全部能从市场交易数据中得到的信息；二是半强有效市场，认为股价已反映了所有公开的信息；三是强有效市场，认为股价已反映了全部与公司有关的信息，包括所有公开信息及内部信息。尤金·法玛因此贡献获得了2013年的诺贝尔经济学奖。

现代金融理论是建立在资本资产定价模型(CAPM)和有效市场假说(EMH)两大基石之上的。这些经典理论承袭经济学的分析方法与技术，其模型与范式局限在"理性"的分析框架中，忽视了对投资者实际决策行为的分析。随着金融市场上各种异常现象的累积，投资模型和实际的背离使得现代金融理论的理性分析范式陷入了尴尬境地。在此基础上，20世纪80年代，行为金融理论悄然兴起，开始动摇CAPM和EMH的权威地位。行为金融学可以说是一门交叉学科，脱胎于金融学与心理学，与传统经济学不同，该学科主要研究无效市场与非理性投资者的行为。行为金融学依靠心理学在实验研究和经验观察的基础上取得了许多学术成果，向传统金融学中完全理性经济人的假设提出挑战，并建构新的理性分析框架。

综上所述，以1952年马科维茨"资产组合的选择"为开端的现代投资组合理论和资本市场理论逐步发展成熟，并建立了一个比较完备的理论框架。现代投资组合理论是一种建立在有效利用风险之上的理性投资组合决策分析方法，它给投资管理带来了革新。现代资本市场理论的产生使关于金融问题的分析实现了从定性到定量的转变，其涵盖的大量科学分析方法与著名的金融理论，如资产组合理论、资本资产定价模型、套利定价理论、期权定价理论以及作为这些理论基础的有效市场假说等，皆在理论界得到了普遍的认可。在专业投资实践中，人们不仅意识到投资组合方法在达成投资目标方面的重要性，还将定量分析方法运用到投资组合管理中。如今，定量和定性分析方法在投资管理实践中相互补充，得到广泛运用。

第二节 现代投资组合理论

一、现代投资组合理论概述

投资组合理论思想起源于分散投资理念，投资者不仅关心投资收益率，也关心投资风险。马科维茨投资组合理论的核心是利用数学和统计方法来优化投资组合配置以分散风险，从而在风险和收益之间找到最佳平衡。马科维茨投资组合理论的基本假设是投资者是厌恶风险的，如果在两个具有相同预期收益率的证券之间进行选择，投资者会选择投资风险较小的证券；如果要让投资者承担更高的风险，必须有更高的预期收益来补偿。

在回避风险的假定下,马科维茨建立了一个投资组合分析模型,其要点如下所述。

(1) 投资组合具有两个相关特征。一是预期收益率,二是各种可能的收益率围绕其预期值的偏离程度,这种偏离程度可以用方差度量。

(2) 确定有效投资组合。有效投资组合是指在给定的风险水平下使得预期收益最大化的投资组合,以及在给定的预期收益率上使得风险最小化的投资组合。

(3) 识别有效组合。通过适当分析每种证券的预期收益率、收益率方差和每种证券与其他证券之间的相互关系(以协方差来度量)这3类信息,可以在理论上识别出有效投资组合。

(4) 选择有效组合。投资者可以根据投资偏好(以效用函数来描述),从有效投资组合的集合中选择最适合的投资组合(效用最大)。

二、均值—方差分析

(一) 收益衡量——预期收益率

投资者做出投资决策前,可能会综合考虑影响投资收益实现的因素,例如未来经济走势、行业周期、公司发展情况等诸多因素。

预期收益率(expected return)也称为期望收益率,是指在不确定的条件下,预测某资产在诸多因素影响下未来可能实现的收益率,是收益率的期望值。

估算预期收益率的方法:首先,描述影响收益率的各种可能情况;其次,预测各种可能情况发生的概率以及在各种可能情况下收益率的大小,预期收益率实际上是资产各种可能收益率的加权平均值,因此它又被称为平均收益率。如果以E代表收益率,那么期望可表示为

$$E(r)=\sum_{i=1}^{n} P_i r_i \tag{12-1}$$

【例12-1】 金融产品A和B的收益分布如表12-1所示,估算下一年度A和B的期望收益率。

表12-1 金融产品A和B的收益分布

项目	经济上行	经济平稳	经济下行
概率	20%	50%	30%
A年化收益率	13%	7%	3%
B年化收益率	-1%	6%	9%

$E(r_A)=20\% \times 13\%+50\% \times 7\%+30\% \times 3\%=7\%$

$E(r_B)=20\% \times (-1\%)+50\% \times 6\%+30\% \times 9\%=5.5\%$

由多种资产组成的投资组合的预期收益率就是组成资产组合的各种资产收益率的加权平均,权数为各种资产在组合中所占的价值比例。如果$E(r_p)$表示投资组合的预期收益

率，$E(r_i)$ 表示第 i 项资产的收益率，W_i 表示第 i 项资产的权重，n 表示资产数目，那么投资组合期望收益率为

$$E(r_p)=\sum_{i=1}^{n} W_i E(r_i) \tag{12-2}$$

（二）风险衡量——方差和标准差

资产的风险是指资产收益率的不确定性，衡量风险的指标主要有方差和标准差——估计资产实际收益率与预期收益率之间可能的偏离程度。资产收益率方差和标准差的计算公式为

$$\sigma^2=\sum_{i=1}^{n} p_i[r_i-E(r)]^2 \tag{12-3}$$

$$\sigma=\sqrt{\sum_{i=1}^{n} p_i[r_i-E(r)]^2} \tag{12-4}$$

知识链接

方差与标准差

式中：σ^2 表示方差；σ 表示标准差；r_i 表示该资产在第 i 种状态下的收益率；p_i 表示收益率发生的概率；n 表示资产可能的收益（或状态）的总数；$E(r)$ 表示资产的预期收益率。

【例12-2】 金融产品A和B的收益分布如表12-1所示，在例12-1计算的基础上估算下一年度A和B的方差和标准差。

$\sigma_A^2=20\% \times (13\%-7\%)^2+50\% \times (7\%-7\%)^2+30\% \times (3\%-7\%)^2$
　　$=0.0012$

$\sigma_A=0.0346$

$\sigma_B^2=20\% \times (-1\%-5.5\%)^2+50\% \times (6\%-5.5\%)^2+30\% \times (9\%-5.5\%)^2$
　　$=0.001225$

$\sigma_B=0.035$

假定每种状态出现的可能性相同，我们可以用 $1/n$ 来代替概率 p_i，即

$$\sigma^2=\sum_{i=1}^{n} \frac{1}{n}[r_i-E(r)]^2=\frac{1}{n}\sum_{i=1}^{n}[r_i-E(r)]^2 \tag{12-5}$$

知识拓展

均值—方差准则

$$\sigma=\sqrt{\frac{1}{n}\sum_{i=1}^{n}[r_i-E(r)]^2} \tag{12-6}$$

实践中，常常用资产过去 m 期的收益率作为样本来估算该资产收益率的方差和标准差，样本的方差和标准差为

$$\sigma^2=\frac{1}{m-1}\sum_{i=1}^{m}[r_i-\bar{r}]^2 \tag{12-7}$$

$$\sigma=\sqrt{\frac{1}{m-1}\sum_{i=1}^{m}[r_i-\overline{r}]^2} \qquad (12\text{-}8)$$

式中：$\overline{r}$表示样本中m期收益率的均值。样本方差是对总体方差的无偏估计，因此分母应该用$m-1$而不是m。

(三) 资产收益率相关性及衡量

在实践中，各类证券通常会受某些因素的共同影响，因此导致价格波动趋于一致，这种趋同运动变化就是相关性。比如，宏观经济状况会对经济体内的大多数公司的业绩造成影响，行业政策也会对同一个行业中的公司造成普遍影响，一种革新技术的开发与普及应用同样会影响一系列相关产业的业绩。

在投资组合理论中，通常使用协方差和相关系数测度两项风险资产收益之间的相关性。其中，协方差能够测度两项资产收益相互影响的方向，对于已知资产i和j的收益率的联合分布，其协方差为

$$\text{Cov}(r_i, r_j)=E([r_i-E(r_i)][r_j-E(r_j)]) \qquad (12\text{-}9)$$

对于s种(r_i, r_j)的状态，假定某种状态的可能性为p_k，该状态下两种资产的收益率分别为r_{ik}和r_{jk}，那么

$$\text{Cov}(r_i, r_j)=\sum_{k=1}^{s}p_k[r_{ik}-E(r_i)][r_{jk}-E(r_j)] \qquad (12\text{-}10)$$

若使用历史上m期样本计算资产i和j的收益率的协方差，公式为

$$\text{Cov}(r_i, r_j)=\frac{1}{m-1}\sum_{k=1}^{m}p_k(r_{ik}-\overline{r}_i)(r_{jk}-\overline{r}_j) \qquad (12\text{-}11)$$

协方差为正，表明两项资产收益同方向变动；协方差为负，表明两项资产收益反方向变动；协方差为零，表明两项资产收益不相关。协方差能够测度两项资产间收益相互影响的方向，但很难解释相互间影响的程度。

资产收益率相关系数是比较两项资产相关程度强弱的指标，定义为协方差除以两项资产各自标准差的乘积，以希腊字母ρ表示，计算公式为

$$\rho_{ij}=\frac{\text{Cov}(r_i, r_j)}{\sigma_i\sigma_j} \qquad (12\text{-}12)$$

由随机变量的相关性的讨论可知，相关系数的取值范围是$[-1, +1]$，即$-1\leqslant\rho\leqslant 1$。当$\rho>0$时，两变量为正线性相关；当$\rho<0$时，两变量为负线性相关；当$\rho=0$时，两变量间无线性相关关系。当$0<|\rho|<1$时，表示两变量存在一定程度的线性相关；$|\rho|$越接近1，表示两变量间的线性相关越强；$|\rho|$越接近0，表示两变量间的线性相关越弱。当$|\rho|=1$时，表

示两变量为完全线性相关；当 $\rho=+1$ 时，表示两变量完全正相关；当 $\rho=-1$ 时，表示两变量完全负相关。

【例12-3】 在例12-1和例12-2的基础上，估算金融产品A和B间的协方差和相关系数。

$$\begin{aligned}\text{Cov}(r_A, r_B) &= 20\% \times (13\%-7\%) \times (-1\%-5.5\%) \\ &\quad +50\% \times (7\%-7\%) \times (6\%-5.5\%) \\ &\quad +30\% \times (3\%-7\%) \times (9\%-5.5\%) \\ &= -0.0012\end{aligned}$$

$$\rho_{A,B} = \frac{-0.0012}{0.0346 \times 0.035} = -0.99$$

(四) 投资组合风险的度量

投资组合风险的度量可以采用投资组合收益率的方差和标准差。对于两项资产 i 和 j 组成的投资组合，其收益率方差的计算公式为

$$\sigma_p^2 = w_i^2\sigma_i^2 + w_j^2\sigma_j^2 + 2w_iw_j\text{Cov}(r_i, r_j) = w_i^2\sigma_i^2 + w_j^2\sigma_j^2 + 2w_iw_j\rho_{ij}\sigma_i\sigma_j \tag{12-13}$$

式中：σ_p^2 表示组合方差；w_i 与 w_j 表示相应资产在组合中的权重；$\text{Cov}(r_i, r_j)$ 表示任意两项资产收益率的协方差；ρ_{ij} 表示任意两项资产收益率的相关系数；σ_i、σ_j 分别表示资产 i 和资产 j 收益率的标准差。

将组合中的两项资产扩展到 n 项资产，组合收益率方差的计算公式为

$$\sigma_p^2 = \sum_{i=1}^{n} w_i^2\sigma_p^2 + \sum_{i=1}^{n}\sum_{\substack{j=1\\i\neq j}}^{n} w_iw_j\text{Cov}(r_i, r_j) = \sum_{i=1}^{n} w_i^2\sigma_i^2 + \sum_{i=1}^{n}\sum_{\substack{j=1\\i\neq j}}^{n} w_iw_j\rho_{ij}\sigma_i\sigma_j \tag{12-14}$$

式中：σ_p 表示投资组合收益率的标准差。

组合标准差的计算公式为

$$\begin{aligned}\sigma_p &= \sqrt{\sum_{i=1}^{n} w_i^2\sigma_p^2 + \sum_{i=1}^{n}\sum_{\substack{j=1\\i\neq j}}^{n} w_iw_j\text{Cov}(r_i, r_j)} \\ &= \sqrt{\sum_{i=1}^{n} w_i^2\sigma_i^2 + \sum_{i=1}^{n}\sum_{\substack{j=1\\i\neq j}}^{n} w_iw_j\rho_{ij}\sigma_i\sigma_j}\end{aligned} \tag{12-15}$$

(五) 投资组合风险分散

投资组合风险的分散与投资资产数量有关。当投资组合只由几项资产构成时，该组合通常有比较高的风险，具体体现为投资组合收益有一个相对较大的方差。在投资组合中加入新资产会使投资组合收益的方差下降，如图12-2所示，这个过程称为风险分散化。风险分散化的效果可以结合投资组合收益率方差公式(12-14)进行数学论证，随着资产数量的增加，组合风险降低，但风险减少的程度逐渐降低，呈现边际效用递减；同时，投资组合管理成本提高，增加资产数量带来的好处已经微不足道，而且也不可能无限制地增加资产数量。

投资组合风险的分散还涉及投资组合资产间的相关程度。投资组合的方差是各单一资产的方差与资产间相关系数的因变量。单一资产方差不变，相关系数越小，投资组合的方差也越小。在实际投资过程中，我们需要掌握一些关键技巧来有效地分散风险，可以选择不同类型、不同行业、不同区域的资产。比如，选择股票、债券、黄金等不同类型的资产，因各项资产之间相关程度较低，可以降低投资组合内单一资产的风险。

通过以上分析，我们可以得到一个重要的结论：如果各项资产的收益为负相关或不相关，在适当的范围内增加投资组合中的资产数量，投资组合风险分散效果较好；如果各项资产的收益为正相关，降低投资组合方差会变得比较困难，并且降低的幅度也很小，投资组合风险分散效果不好。具体到基金投资中，分散投资不仅体现为资产数量的分散，还体现为资产类型、行业和区域的分散。

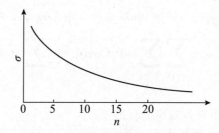

图12-2　资产数量与组合风险关系

三、收益—方差界面

对于由两项资产i和j构成的组合P，给出一个特定的投资比例，可以得到一个特定的投资组合，它具有特定的预期收益率和标准差，在标准差—预期收益率坐标平面中表现为一个特定的点。如果让投资比例在一个范围内连续变化，可以得到投资组合点在标准差—预期收益率坐标平面中的运动轨迹，即收益—方差界面。

两项资产i和j构成的所有可能的组合应满足下述方程关系

$$\bar{r}_j = w_i \bar{r}_i + (1-w_i)\bar{r}_j \tag{12-16}$$

$$\sigma_p = [w_i^2 \sigma_p^2 + (1-w_i)^2 \sigma_p^2 + 2w_i(1-w_i)\sigma_i \sigma_j \rho_{ij}]^{1/2} \qquad (12\text{-}17)$$

基于相关系数对组合风险的影响，给定不同的相关系数，可以得到不同的轨迹，这里分3种情况进行讨论。

(1) 当资产i和资产j完全正相关时，即$\rho_{ij}=1$，组合方程式(12-16)和(12-17)可以转换为

$$\bar{r}_p = w_i \bar{r}_i + w_j \bar{r}_j \qquad (12\text{-}16\text{a})$$

$$\sigma_p = w_i \sigma_i = w_j \sigma_j \qquad (12\text{-}17\text{a})$$

显然，式(12-16a)和式(12-17a)在风险收益坐标中确定的σ_p和$\bar{r}_p$的关系是一条连接点$(\sigma_i, \bar{r}_i)$和点$(\sigma_j, \bar{r}_j)$的直线，如图12-3所示，直线上的每一个点表示不同权重的投资组合。在$\rho_{ij}=1$的前提下，随着资产i的权重w_i从1到0的变化，投资组合的均值和方差沿着直线从点$(\sigma_i, \bar{r}_i)$向点$(\sigma_j, \bar{r}_j)$移动，这条线是两种资产组合的边界。

(2) 当资产i和资产j完全负相关时，即$\rho_{ij}=-1$，组合方程式(12-16)和(12-17)可以转换为

$$\bar{r}_p = w_i \bar{r}_i + w_j \bar{r}_j \qquad (12\text{-}16\text{b})$$

$$\sigma_p = |w_i \sigma_i - w_j \sigma_j| \qquad (12\text{-}17\text{b})$$

由式(12-17b)可见，当两项资产收益率的相关系数等于-1时，一定能找到一点，使得投资组合的标准差为0。式(12-16b)和式(12-17b)在风险收益坐标中确定的σ_p和$\bar{r}_p$的关系是一条连接点$(\sigma_i, \bar{r}_i)$和点$(\sigma_j, \bar{r}_j)$且转折点在y轴的折线，构成了两种资产组合的另一条边界，如图12-3所示。

(3) 当资产i和资产j不完全相关时，即$-1<\rho_{ij}<1$，σ_p和$\bar{r}_p$的关系由式(12-16)和式(12-17)表示，那么两项资产的投资组合将呈一条向左上方弯曲的曲线，曲线上的每一个点表示资产权重不同的投资组合。由于ρ_{ij}在-1和+1之间，表明该曲线位于以上两种情形确定的三角形区域内，且向左弯曲。曲线的弯曲程度由相关系数决定，相关系数越小，曲线越向左边弯曲，组合风险越小(即在收益率相同的情况下，风险更小)，组合的效用越高。

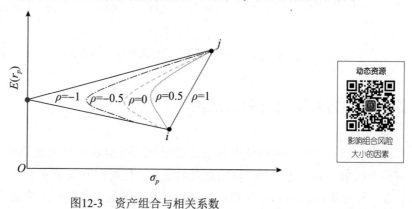

图12-3　资产组合与相关系数

值得注意的是，资产收益之间的相关性会影响投资组合的风险，但不会影响投资组

合的预期收益率。

【拓展训练】

假定资产1和资产2的预期收益率及标准差如表12-2所示。

表12-2 资产预期收益率及标准差

资产	预期收益率/%	标准差/%
资产1	6	5
资产2	8	9

为了比较不同相关系数对投资组合风险的影响，考虑相关系数取-1、-0.5、0、0.5、1这5种情况。

不管相关系数取何值，图12-4中的曲线必定通过代表资产1的点(5%、6%)和代表资产2的点(9%、8%)，这两点分别对应全额投资于资产1及全额投资于资产2的情形。卖空被限制时，投资组合的收益率介于资产1的收益率与资产2的收益率之间，因此曲线在资产1与资产2之间的部分对应卖空被限制的情形，而两端的部分代表存在卖空的情形。观察不同曲线在资产1与资产2之间的部分，可以发现，相关系数值越小，曲线越靠左，即投资组合的风险越低；而预期收益率只与两种资产在投资组合中所占的比例有关，与相关系数无关。

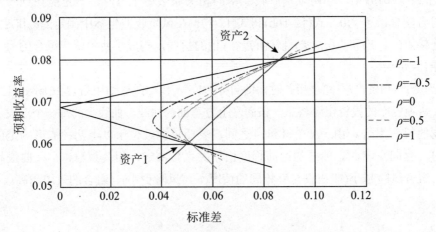

图12-4 资产1和资产2在不同相关系数下的预期收益率和标准差

四、最小方差前沿与有效前沿

前文已论述过，两种资产构成的组合风险收益轨迹是一条曲线，将3种及以上资产进行两两组合后，连接组合风险收益的轨迹，便可得到一个实心区域，即资产组合的可行集。可行集(feasible set)又称机会集，代表市场上可投资产所形成的所有组合，所有可能的组合都位于可行集的内部或边界上。通常，可行集的形状如图12-5所示，其具体形状和在坐标平面中的位置取决于投资组合所包含的特定证券。

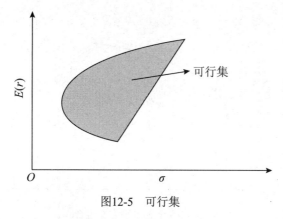

图12-5　可行集

在可行集的不同位置，资产组合的风险收益是不同的。面对多个风险收益关系不同的组合，投资者通常按照以下原则选择投资方案。

(1) 如果收益水平既定，追求风险水平最低的投资组合。

(2) 如果风险水平既定，追求收益水平最高的投资组合。

在可行集中，把所有具有相同收益率的组合进行比较，我们会发现，位于可行集最左边的组合具有更低的风险。根据第(1)项原则，在收益水平既定的情况下，投资者会追求最小的风险，投资那些风险更小的组合。因此，可行集最左边的点是投资者会选择的有效投资组合，而右边所有的点都是无效的。把可行集最左边的点连在一起，可以形成一条曲线，这条曲线称为最小方差前沿，如图12-6所示。最小方差前沿上的每个点是所有风险资产构成的组合，各个点的区别是风险资产的权重不同。

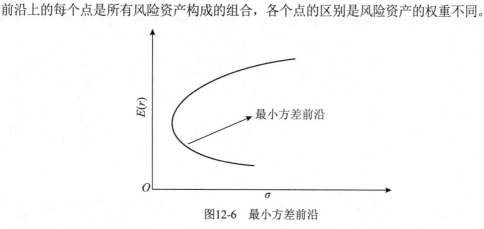

图12-6　最小方差前沿

在最小方差前沿最左边的拐点处，有一条与纵轴平行的直线与最小方差前沿相切，产生一个交点(切点C)，这个切点称为全局最小方差组合，如图12-7所示。全局最小方差组合是所有资产组合中风险最小的一个组合，因为它在最左边，没有哪一个组合的风险会比组合C的风险更小。同时，这一点也是最小方差前沿上半部分与下半部分的分界点。在风险水平一定的情况下，最小方差前沿上半部分的点具有更高的预期收益率。根据第(2)项原则，如果风险水平既定，投资者会选择收益水平最高的投资组合。因此，最小方差前沿只有上半部分是有效的。

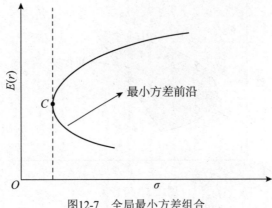

图12-7　全局最小方差组合

从全局最小方差组合开始，最小方差前沿的上半部分称为马科维茨有效前沿，简称有效前沿(efficient frontier)。有效前沿是能够得到的最优投资组合的集合，它位于所有资产和资产组合的左上方，如图12-8所示。

所有单项资产都位于有效前沿的右下方，有效前沿的左上方无法利用现有市场上的风险资产来获得。在一定的预期收益率下，有效前沿上的投资组合风险最低；在一定的风险水平下，有效前沿上的投资组合预期收益率水平最高。有效前沿上的投资组合称为有效组合(efficient portfolio)，其特点是包含所有风险资产，所以称有效组合是完全分散化的投资组合。

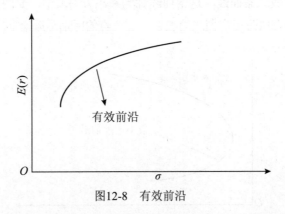

图12-8　有效前沿

有效前沿是由全部有效投资组合构成的集合。如果一个投资组合在所有风险相同的投资组合中具有最高的预期收益率，或者在所有预期收益率相同的投资组合中具有最低的风险水平，那么这个投资组合就是有效的。换句话说，如果一个投资组合是有效的，那么投资者就无法找到另一个预期收益率更高且风险更低的投资组合。有效前沿中有无数预期收益率和风险各不相同的投资组合，每一个点代表一个有效投资组合。如果一个有效投资组合相对于另一个有效投资组合在预期收益率方面有优势，那么在风险方面就一定有劣势。投资组合管理公司要做的就是在不考虑客户风险容忍度的情况下，为客户构建风险资产的有效组合。

五、效用、无差异曲线和最优组合

面对有效前沿中无数个预期收益和风险各不相同的投资者组合,投资者要对组合的收益和风险进行权衡,进而寻找到使自身效用最大化的资产组合。因为不同投资者对待风险的态度不一样,对待风险和收益的衡量不一样,最终选择的最优投资组合也不一样,所以要解决如何在有效前沿中选择最优资产组合的问题,我们首先要分析投资者对风险的态度和效用。

根据投资者对风险的态度,可以将投资者分为风险偏好、风险中性和风险厌恶3类。风险偏好的投资者喜欢投资结果的不确定性,在预期收益相同的投资方案中,会选择风险最大的投资方案。风险中性的投资者会根据预期收益这一个指标做出投资决策,不关心风险。风险厌恶的投资者不喜欢投资结果的不确定性,更喜欢确定的收益,因此在预期收益相同的投资方案中,他们会选择风险最小的投资方案。

知识拓展
风险偏好与效用函数

效用是指投资带给人的满意程度。不同资产给同一投资者带来的效用是不一样的,相同资产给不同投资者带来的效用也不一样。投资者总是选择效用高的资产进行投资。假定投资者可以根据资产(或资产组合)的预期收益与风险情况对效用进行量化比较,就可以得出其效用函数,常用的表达式为

$$U = E(r) - \frac{1}{2} A\sigma^2 \qquad (12\text{-}18)$$

式中:U表示效用值;A表示某投资者的风险厌恶系数;$E(r)$表示资产的预期收益;σ^2表示资产收益的方差。

从式(12-8)可以看出,某资产的预期收益增加效用水平;因为风险厌恶系数不同,资产的风险对效用的作用效果不同,风险厌恶系数越大的投资者,越能感受到风险的存在,效用也就越低。

■ 思考

风险厌恶系数A有不同的取值,分别表示哪种类型的投资者?
提示:
$A=0$,风险对效用不产生影响,表示风险中性者。
$A>0$,风险减少效用水平,表示风险厌恶者。
$A=0$,风险对效用不产生影响,表示风险中性者。
$A<0$,风险增加效用水平,表示风险偏好者。

马科维茨投资组合理论假设投资者是厌恶风险的,这样的投资者不会愿意持有一个无效的投资组合,因为投资者可以构造出一个与该无效投资组合风险相同但预期收益率更高的投资组合,或具有与该无效投资组合相同的预期收益率但风险更低的投资组合。

为了促使风险厌恶的投资者购买风险资产，市场应向其提供风险溢价，即额外的期望收益率，从而得到一系列满意程度相同(无差异)的投资组合。

投资者的效用函数也可以改写为

$$E(r) = \frac{1}{2} A\sigma^2 + U \tag{12-19}$$

此时可以画出一条描述投资组合对投资者的满意程度无差异的曲线，那么这条曲线称为无差异曲线(indifference curve)。无差异曲线是在预期收益—标准差坐标平面上由相同给定效用水平的所有点组成的曲线，如图12-9所示。

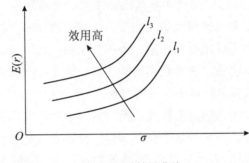

图12-9　无差异曲线

一簇无差异曲线具有以下特点。

(1) 同一条无差异曲线上的所有点向投资者提供相同的效用。

(2) 风险厌恶的投资者的无差异曲线是从左下方向右上方倾斜的，且曲线自左向右越来越陡峭。

(3) 同一投资者的无差异曲线不相交。对于给定风险厌恶系数A的某投资者来说，可以画出无数条无差异曲线，且这些曲线不会交叉。

(4) 自右下方向左上方移动(在图12-9中，从l_1向l_2移动，再向l_3移动)，无差异曲线代表的投资者效用逐渐增加。

(5) 无差异曲线的弯曲程度因人而异。风险厌恶程度高的投资者与风险厌恶程度低的投资者相比，其无差异曲线更陡峭，因为随着风险的增加，其要求的风险溢价更高。

面对有效前沿的众多资产组合，投资者应该如何选择使其投资效用最大化的最优投资组合？可以根据投资者对待风险的态度，在有效前沿的同一坐标中画出投资者的无差异曲线，使投资者效用最大化的是无差异曲线和有效前沿相切的点所代表的投资组合，这一组合称为最优组合(optimal portfolio)。投资者按照这一组合进行投资可以获得最大的投资效用，因为这个点在有效前沿上，它是投资者可以实际选择的点，而它又是所有与有效前沿相交的无差异曲线中位于最上方的无差异曲线上的点，因此它是投资者可以获得最大效用的点。对于风险厌恶程度不同的投资者，使其效用最大化的无差异曲线和有效前沿的切点的位置也不同，即最优组合不同。如图12-10所示，X投资者比Y投资者更加厌恶风险，因此X的最优组合在Y的最优组合的左下方。

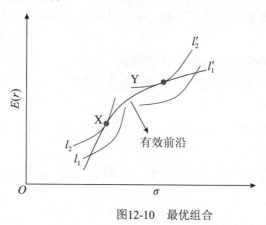

图12-10 最优组合

第三节 资本市场理论

一、资本市场理论的假设及主要观点

(一) 资本市场理论的假设

20世纪60年代,威廉·夏普(William Sharpe)、约翰·林特耐(John Lintner)和简·莫辛(Jan Mossin)三位学者基于马科维茨的均值方差模型,提出了资本市场理论和资本资产定价模型,研究在特定假设下均衡价格的形成。资本市场理论和资本资产定价模型的前提假设包括以下内容。

(1) 所有投资者都是理性的、厌恶风险的,都以马科维茨均值—方差分析框架来分析资产,追求效用最大化,购买位于有效前沿与无差异曲线的切点的最优组合。当所有投资者都按照此理论选择投资效用最大化的最优组合后,资本市场便会达到一种市场均衡状态,即资金借贷量相等且对所有风险资产的供求也相等的状态。

(2) 投资者可以固定的无风险利率无限地借入或贷出资金。马科维茨投资组合理论认为,世界上所有的资产都是有风险的。威廉·夏普第一次引入了无风险资产。无风险资产是指未来收益率没有不确定性的资产,任何情况下获取的收益率都是无风险收益率,其风险(方差、标准差)为0,与其他资产间的协方差为0。

(3) 所有投资者的期望相同,即所有投资者对经济局势的评价都是一致的,认为同一项资产的收益率服从的概率分布都是相同的。所有投资者对各种资产的预期收益率、风险及资产间的相关性都做出同样的判断,即对所有资产具有一致的看法。这一假定也被称为同质期望假定或同质信念假定。

(4) 所有投资者的投资期限都是相同的，并且不在投资期限内对投资组合做动态调整。

(5) 所有投资都是无限可分的，可投资任意数量。

(6) 市场中的金融交易不会产生交易佣金以及税收负担。

(7) 信息是免费的，并可立即获得。

(8) 投资者是价格的接受者，他们的买卖行为不会改变资产价格，每个投资者都不能对市场定价造成显著影响。

资本市场理论的前提假设可以归结为两条：一是所有投资者都是相同的；二是市场是有效的。

(二) 资本市场理论假设的观点

以上假设忽略了许多现实世界的复杂性，但为我们提供了认识市场均衡状态本质的方法。在这些假设前提下，可主要总结出如下理论观点，我们将在之后的章节进行详细阐述。

(1) 所有投资者将选择持有包括所有证券资产在内的市场投资组合M。市场投资组合包含市场上所有的风险资产，并且各项资产的投资比例与整个市场上风险资产的相对市值比例一致。

(2) 投资者将在资本市场线上(新的有效前沿)选择无风险资产和风险资产的投资配比。投资者可以选择将无风险资产和任意风险资产组合在一起进行投资，此时将面临无数的市场机会线，即资本配置线。资本市场线(capital market line，CML)是从无风险资产到市场组合M的连线，也是市场上可获得的最佳资本配置线。所有投资者均将市场组合M作为其最佳风险投资组合，投资区别在于市场组合与无风险资产的配比。

(3) 证券市场线描述了资产的预期收益与其系统风险的正相关关系。资产收益等于无风险利率加上该资产的风险溢价。风险溢价由市场组合的风险报酬和特定资产的风险β系数两部分构成。

(4) β系数衡量资产收益率相对于市场组合收益率变化的敏感度，也用来衡量个别资产相对于整个市场的价格波动情况。

二、资本配置线

马科维茨有效前沿上的投资组合仅包含所有风险资产，威廉·夏普对马科维茨有效前沿做了改进，引入了无风险资产。

对于一个由风险资产组合X和无风险资产F组成的投资组合，其中风险资产组合X的权重为ω_x，收益率为$E(R_x)$，标准差为σ_x；无风险资产F的权重为$(1-\omega_x)$，收益率为R_f，标

准差为0，那么，投资组合的预期收益率为

$$E(R_p)=(1-\omega_x)R_f+\omega_x E(R_x)= R_f+\omega_x[E(R_x)-R_f] \tag{12-20}$$

投资组合的方差为

$$\sigma_p^2 = \omega_x^2\sigma_p^2 + (1-\omega_x)^2\sigma_f^2 + 2\omega_x(1-\omega_x)\sigma_x\sigma_f\rho_{xf} \tag{12-21}$$

由于无风险资产的标准差为0($\sigma_f = 0$)，投资组合方差可以简化为

$$\sigma_p^2 = \omega_x^2\sigma_x^2 \tag{12-22}$$

标准差为

$$\sigma_p = \omega_x\sigma_x \tag{12-23}$$

解出，可得到

$$\omega_x = \frac{\sigma_p}{\sigma_x} \tag{12-24}$$

将式(12-24)代入式(12-20)，可得

$$E(R_p)= R_f + \left[\frac{E(R_x)-R_f}{\sigma_x}\right]\times\sigma_p \tag{12-25}$$

由式(12-25)可以看出，投资组合的预期收益$E(R_p)$与其标准差σ_p呈同向线性变动关系，在坐标图中是一条直线，即资本配置线(capital allocation line，CAL)，式(12-25)为资本配置线的表达式。这样，给定投资组合X，投资者就可以构建出风险资产和无风险资产的组合，通过改变无风险资产的比例，就可以描绘出资本配置线。资本配置线上的点表示无风险资产与风险资产的线性组合，具有以下特征。

(1) 截距是无风险收益率R_f。投资者将资产100%投入到无风险资产($\omega_x=0$)中，获得确定的收益水平。

(2) 投资者将资产100%投入到风险资产($\omega_x=1$)中，组合收益为风险资产的收益$E(R_p)$，风险为σ_x，具体见图12-11中的X点。

(3) 将资产配置于风险资产($0<\omega_x<1$)和无风险资产(贷出)，这时投资组合的收益处于R_f和$E(R_p)$之间，风险小于σ_x，具体见图12-11中的R_fM段。

(4) 投资者利用无风险利率借入资金，投入到风险资产($\omega_x>1$)的资金多于自有资金，具体见图2-11中X点以上的部分。通过实施融资杠杆策略构建的投资组合，称为杠杆投资组合。

(5) 斜率是$\dfrac{E(R_x)-R_f}{\sigma_x}$。值得注意的是，这个斜率就是风险资产X的夏普比率(Sharpe ratio)，也是这条资本配置线上任意一点的夏普比率，表示单位风险要求的回报率。斜率越大，投资者的风险补偿程度就越高。

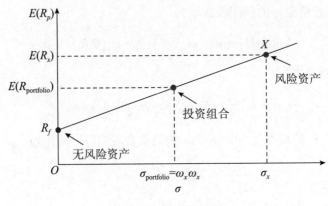

图12-11 资本配置线

每一个投资者对于收益和风险都有不同的预期和偏好,因此,每一个投资者都有不同的最优投资组合以及不同的资本配置线。有效前沿上的点表示对所有投资者来说最优的风险投资组合。根据资本配置的特征,我们将无风险收益率的点与有效前沿上的点相连,可以得到无数条资本配置线,如图12-12所示。

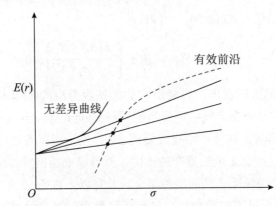

图12-12 资本配置线与有效前沿

在无数条资本配置线中,最优的资本配置线是与有效前沿相切的那一条。因为在相同的风险水平下,最优资本配置线的斜率最大,其预期收益率最高,如图12-13所示。

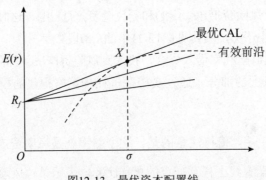

图12-13 最优资本配置线

三、资本市场线和市场投资组合

对于投资者来说,最佳资本配置线是与马科维茨有效前沿相切的一条直线,称为资本市场线(capital market line,CML)。资本市场线从纵轴上的无风险利率点R_f处向上延伸,与原马科维茨有效前沿曲线相切于点M,这条直线包含所有风险资产投资组合M与无风险资产的组合。如图12-14所示,当市场达到均衡时,切点M即为市场投资组合(market portfolio)。理论上,市场投资组合包含市场上所有的风险资产,并且各项资产的投资比例与整个市场上风险资产的相对市值比例一致。

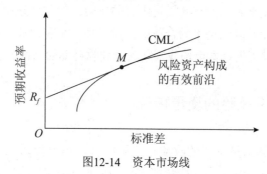

图12-14 资本市场线

资本市场线的表达式为

$$E(R_p) = R_f + \left[\frac{E(R_M) - R_f}{\sigma_M}\right] \times \sigma_p \tag{12-26}$$

从式(12-26)可以看出,CML的斜率是$\frac{E(R_M) - R_f}{\sigma_M}$,它是市场组合的夏普比率,而资本市场线上任意一个组合的夏普比率都等于市场组合的夏普比率。资本市场线的斜率是最大的,选择这条直线,投资者就能获得市场上最高的单位风险报酬。因此,资本市场线取代了马科维茨有效前沿,成为新的有效前沿,资本市场线上所有的组合都是有效组合,即所有的组合都是完全分散化的资产组合。

根据前述理论的假定,所有投资者都有相同的预期,都是理性的。既然如此,那么所有投资者都会得到同样的有效前沿,所有投资者的选择最终都会落在资本市场线上。因此,每一位投资者都将以无风险资产和市场投资组合M来构造适合自己需求的最优投资组合,所不同的只是每个投资者的风险态度不同,在M上的资金投放比例不同。

市场投资组合具有3个重要的特征:其一,它是有效前沿上唯一一个不含无风险资产的投资组合;其二,有效前沿上的任何投资组合都可看作市场投资组合M与无风险资产的再组合;其三,市场投资组合完全由市场决定,与投资者的偏好无关。因此,市场投资组合在资本资产定价理论中占有重要的地位。

> **■ 思考**
>
> 市场投资组合在现实市场中真实存在吗?
>
> **提示:**
>
> 市场指数尤其是综合指数,可以视为现实市场的市场投资组合。

资本市场线实际上指出了有效投资组合的风险与预期收益率之间的关系,提供了衡量有效投资组合风险的方法。有效投资组合是分布于资本市场线上的点,代表有效前沿,它指出了以标准差来表示的有效投资组合的风险,它与回报率之间存在一种线性关系,因此以标准差来度量风险是更为合适的。对于每一个有效投资组合而言,如果给定其风险的大小,便可以根据资本市场线判断其预期收益率的高低。

四、β 系数——投资风险的衡量指标

方差和标准差能够衡量资产的收益—风险特征,但不能对风险的构成进行分析。这里引入 β 系数(beta coefficient)来衡量资产所面临的系统性风险。β 系数刻画的是资产与整个市场组合之间的趋势关系,衡量的是资产收益率和市场组合收益率之间的线性关系,表达式为

$$r_{it} = \alpha_i + \beta_i r_{mt} + \varepsilon_{it} \tag{12-27}$$

式中:r_{it} 表示 t 期资产 i 的实际收益率;r_{mt} 表示 t 期市场组合的收益率;β_i 表示该资产的 β 系数,是该线性方程的斜率;α_i 表示线性方程的截距项;ε_{it} 表示误差项,表示证券 i 的实际收益与回归线的偏离程度。

经过推导可得

$$\beta_i = \frac{\text{Cov}(r_i, r_m)}{\sigma_m^2} = \frac{\sigma_i}{\sigma_m} \times \rho_{im} \tag{12-28}$$

式中:β_i 表示资产的 β 系数;Cov_{im} 表示资产收益率和市场组合收益率之间的协方差;σ_m^2 表示市场组合收益率的方差;σ_i 表示资产收益率的标准差;ρ_{im} 表示资产收益率和市场组合收益率之间的相关系数。

根据资产组合理论中关于协方差的论述可知,某项资产同自身的协方差就是它的方差,因此,对于市场组合而言,其 β 系数等于1,表达式为

$$\beta_m = \frac{\text{Cov}(r_i, r_m)}{\sigma_m^2} = \frac{\sigma_m^2}{\sigma_m^2} = 1 \tag{12-29}$$

β 系数度量的是资产收益率相对于市场波动的敏感性。例如,当 $\beta_i = 1.5$ 时,市场上涨

1%，该资产随之上涨1.5%；当β_i=0.5时，市场下跌1%，该资产随之下跌0.5%。

> **■ 思考**
>
> β系数主要应用于哪些方面？
> **提示：**
> (1) 划分证券或证券组合的类型并进行分析。
> (2) 根据市场走势进行投资决策。

β系数的应用

五、证券市场的风险结构

根据式(12-29)对r_i的方差求解，可得

$$\sigma_i^2 = \beta_m^2 \sigma_m^2 + \sigma_{\varepsilon i}^2 \tag{12-30}$$

可见，资产的风险即方差可以分解为两部分。其中，第一部分是由整个市场波动引起的、不能通过构造资产组合分散掉的风险，称为系统性风险(systematic risk)；第二部分是与整个市场波动无关、与公司特质相联系、可以通过构造资产组合分散掉的风险，称为非系统性风险(unsystematic risk)。资产的总风险可以表示为系统性风险和非系统性风险之和，即

系统性风险与非系统性风险

$$总风险 = 系统性风险 + 非系统性风险$$

针对系统性风险和非系统性风险的不同特点，投资者可以建立一个分散化的投资组合，来消除总风险中可以分散掉的风险，即非系统性风险。图12-15说明了组合投资对于分散投资风险的效果。组合分散掉的是非系统性风险，通过马科维茨投资组合理论可知，随着资产种类的增多，非系统性风险将越来越小，总风险将接近于系统性风险。因此，投资分散化能降低非系统性风险，却不可能消除系统性风险，在图12-15中，表现为总风险水平曲线逐渐变平。

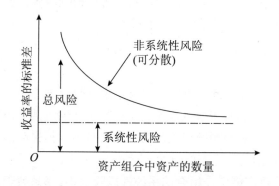

市场风险结构及衡量

图12-15 系统性风险和非系统性风险

"天下没有免费的午餐",投资者通常会要求在承担风险的时候得到风险补偿,即风险溢价。非系统性风险可以通过构造资产组合分散掉,是可以避免的风险,因此,承担非系统性风险不能得到风险补偿。风险补偿只能是对不可避免的风险的补偿,即对承担系统性风险的补偿。因此,投资者在尽量分散非系统性风险的同时,应根据市场走势进行判断,运用β系数进行投资决策,放大系统性风险带来的补偿,避免系统性风险引发的亏损。

在此前提下,资产在市场均衡状态下的收益率取决于该资产或资产组合的系统性风险,而不是由方差衡量的总风险。在资本市场线的表达式中,虽然用方差或标准差来衡量总风险,但是资本市场线上的市场组合是一个完全分散化的资产组合,其非系统性风险都被分散掉了,所以市场组合只有系统性风险。而资本市场线上的任意一个组合都是对无风险资产和市场组合进行配比得到的,因为无风险资产是没有风险的,市场组合只有系统性风险,所以由这两者构成的组合也只有系统性风险。因此,资本市场线上的任意一个组合只有系统性风险,没有非系统性风险。

> ■ 思考
>
> 如何应对系统性风险?
>
> **提示**:系统性风险无法分散,可以运用系数制定投资策略,放大系统性风险带来的补偿。

六、资本资产定价模型

资本资产定价模型(capital asset pricing model,CAPM)以马科维茨投资组合理论为基础,主要研究如果投资者都按照分散化理念去投资,最终证券市场达到均衡时,如何决定价格和收益率的问题。CAPM的核心思想是,在市场均衡状态下,资产预期收益和系统性风险正相关。

CAPM的建立基于本节开头所述的一系列假设。这些假设虽然并不符合现实情况,但针对问题的解决提出了基础理论。在此基础上,我们可以根据现实情况一步一步更改假设,修改模型,从而得到相对合理且贴近现实的模型。

(一) CAPM的主要思想

CAPM假设所有投资者都进行充分分散化的投资,没有投资者"关心"非系统性风险。因此,只有证券或证券组合的系统性风险才能获得收益补偿,其非系统性风险得不到收益补偿。按照该逻辑,投资者要想获得更高的报酬,必须承担更高的系统性风险,投资者承担额外的非系统性风险将不会产生收益。

CAPM使用β系数来描述资产或资产组合的系统性风险大小。β系数表示资产对市场收益变动的敏感性。在充分分散化的投资组合中,单只证券对高度分散化的组合的风险

贡献取决于其用 β 系数衡量的系统性风险。因此,任意资产的风险溢价与市场组合的风险溢价成正比,与其 β 系数也成正比,即

$$\frac{E(r_i)-r_f}{\beta_i}=\frac{E(r_m)-r_f}{\beta_m}=\frac{E(r_m)-r_f}{1} \tag{12-31}$$

式中:$E(r_i)$ 表示资产 i 的预期收益率;$E(r_m)$ 表示市场组合的预期收益率;r_f 表示无风险收益率;β_i 表示资产 i 的 β 系数,市场组合的 β_m 为1;$E(r_i)-r_f$ 表示资产风险溢价;$E(r_m)-r_f$ 表示市场组合风险溢价。

将式(12-31)变形,可得资本资产定价模型的公式为

$$E(r_i)=r_f+\beta_i[E(r_m)-r_f] \tag{12-32}$$

CAPM 体现了资产的预期收益率与系统性风险之间的正向关系,即任何资产的市场风险溢价(收益率超过无风险利率的差额)等于资产的系统性风险(β 系数)乘市场组合的风险溢价。这一关系不仅对任意单一资产成立,对任意的资产组合也是成立的。

β 值是衡量资产风险水平的一个指标,与马科维茨投资组合理论中衡量总风险的标准差指标不同,β 值衡量的是系统性风险。在资产定价过程中,对于投资者而言,只有系统性风险才是最重要的,只有承担系统性风险才能获得补偿。投资者要求的资产风险溢价与 β 系数成正比,风险溢价等于 $\beta_i[E(r_m)-r_f]$。

(二) 证券市场线

如果给定市场组合的预期收益率和无风险收益率,就可以将式(12-32)视为均衡状态下资产的系统性风险与其预期收益率之间的线性关系。这个关系在预期收益率—β 平面中表现为一条直线,可以称其为证券市场线(security market line,SML),如图12-16所示。证券市场线的斜率是市场组合的风险溢价。一项资产或一个资产组合的 β 系数越高,它的预期收益率越高。当 β 系数为0时,资产的预期收益率等于无风险收益率;当 β 系数为1时,相对应的预期收益率是市场组合的预期收益率,即图12-16中的 M 点。所以,证券市场线必过 $(0,R_f)$ 和 $[1,E(r_m)]$ 两点。

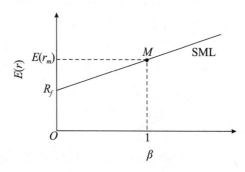

图12-16 证券市场线

证券市场线是以资本市场线为基础发展起来的。资本市场线给出了所有有效投资组合风险与预期收益率之间的关系,但没有指出每一项资产的风险与预期收益率之间的关

系；而证券市场线给出了每一项资产的风险与预期收益率之间的关系，也就是说，证券市场线能为每一项资产进行定价，这是CAPM的核心。

> **思考**
>
> 比较证券市场线与资本市场线，两者有哪些相同点和不同点呢？
>
> **提示：**
>
> 相同点：两者都反映预期收益率与风险的关系，都经过无风险资产和市场组合两点。
>
> 不同点：衡量的风险(系统性风险和总风险)不同；斜率(市场组合风险溢价和市场组合的夏普比率)不同；适合范围(任意单一资产或组合，包含有效组合和无效组合)不同；市场状态(强调均衡和任何市场状态)不同。

(三) α系数

在CAPM中，证券市场线上的点代表在市场均衡状态下，资产的β值和预期收益率的关系。也就是说，当市场达到均衡状态时，资产的β值和预期收益率都落在证券市场线上，所以证券市场线是投资者的最优选择以及市场均衡力量共同作用的结果。但市场大多时候往往不均衡，那么资产就不会落在证券市场线上。若某资产或资产组合的预期收益率高于与其β值对应的预期收益率，即位于证券市场线的上方，理性投资者将更偏好该资产或资产组合，市场对该资产或资产组合的需求超过其供给，最终将会抬升其价格，导致其预期收益率降低，回归到证券市场线上；反之，若某资产或资产组合的预期收益率低于与其β值对应的预期收益率，即位于证券市场线的下方，理性投资者将不愿意投资该资产或资产组合，导致市场对它供过于求，价格下降，预期收益率上升，最终该资产或资产组合的收益率也会向证券市场线回归。

证券市场线可以用来判断一项资产的定价是否合理。如果一项资产的定价合理，那么就应当位于证券市场线上，如图12-17中的A点所示，此时资产β值对应的证券市场线上的预期收益率可以视为均衡预期收益率。如果一项资产的定价不合理，会偏离证券市场线，又分为两种情形：一是一项资产的价格被高估(收益率被低估)，其应当位于证券市场线的下方，如图12-17中的B点所示；二是一项资产的价格被低估(收益率被高估)，其应当位于证券市场线的上方，如图12-17中的C点所示。

在现实中，CAPM的假设条件未必能得到满足。不是所有投资者都会完全按照分散化的理念去投资，不同投资者对于各项资产的预期收益率及风险的判断也不会完全一致。这将导致现实中各项资产的预期收益率未必与CAPM的预测结果一致。CAPM解释不了的收益部分，有时称为"超额"收益，习惯上用α来描述，即α系数描述的是投资或基金的绝对回报和按照β系数计算的预期风险回报之间的差额，用公式表示为

$$\alpha = 市场预期收益率 - 均衡预期收益率$$

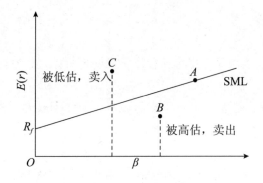

图12-17 资产价格的评估

利用α结果可以判断资产的定价情况,并为投资者提供决策指导,具体分为以下3种情况。

当α=0时,资产被合理定价,在证券市场线上,投资者无法获取超额收益。

当α>0时,资产价格被低估,在证券市场线的上方,预示资产价格未来会上涨。

当α<0时,资产价格被高估,在证券市场线的下方,预示资产价格未来会下降。

【例12-1】 如果市场预期收益率为10%,某只股票的β值为1.2,无风险收益率为3%,假设某投资者估计这只股票的收益率为15%,那么这只股票定价是否合理?如何进行投资操作?

依据证券市场线可以得出这只股票的均衡预期收益率为

均衡预期收益率=3%+1.2×(10%−3%)=11.4%

α=15%−11.4%=3.6%

由此可知,股票价格被低估,投资者可以买进,待价格上涨后卖出,以获取超额收益。

资产的α值如图12-18所示。

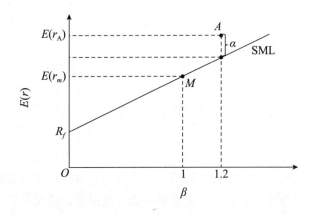

图12-18 资产的α值

> **■ 思考**
>
> 如果投资者可以从多项资产中选择投资,应如何根据α值进行选择呢?
>
> **提示:**
>
> α值代表市场预期收益率对均衡状态的偏离,所以$|\alpha|$越大,代表偏离越大,超额收益越高。

CAPM为投资业绩评价提供了一个基准。对于不同的资产组合,由于风险不同,其收益率并不能直接比较,而α值反映了市场风险调整后的超额收益。

第四节 有效市场理论

股票价格的"随机游走"学说,将"随机游走"和"布朗运动"的概念正式应用于股市。该学说认为,股价的对数序列是随机游走的,或者股价遵循几何布朗运动规律,所以股票价格不可预测。在此基础上,1965年,尤金·法玛在《金融分析家》一文中将股票价格变动与所有市场参与者信息结合在一起,首次提出了信息有效和有效市场的概念。在一个信息有效的市场上,所有市场参与者的信息都可以被引入价格决定过程,从而导致价格变化是不可预测的。

一、市场有效性

对于一个信息有效的市场来说,投资工具任意一个时点的价格均真实、准确地反映了该证券及其发行人在该时点的全部有关信息,包括基本面信息、价格与风险信息等。在这样的市场上,任何证券的现行市场价格即为真实价值,无论投资者选择何种证券,都不能获得超额收益。证券价格只对新信息做出反映,而新信息是不可预测的,所以价格也是不可预测的。

在市场有效的情况下,研究股票没有多大意义,因为市场价格已经反映了所有信息,投资者无法获取超额收益,都只能获取市场平均收益;而在市场无效的情况下,股价相较于公司的前景有可能被高估或者低估,投资管理人如果能发现定价的偏离,就有可能从中获得超额收益。

20世纪70年代,美国芝加哥大学教授尤金·法玛决定为市场有效性建立一套标准。法玛依据时间维度,把信息划分为历史信息、当前公开可得信息以及内部信息。其中,历史信息主要包括证券交易的有关历史资料,如历史股价、成交量等;当前公开可得信息即一切可公开获得的有关公司财务及公司发展前景等方面的信息;内部信息是指还未公开、只有公司内部人员才能获得的私人信息。在此基础上，法玛从信息集的角度将有效市场分为3种形式，即弱有效、半强有效与强有效市场。

(一) 弱有效市场

弱有效市场，是指证券价格能够充分反映所有可以从历史交易数据中获得的信息，如证券过去的成交价格、交易量等。如果这些历史信息对证券价格的变动不会产生任何影响，就意味着证券市场达到了弱有效。这说明这些历史信息已经被投资者充分消化利用并反映到证券价格上，投资者无法利用历史价格所包含的信息来获取超额收益。因此，在一个弱有效市场中，任何为了预测未来证券价格走势而对以往价格、交易量等历史信息所进行的技术分析都是徒劳的。

(二) 半强有效市场

半强有效市场，是指证券价格不仅能反映历史价格信息，还能反映当前所有与公司证券有关的公开信息。所谓公开信息，包括公司的生产状况、财务状况、红利发放、股票分拆、公司购并等各种公告信息。在半强有效的假设下，任何与公司价值有关的公开信息所反映的事件并不需要真正发生，而是预测其可能会发生的信息一旦公布，证券价格就会相应发生变化。因此，如果市场是半强有效的，市场参与者就不可能从任何公开信息中获取超额利润，这意味着利用公司盈利和红利前景、未来预期及风险评估来决定证券价格的基本面分析方法失效了。

当然，在半强有效市场中，价格对信息的反应不是瞬间完成的，也需要一个过程，只是这个过程比较短暂，并且伴随着剧烈的价格波动。如果公开信息的传播速度快且均匀，那么每个投资者都能同时掌握和使用有关公开信息进行投资决策，证券价格也能在很短的时间内调整到位，消化掉所有的公开信息。价格在吸收信息的过程中，会围绕着新的均衡价格上下波动，但是不会出现显著偏离新的均衡价格的情况。所以，在半强有效市场中，公开信息不会给投资者带来超额利润。如果在信息吸收过程中，价格显著高于或低于新的均衡价格，就意味着公开信息对证券价格的变动趋势仍产生影响，一些人能通过分析这些公开信息获取超额利润，这也表明证券市场尚未达到半强有效状态。

(三) 强有效市场

强有效市场，是指证券价格能充分、及时地反映证券及证券发行人有关的所有信息，包括历史信息、公开发布的信息和未公开发布的内部信息。强有效市场中的证券价格反映的信息不仅包含弱有效市场和半强有效市场的内涵，而且包含一些只有"内部人"才能获得的内幕信息。在证券市场上，总有一部分人具有一定的信息优势，例如上市公司管理层通常掌握尚未公开发布的公司信息。强有效市场意味着任何投资者，即便是那些拥有"内部信息"的市场参与者都不能凭借收集信息获得超额收益，因为市场价格已经完全体现了全部的信息，所以，一家前景良好的公司股价应当比较高，因为股价反映了未来分配给股东的利润;反之,一家前景不好的公司股价应当比较低。这意味着,在一个强有效市场中,任何投资者不管采用何种分析方法,除了偶尔靠运气"预测"到证券价格的变化外,是不可能重复、连续地取得成功的。

强有效市场是一个极端假设,至于市场中的证券价格是如何反映内部信息从而达到强有效状态的,主要依赖两个假设:一是信息泄露并迅速传播,从而导致未公开的信息已经"公开化"。在很多国家,虽然利用内幕信息进行交易是违法的,但仍不能阻止利用内幕信息进行内幕交易。二是理性人的理性学习行为,即理性的外部分析人总是能够从人们利用内部信息进行交易的知情者手中"学习"到该消息,或是通过分析、打探获得内部信息,并迅速采取行动追求超额收益这将导致内幕信息与公开信息难以区分。如果市场是强有效的,监管部门就没必要出台各种法规来禁止内幕交易,因为内部人也无法获得超额收益;如果监管部门不断出台各种内幕交易禁令,说明市场未达到强有效的状态。

通过分析可知,弱有效市场所对应的信息集最小,半强有效市场所对应的信息集包括弱有效市场的信息集和公开信息,强有效市场所对应的信息集不仅包括半强有效市场的信息集,而且包括只有内部人才能掌握的信息。3种市场有效性的信息集的层次关系如图12-19所示。同时,这3种形式的市场有效性暗示了3种投资方法的无效性(无法获得超额收益):弱有效市场上的技术分析是无效的;半强有效市场上的基本面分析是无效的;强有效市场上的内幕交易是无效的。

图12-19 市场有效性的3个层次

二、投资策略的选择

在投资理财过程中,投资者面临两种基本的投资策略,即被动投资策略和主动投资策略。

(一) 被动投资策略

被动投资策略是指投资者以长期收益和有限管理为出发点来购买投资品种,一般选取特定的指数成分股作为投资对象,不主动寻求超越市场的表现,而是试图复制指数的表现。相反,相信市场定价有效的投资者认为,除了靠一时的运气战胜市场之外,想要系统性地跑赢市场是不

可能的。但这并不意味着投资者应该回避股市，而是应该追求被动投资策略，即复制市场基准的收益与风险，不试图跑赢市场的策略。在市场定价有效的前提下，投资者想要提高收益，最佳选择是采用被动投资策略，任何主动投资策略都将导致不必要的交易成本。

在被动投资策略下，投资经理不会尝试利用基本面分析找出被低估或高估的股票，也不会试图利用技术分析或者数量方法预测市场的总体走势，并根据市场走势相应地调整股票组合。被动投资通过跟踪指数获得基准指数的回报。

1. 证券价格指数

证券交易所或金融服务机构通常会在证券市场上选择一些具有代表性的证券(或全部证券)，通过对证券交易价格进行平均和动态对比来生成指数，借此来反映某一类证券(或整个市场)价格的变化情况。目前，证券指数编制方法主要有3种，即算术平均法、几何平均法和加权平均法。

常见的证券价格指数有股票价格指数和债券价格指数。国际上主要的股票价格指数有道琼斯股价平均指数、标准普尔股价指数、金融时报股价指数、日经指数等；主要的债券价格指数有美林债券指数、JP摩根债券指数、雷曼兄弟债券指数、道琼斯公司债券指数和摩根士丹利资本国际债券指数等。我国也有较为完备的股票价格指数和债券价格指数，其中股票价格指数主要有上证股票价格指数、深证综合股票价格指数、沪深300指数、上证180指数等；债券价格指数主要有中国债券系列指数、上海证券交易所国债指数和中信债券指数等。

2. 指数跟踪方法

指数跟踪也称指数复制，是指通过利用一个证券组合复制某一现实指数或者虚拟指数的市场表现，来获取与指数相近的收益。投资对象主要是指数成分证券(根据复制需要，可以包括少量具有类似性质的非指数成分证券)。在理论上复制一个指数非常简单，但实际操作起来却是一个精细且复杂的过程。

> ■ 思考
>
> 比较编制指数和复制指数的区别。
>
> 提示：
>
> 首先，编制指数时不用考虑各种费用，但是在复制指数时需要考虑各种成本(交易费用、销售费用和管理费用)。
>
> 其次，大多数编制指数的变动使用的价格是调整日的收盘价，但是复制指数的变动使用的价格是成交均价(因为权重的调整往往需要多次交易才能完成)。

根据市场条件的不同，通常有3种指数复制方法，即完全复制、抽样复制和优化复制。3种复制方法使用的样本股票的数量依次递减，但是跟踪误差通常依次增加。

(1) 完全复制。采用完全复制法时，通过购买所有指数成分证券，完全按照成分证券在指数中的权重配置资金,并在指数结构调整时同步进行结构调整,来实现与指数完全相同的收益率。

在理论上,完全复制是最好的策略,方法简单明了,跟踪误差较小,但完全复制实际操作难度较大。对于流动性较差的成分证券,在复制过程中买卖的冲击成本会对复制效果造成较大的影响,债券指数化投资过程中的流动性问题更加显著,因此完全复制是不可能实现的。所以该方法比较适用于成分证券数量少、流动性较高的指数,尤其适用于大市值股票指数,例如道琼斯工业指数、上证50指数等。

(2) 抽样复制。采用抽样复制法时,首先基于一定原则来抽取少数有代表性的样本证券,然后通过最优化过程使投资组合与标的指数保持较为接近的风险暴露程度。此外,还应设置影响指数的风险收益的主要因子,这些因子包括行业因子以及风格因子,应在尽可能保留因子个数和因子结构不变的情况下,复制较少的股票因子,从而减少复制指数所用的股票数量。由于因子模型并不能完全描述指数的风险收益特征,因子不能解释的残余部分会造成跟踪误差。

根据抽样方法的不同,抽样复制又可以分为市值优先抽样、分层抽样等方法。采用市值优先抽样时,首先把股票按市值从大到小排序,选择排名靠前的股票(通常会选择一部分成分证券,如60%);然后统计出所选成分证券的总权重,每只成分证券的配比等于该成分证券在总权重中所占的比例。采用分层抽样时,按照共有属性和特征把指数成分证券总体划分为多个子组,在每一个子组中选择若干成分证券,从而提高样本成分证券组合对指数的代表性。

抽样复制的优点是样本的代表性比较好,抽样误差比较小;缺点是抽样过程比简单随机抽样繁杂。定量调查中的分层抽样是一种卓越的概率抽样方式,在调查中经常被使用。

(3) 优化复制。采用优化复制法时,从一篮子样本证券开始,用数理组合构建方法,通过目标函数最优化的过程来寻找一个权重组合,使该组合在样本期内能够达到对标指数的最佳拟合状态。

优化复制的优点是使用的样本证券最少;缺点是这种方法完全基于对历史数据的统计和挖掘,对模型输入数据较为敏感,在不同计算期得到的权重差异较大,而且该方法假设成分证券的相关性在一段时间内是相对静态、可预测的,能在未来延续,这就导致该方法往往具有较高的跟踪误差。

3种方法比较,抽样复制结合了完全复制和优化复制的优点,能使投资组合在各风险因子上的暴露程度接近标的指数,尤其是行业权重大多与标的指数的行业权重一致,仅在每个行业内进行股票优选。目前,大多数指数增强基金都采用抽样复制。

3. 跟踪误差

跟踪误差(tracking error)是度量一个证券组合相对于某基准组合偏离程度的重要指标,被广泛用于被动投资及主动投资管理者的业绩考核。其中,跟踪偏离度(tracking difference)的计算公式为

$$跟踪偏离度 = 证券组合的真实收益率 - 基准组合的收益率$$

跟踪误差是证券组合相对于基准的跟踪偏离度的标准差。因此，计算跟踪误差时，首先应选择基准组合，然后计算投资组合相对于基准组合的跟踪偏离度，最后计算跟踪偏离度的标准差，即跟踪误差。基准组合的选择与投资管理者的投资理念有关，只有选择与投资组合类型和风格相适应的基准组合才能准确地考查投资管理者的业绩。

通常来说，一般的指数追踪技术关注最小化跟踪误差的方差，并考虑组合收益与标的指数收益的相关性，或者是组合调整的交易成本最小化。对于指数型基金经理来说，应在跟踪误差和交易成本之间寻求平衡，两者是此消彼长的关系。对于目标就是复制某指数的被动型投资策略(如指数基金)来说，由于跟踪偏离度在理论上应该为零，跟踪误差在理论上也为零。但是在不完全复制的情况下，出现一定的跟踪误差是在所难免的。即便是完全复制，由于交易费用和流动性成本的影响，也不可能做到跟踪误差为零。作为被动型投资者，其目标就是在成本允许的情况下，尽可能地降低跟踪误差。

从理论上讲，如果采用完全复制策略应该不会存在追踪误差，但在实际中并非如此，产生跟踪误差的原因主要有如下几个方面。

(1) 复制误差。指数基金无法完全复制标的指数配置结构，因此会带来结构性偏离。如果因流动性不足而难以以公允的价格买到指数基金的某些成分股时，指数基金将增加交易活跃的股票的权重，降低流动性差的股票的权重。

(2) 现金留存。为保证投资者的申购和赎回而有现金留存，可能导致指数基金不能满仓投资于指数标的，这时指数基金的收益与计算的指数会产生偏离。

(3) 各项费用。基金运行会产生管理费、托管费，交易证券会产生佣金、印花税等，这些都是运作基金、复制基准指数的成本。费用越高，跟踪误差就会越大，因为基准指数是不存在管理费扣除的。

(4) 其他影响。分红因素、大规模的申购和赎回以及交易证券时的冲击成本也会对跟踪误差产生影响。

(二) 主动投资策略

主动投资策略也称积极投资策略，是指投资者在一定的投资限制和范围内，通过积极的证券选择和时机选择努力寻求最大的投资收益率，试图跑赢市场。主动型投资者注重寻找被低估或高估的资产类别、行业或证券，也有的主动型投资者试图通过市场择时(在市场估值较低的时候买入，在市场估值较高的时候卖出)来获得超额收益。显然，实施积极的投资策略必须基于这样一种信念，即通过采取耗费时间和精力的积极策略来获取超额收益是可能的，并且这些收益可能只在市场定价无效的条件下存在。因此，主动型投资者选择什么策略完全取决于其对市场有效性以及有效程度的判断。

与被动投资策略相比，在一个并非完全有效的市场上，主动投资策略更能体现其价值，从而给投资者带来较高的回报，原因在于主动型投资者能够掌握比其他大多数投资者更全面的信息，即市场"共识"以外的有价值的信息。此外，在面对相同的信息时，主动型投资者能够比其他大多数投资者更高效地运用信息并通过积极交易产生回报。

主动型投资者常常采用基本面分析、技术分析方法，其投资业绩主要取决于运用信息的能力和掌握的投资机会的数量，即信息深度和信息广度。首先，在投资经理所掌握的投资机会不变的情况下，其投资技能的上升会带来信息比率的上升。这是显而易见的，一个经验丰富的投资者应该比一个经验欠缺的投资者更容易获得风险调整后的收益。其次，在同等的投资技能水平下，掌握大量投资机会的投资经理比掌握少量投资机会的投资经理更能提高投资组合的信息比率。在通常情况下，针对一个投资机会所能挖掘的信息是有限的，只有在不断扩展投资机会的情况下，才能获得更高的主动收益。

投资机会的多少与投资机会的运用效率存在相互替代的关系。一个具有较高投资技能但只掌握较少投资机会的投资经理，很可能与一个投资能力一般但掌握较多投资机会的投资经理取得相同的投资业绩。但是投资经理经常会面临两难的境地，即在扩展投资机会的同时往往会降低投资机会的运用效率，例如投资经理可能无法及时、有效地运用可得的信息。

对于主动型投资者而言，偏离基准组合可能是其有意追求主动收益的结果，但并不能保证每次偏离都获得正回报，因此出现数额较大的正主动收益或者负主动收益都是可能的。与被动投资相比，主动投资的主动收益是投资者主动获取的，特别是在寻求正主动收益时，更能体现这种主动性。

主动收益(active return)的计算公式为

$$主动收益=证券组合的真实收益率-基准组合的收益率$$

通过计算主动收益的标准差，可以得出主动型投资者的主动风险(active risk)。主动风险可定义为一个证券组合的主动收益的标准差。

值得注意的是，主动收益的计算公式与被动投资中的跟踪偏离度的计算公式相同，主动风险的计算公式与被动投资中的跟踪误差的计算公式相同。主动投资的目标是增加主动收益，减少主动风险，提高信息比率；而被动投资的目标是同时降低跟踪偏离度和跟踪误差。

在现实中，被动投资与主动投资并不是完全对立的，有些投资策略介于两者之间。例如，投资者在投资基金产品时，可以在运用被动投资策略的基础上做出一定的主动调整，使基金成为指数增强基金；采用主动投资策略的投资者也可以对部分仓位进行指数化投资，其余做主动投资，以提高收益。

第五节 行为金融理论

一、行为金融理论对有效市场理论的挑战

在新古典金融学分析框架下，金融市场是信息有效且完全竞争的，投资者以理性无

偏的方式设定其主观概率。资产组合理论、资本资产定价模型、套利定价理论、期权定价理论等经典理论都是以投资者理性行为和完美市场假设作为理论前提的，有效市场假说更是投资者理性行为的极致体现。然而，进入20世纪80年代以来，越来越多的证据表明，投资者的投资决策往往偏离经典金融学理论的假设，表现为行为偏差。投资者的实际决策过程并不是现代金融理论所描述的最优化过程，从而导致证券市场上的证券价格偏离建立在最优决策模型等现代金融理论假设基础上的价格。现实生活中，很多投资者的决策并不是理性的，这直接冲击了有效市场假说关于投资者理性的假设，动摇了有效市场假说的根基。尽管有些学者指出，投资者的非理性决策相互独立，非理性买入与非理性卖出相互冲销，对资产价格的影响可以忽略不计，但充分的实证证据表明，金融市场中投资者的决策并不是相互独立的，而表现为普遍受到消极或乐观情绪的影响，即羊群效应。

越来越多的实证证据表明，投资者行为偏差系统性地影响资产价格和公司行为，而传统金融学理论无法解释这些现象。学术界质疑理性人假设的合理性和传统资产定价理论，并转向其他领域寻求解释。行为金融理论将心理学的研究成果纳入金融学研究框架，探索人类的决策行为偏差及其对资产价格的影响。行为金融学一方面完善了对众多金融异象的理论解释，另一方面不断挑战传统金融学并推动金融学科的发展。行为金融学是在现代金融学遭遇大量无法解释的市场异象的情况下产生的，虽然其历史较短，影响力却不断增强。

行为金融理论对传统有效市场理论的挑战，正是基于对有效市场假说理论基础的挑战，主要表现在以下3个方面。

(一) 投资者并不是理性的

行为金融理论发现，市场上大量投资者的行为实际上并不能满足效用最大化的要求，这些投资者被称为"噪声交易者"，他们凭借"噪声"而非信息进行交易。这些投资者往往不注重最终的财富水平，更关注某一参照标准来衡量得失。在投资决策方面，他们往往依据"直觉"，而不是最优决策模型。他们在学习过程中往往对最近一段时间收集的数据和最新的经验赋予更大的权重，忽略了偶然性，而且具有情绪性。现实世界中的人其实是有限理性的，做出判断时会受到无关信息的影响。

(二) 投资者行为具有相关性

有效市场假说的第二个理论基础认为，非理性投资者的交易是不相关的，随机交易使得非理性行为不会对市场产生影响。大量心理学研究表明，人们并不是偶尔偏离理性，而是通常以同样的方式偏离理性。即使个人投资者依靠自己的经验法则进行直觉判断从而做出交易决策，他们的交易仍然具有很强的相关性。而且人们的行为偏差是系统性的，许多投资者倾向于在大致相同的时间试图买卖相同的证券。如果"噪声交易者"

受到"传言"的影响或者跟从他人的决策而做出投资决策时，这种状况将更加严重，可能导致大量投资者犯同样的错误，此时投资者的偏差行为具有群体性和系统性。

(三) 套利充满风险且作用有限

有效市场假说的最后一道防线是基于套利的有效市场。如果套利能够抵消非理性投资者的偏差，市场依然有效，但现实中的套利行为不仅充满风险而且作用有限。套利机制是否有效取决于是否能找到近似的替代资产，但许多资产并没有良好的替代资产。由于某种原因，证券会出现"定价偏差"，套利者无法运用套利理论进行无风险的买空卖空交易，对套利者而言，不存在无风险的套利策略。而且在理性投资者和噪声投资者相互影响的经济体中，消除错误定价是有成本的，例如发现套利机会的信息成本、套利操作的执行成本等。这些原因使得很多错误定价不能成为套利机会，因而定价偏差可能长期存在。

二、行为金融理论的基础

行为金融理论主要建立在有限套利的金融基础之上，运用心理学的前景理论和行为偏差理论解释市场异常现象。行为金融理论主要分析行为偏差及其对资产价格和公司行为的影响。每一类偏差中包含很多行为偏差，本节主要介绍与有效市场假说密切关联的行为偏差。

1. 直觉驱动偏差(heuristic-driven bias)

投资者在形成认知和做出决策时往往依据经验法则进行直觉判断，这种判断往往会产生系统性偏差，即直觉驱动偏差。常见的直觉驱动偏差有代表性、选择性、过度自信、保守性和小数法则偏差。

代表性偏差是指人们喜欢把事物分为几个典型的类别，在对事件进行概率估计时，过分强调这种典型类别的重要性，而不顾有关其他潜在可能性的证据。

选择性偏差是指人们倾向于通过随机数据序列洞察某种模式，从而造成系统性的预测偏差。例如，大多数投资者坚信好公司代表好股票，这就是一种选择性偏差，其实好公司的股票在价格过高时未必是最佳投资标的。

过度自信偏差是指在经验环境下，人们对自己的判断给予较窄的置信区间，对自己的决定具有独断性，坚持己见，以自己的意愿代替客观事物发展的规律。当客观环境发生变化时，也不肯更改自己的目的和计划，拒绝他人的意见或建议。

保守性偏差是指人们倾向于在形成期望时低估最新信息的作用，或者说，人们对新信息的态度很保守，在形成预期时没有赋予新信息必要的权重。

小数法则偏差是指人们往往将从小样本中获得的概率分布等同于大样本的经验平均值。例如，一位投资者观察到一位基金经理在过去两年的投资业绩好于市场平均水平，就得出这位基金经理比一般基金经理优秀的结论。

2. 框架依赖偏差(frame dependence bias)

人们对被择方案或投资方案的二择一决策，往往会受到语言描述方式的影响，这种由于描述方式的改变而导致选择偏好发生改变的现象称为框架效应。人们决策时往往受限于其采用的特定框架，由此产生的偏差即为框架依赖偏差。框架依赖偏差主要包括损失厌恶、后悔厌恶、享乐式编辑等。

损失厌恶(loss aversion)是指人们面对等量的收益和损失时，往往更加难以忍受损失，等量的损失带来的负效用为等量的收益带来的正效用的2.5倍。损失厌恶反映了人们的风险偏好并不是一致的，当涉及收益时，人们表现为风险厌恶；当涉及损失时，人们则表现为风险寻求。

后悔厌恶是指人们犯错误后会感受到后悔的痛苦，并会过度自责，这就导致人们在决策时会将避免后悔作为一个重要的考量要素。马科维茨于1988年进一步解释其在个人资产配置中考虑的因素时指出，除了风险与收益的权衡，"把未来的后悔降到最低"也是投资者考虑的重要因素。

享乐式编辑(hedonic editing)是指人们的风险偏好不是固定不变的，相对于某一个框架，人们更倾向于接受或偏好另一个框架。例如，投资者的账户出现多只股票浮亏，由于投资者存在损失厌恶心理，每出现一笔亏损都会给他带来痛苦。为了减轻痛苦的感受，投资者可能会同时卖出所有亏损的股票，并置换投资指数基金。

框架依赖偏差的一个重要现象是投资者的处置效应(disposition effect)。处置效应是指投资者在处置股票时，倾向于卖出盈利的股票并持有长期亏损的股票。而实证研究表明，投资者卖出的盈利股票往往会在处置后继续上涨，而持有的亏损股票在未来会继续下跌。

三、行为金融理论的主要模型

(一) DSSW模型

为了研究噪声交易，德朗(De Long)、施莱弗(Shleifer)、萨默斯(Summers)和瓦尔德曼(Waldmann)于1990年建立了DSSW(De Long-Shleifer-Summers-Waldmann)模型，通过该模型，描述了外生有偏信息禀赋的投资者交易行为，并分析了这些噪声交易者的生存能力。

在DSSW模型中，存在两类投资者，一类为理性交易者；另一类为噪声交易者。噪声交易者错误地认为，他们掌握了关于风险资产未来价格的特殊信息，这些特殊信息可能是经纪商或者其他咨询机构释放的虚假信号，但噪声交易者认为这些信号中包含有价值的信息，并以此作为投资决策的依据。作为对噪声交易者行为的回应，理性投资者的最优策略是将噪声交易者的这些非理性观念作为自己赚取利润的机会。理性投资者会在噪声交易者压低价格的时候买进而在相反的时机卖出，这种策略称为"反向交易策略"。反向交易策略在一些时候会使资产价格趋向其基本面价值，但并不总是能达成这种效果。也就是说,不宜夸大理性投资者的套利策略对于资产回归其基本面价值的作用,因为在很多情况下,套利的功能是有限的。在DSSW模型中,即使是在不存在基本面风险的情况下,仅仅是噪声交易者的行为也会让从事套利活动的理性投资者面临风险,从而限制套利的功能。

(二) BSV模型

BSV模型是由巴博拉斯(Barberis)、席勒佛(Shleifer)和威什尼(Vishny)于1998年提出的投资者情绪模型(sentiment model),用于解释投资者过于激烈或消极的反应。BSV模型认为,人们在做出投资决策时存在两种心理判断偏差,即选择性偏差(selection bias)和保守性偏差(conservatism bias)。选择性偏差是指投资者过分重视近期数据的变化模式,面对这些数据的总体特性重视不够。保守性偏差是指投资者不能及时根据情况变化修正自己的预测模型。BSV模型从这两个偏差出发,解释投资者决策模式是如何导致证券市场价格变化偏离有效市场假说的。

此外,投资者的过度自信同样可以解释困惑金融学家的"波动性之谜"。假定一个投资者通过公开市场信息形成对未来现金流增长的先验信念,而后自己收集信息,他就会对这些私有信息过度自信,必然会高估这些私有信息的准确度,并赋予其比先验信息更高的权重。如果投资者掌握的私有信息属于利好信息,他会把股价推到与当前红利相比高得多的价位;相反,如果这些信息属于利空信息,投资者就会刻意打压股价,从而引起价格红利比的过度波动。

(三) DHS模型

DHS模型是由丹尼尔(Daniel)、豪斯菲尔(Hirsheifer)和萨布莱曼依(Subramanyam)于2001年提出的关于过度反应和反应不足的行为模式。DHS模型将投资者分为有信息和无信息两类,其中无信息投资者不存在判断偏差,有信息投资者存在过度自信(overconfidence)和自我归因偏差(biased self attribution)这两种判断偏差,而证券的市场价格是由有信息投资者所决定的。正是因为有信息投资者容易受到上述两种认知偏差的影响,从而导致对私人信息的过度反应和对公开信息的反应不足。

DHS模型将投资者的过度自信定义为对私人信息准确性的高估,但投资者不会高估所有人都掌握的公众信息。过度自信的投资者会对前期掌握的私人信息赋予更大的权重,这将导致股价的过度反应。在投资者过度自信的诱因下,市场过度反应的现象和资产价格过度波动的现象相继伴生(希勒,Shiller,1979,1981)。一般而言,投资者对近期的消息倾向于过度反应,致使股票价格偏离其内在价值。这种现象无疑使有效市场假说面临严重考验。

(四) BHS模型

BHS模型是由巴伯瑞斯(Barberis)、黄(Huang)和桑托斯(Santos)于2001提出的,该模型是从投资者的效用函数入手，基于均质市场假设而建立的损失厌恶资产定价模型即从投资者的风险态度的角度来考虑资产定价问题。BHS模型将投资者的动态风险厌恶加上狭窄框架引入到传统的效用函数分析中，它认为投资者不仅从消费中获得效用，同时也从资产价格的变动中获得效用。在BHS模型中，投资者风险厌恶的程度取决于其先期的投资绩效，先期盈利的投资者表现得比其他投资者更容易接受风险性赌博。为了进一步说明损失风险厌恶心理，BHS模型假设存在一个阶梯性的线性价值函数，在某一个参照点上，该函数在亏损时的斜率较盈利时更大。

BHS模型主要用于解释股票风险溢价之谜、股票价格大幅波动之谜和股票回报时间序列可预测之谜等问题。BHS模型认为，投资者存在短视的损失厌恶，对短期损失赋予更大的决策权重，从而导致人们在长期的资产配置中趋于保守，更少地投资于短期波动率较大但长期波动率显著降低且回报率较高的股票，进而导致股票风险溢价之谜。当股票市场被有关利好消息连续不断地刺激后，股票价格开始持续上涨，投资者将从中获利。随着收益的增加，投资者的风险偏好发生了改变——风险厌恶程度降低。这主要是因为投资者前期的收益可以在一定程度上弥补随后因操作不慎而带来的损失。在这样的情况下，投资者会变得比较积极进取，选择投入更多的资金到股票市场，从而推动股票市场价格进一步上涨。相反，如果股票价格持续下降，投资者面对亏损会变得更为谨慎，更为厌恶风险，从而导致股价继续下降，进而导致股票价格大幅波动，波动大意味着风险高，投资者会要求更高的溢价。

(五) 行为资产定价模型

行为资产定价模型(behavioral asset pricing model，BAPM)是由谢弗林和斯塔特曼(Shefrin & Statman)于1994年提出的，该模型存在以下两个基本假设：非标准行为(非完美理性行为)；非理性预期和偏好影响的金融资产价格。这两个基本假设蕴含的意义在于投资者的有限理性和有限套利。

BAPM将投资者分为两类，即信息交易者和噪声交易者。信息交易者是严格按照标准CAPM假设进行投资活动的理性交易者，不存在认知偏差，只关注组合的均值和方差，通过套利活动使证券价格回归其价值；而噪声交易者常常会产生认知偏差，没有严格的均值—方差偏好。

四、行为投资策略

行为金融理论关注投资者的实际心理和经济行为，注重研究决策行为的特征，从而为金融决策提供了现实的指导。行为金融理论认为，投资者的行为偏差是证券市场异象(错误定价)的成因。投资者获取超常收益是建立在别人犯错而自己不犯错的基础上，通过利用其他投资者的认知偏差和行为偏差来制定相应的投资策略而获利。避免自己犯类似的认知和情绪等行为偏差错误，即进行良好的自我控制是投资者战胜市场的有效方法。正如巴菲特曾所说："在别人贪婪的时候恐惧，在别人恐惧的时候贪婪。"

不同于通过致力于挖掘信息获取超额收益的传统型投资者，以及通过开发更好的模型比市场更好地处理信息而获取超额收益的数量型投资者，通过开发市场投资者行为而获取超额收益的行为型投资者旨在找出导致市场有偏的行为因素，利用投资者所犯的系统认知偏差造成的市场非有效性来制定投资策略，即行为投资策略。

采用行为投资策略的投资者能够有效利用股票的错误定价，在大多数投资者认识到这些错误定价之前投资于这些价格有偏的股票，在大多数投资者意识到这些错误定价并开始投资相关股票导致股票价格定位趋于合理时再卖出这些股票。由于人们的心理和行为基本上是稳定的，投资者可以利用人们的行为偏差长期获利。

行为投资策略寻求并确定投资者可能对新信息反应过度或反应不足的市场情形，这也是行为投资策略产生的根源。投资者可以依据证券市场的特性，采用相应的行为金融投资策略。下面介绍几种被广泛运用的行为投资策略。

(一) 逆向投资策略

逆向投资策略(contrarian investment strategy)是行为金融投资策略较为成熟且颇受关注的运用之一。逆向投资策略是利用市场上存在的"反转效应"和"赢者输者效应"，买进过去表现差的股票而卖出过去表现好的股票来进行套利的投资方法。投资者在投资决策中，往往过分关注上市公司的近期表现，并根据上市公司的近期表现对其未来进行预测，这就导致投资者对上市公司的近期业绩做出持续过度反应，形成过分低估业绩较差公司的股价和过分高估业绩较好公司的股价的现象，这就为投资者利用逆向投资策略提供了套利的机会。逆向投资策略是对投资者过度反应的一种纠正。

当证券市场中存在较为明显的过度反应现象时，投资者可以采用逆向投资策略，买入低市盈率或股票市场价格比账面价值低的股票，或买入历史收益率低的股票，建立投资组合，进行积极的投资操作。

(二) 小盘投资策略

小盘投资策略(small company investment strategy)是利用规模效应对小盘股进行投资的一种策略。市场对小公司预期的偏差会导致股票价格偏低，从而产生市价与收益的偏离。一般来说，小市值股票的短期和中长期走势明显强于大市值股票，小公司的收益比大公司的收益更高。在运用该策略时，投资者应先找到具有投资价值的小盘股，如果预期小盘股的实际价值与股票价格的变动存在较大的差距，可以考虑投资该股票；被低估的小盘股一旦有利好消息传出，就可能导致投资者对新信息反应过度，从而促使股票价格大幅上涨。另外，由于小盘股流通盘较小，投资者所犯的系统性错误对股价波动的影响更大，这也能够为运用小盘投资策略的投资者带来超额投资收益。

(三) 惯性投资策略

惯性投资策略(momentum investment strategy)也称动量交易策略,或相对强度交易策略(relative strength trading strategy),它是利用动量效应所表现的股票在一定时期内的价格惯性,以及由于投资者过度自信而对信息反应速度较慢来预测价格的持续走势,从而进行投资操作的策略。具体来说,投资者应买进开始上涨同时预期将会在一定时期内持续上涨的股票,卖出已经开始下跌同时由于同样的原因预期将会继续下跌的股票。

(四) 成本平均策略和时间分散化策略

成本平均策略(dollar cost averaging strategy)是针对投资者的损失厌恶心理,建议投资者在投资时按照计划以不同的价格分批买进,使投资成本平均化,以备不测时摊低成本,规避一次性投入可能造成较大风险的策略。

时间分散化策略(time diversification strategy)是针对投资者的后悔厌恶心理,以及人们对股票投资的风险承受能力可能会随着年龄的增长而降低的特点,建议投资者在年轻时增大股票占其资产组合的比例,而随着年龄的增长逐步减小股票投资比例,同时增大债券投资比例的投资策略。

以上两种策略体现了投资者的感受和偏好对投资决策的影响,属于行为控制策略。投资者并不总是能够规避风险的,投资者在遭受损失时所感受到的痛苦通常又远大于盈利时所获得的愉悦,因此投资者在进行股票投资时,应该制订一个计划,在不同的时间以不同的价格分批投资,以减少风险和降低成本。

近年来,行为金融学研究得到投资界的支持与理论界的关注,关于投资者决策行为特征的研究取得了大量的成果。尽管行为金融学的研究仍不成体系,但其在现代金融学出现困惑时应运而生,为金融学领域提供了变革性的视角,而行为投资策略对我国金融投资决策亦具有现实的启发意义。

第六节 资产配置与投资组合构建

一、资产配置

资产配置是指投资者根据投资需求将投资资金在不同资产类别之间进行分配。投资者通常将资产在低风险、低收益证券与高风险、高收益证券之间进行分配。投资组合管理的基本流程一般分为规划、实施和优化管理3个阶段。投资规划即资产配置,它是制定资产组合管理决策最重要的环节。资产配置过程是基于投资者的风险承受能力与效用函数，根据各项资产在持有期间或计划范围内的预期风险、收益及相关关系，在可承受的风险水平上构造能够提供最高预期收益的资金配置方案的过程。

对资产配置的理解必须建立在对机构投资者的资产和负债问题的本质、对普通股票和固定收入证券的投资特征等多方面问题的深刻理解基础之上。在资产管理过程中，可以利用期货、期权等衍生金融产品来改善资产配置效果，也可以采用其他策略实现对资产配置的动态调整。不同的资产配置具有不同的理论基础、行为特征和支付模式，适用于不同的市场环境并能满足不同的客户投资需求。

资产配置是决定投资组合相对业绩的主要因素。有关研究显示，资产配置对投资组合业绩的贡献率超过90%。一方面，在半强有效市场环境下，投资目标、盈利状况、投资规模、投资品种的特性以及特殊时间变动因素对投资收益都有影响，因此资产配置可以起到降低风险、提高收益的作用。另一方面，随着投资范围从单一资产类型扩展到多资产类型、从国内市场扩展到国际市场，资产配置既包括对国内与国际资产之间的配置，也包括对不同风险与收益资产类别的配置。单一资产投资方案难以满足投资需求，资产配置的重要意义与作用逐渐凸显出来，可以帮助投资者降低单一资产的非系统性风险。

从实际的投资需求看，资产配置的目标在于以资产类别的历史表现与投资者的风险偏好为基础，决定不同资产类别在投资组合中所占的比例，从而降低投资者风险，提高投资收益，消除投资者对收益所承担的额外风险。也就是说，随着资产类别组合方式的日益多样化，在同等风险的情况下，全球投资组合应该能够带来比严格意义上的国内投资组合更高的长期收益，或者在风险水平降低的基础上产生同等水平的收益。

(一) 主要策略类型

资产配置在不同层面有不同含义，从时间跨度和风格类别来看，可以分为战略资产配置策略和战术资产配置策略；从资产管理人的特征与投资者的性质来看，可以分为买入并持有策略、恒定混合策略和投资组合保险策略。

1. 战略资产配置策略与战术资产配置策略

(1) 战略资产配置(strategic asset allocation，SAA)策略。从一般意义上讲，战略资产配置策略是为了满足投资者风险与收益目标所做的长期资产配比，是根据投资者的风险承受能力对资产做出的一种事前的、整体性的、能满足投资者需求的规划和安排。

战略资产配置策略是在较长投资期限内以追求长期回报为目标的资产配置，重在长期回报，不考虑资产的短期波动，投资期限可以超过5年。基金经理在确定可投资的资产类别后，通过对各类资产的长期预期收益率、长期风险水平和资产间的相关性进行比较，运用均值—方差模型等优化方法构建最优组合，最终形成战略资产配置。战略资产配置一旦确定，将在投资期限内保持相对稳定。

(2) 战术资产配置(tactical asset allocation，TAA)策略。战术资产配置策略是指在遵守战略资产配置确定的大类资产比例的基础上，根据短期内各特定资产类别的回报率波动,对投资组合中各特定资产类别的权重配置进行调整,从而增加投资组合价值的积极策略。战术资产配置策略更关注市场的短期波动,强调根据市场的变化,运用金融工具,通过择时(market timing)来调节各大类资产之间的分配比例,以此来管理短期的投资收益和风险。战术资产配置的周期较短,一般在1年以内,如月度、季度。

与战略资产配置策略相比,战术资产配置策略在动态调整资产配置状态时,需要根据实际情况的改变重新预测不同资产类别的预期收益情况,但没有再次估计投资者偏好与风险承受能力或投资目标是否发生了变化。运用战术资产配置策略的前提条件是基金管理人能够准确地预测市场变化、把握市场动态、发现单只证券的投资机会,并且能够有效实施动态资产配置投资方案。

战术资产配置的有效性是存在争议的。实践证明,只有少数基金管理人能通过择时获得超额收益。战术资产配置对战略资产配置的偏离往往被限制在一定范围内。

2. 买入并持有策略、恒定混合策略和投资组合保险策略

(1) 买入并持有策略(buy-and-hold strategy)。买入并持有策略是一种典型的被动型投资策略,核心思想是在确定恰当的资产配置比例、构造某个投资组合后,在适当持有期间内不改变资产配置状态,保持这种组合。

买入并持有策略适用于有长期计划能力并满足于战略性资产配置的投资者,以及资本市场环境和投资者偏好变化不大,或者改变资产配置状态的成本大于收益的情形。这种策略不用频繁交易,能够简化决策过程,降低交易成本和管理费用。

(2) 恒定混合策略(constant-mix strategy)。恒定混合策略是指保持投资组合中各类资产的固定比例不变的策略,也就是说,在各类资产的市场表现出现变化时,资产配置应当进行相应的调整以保持各类资产的投资比例不变。恒定混合策略假定资产收益情况和投资者偏好没有大的改变,因而最优投资组合的配置比例不变。

恒定混合策略适用于风险承受能力较稳定的投资者。当风险资产市场下跌时,他们的风险承受能力不像一般投资者那样下降,而是保持不变,因而其风险资产的比例反而上升,风险收益补偿也随之上升;反之,当风险资产市场价格上升时,投资者的风险承受能力仍然保持不变,其风险资产的比例将下降,风险收益补偿也下降。因此,当市场表现出明显的上升或下降趋势时,恒定混合资产配置策略的表现将劣于买入并持有策略,具体表现为在市场向上运动时放弃了利润,在市场向下运动时增加了损失。如果股票市场价格处于震荡、波动状态,恒定混合策略就可能优于买入并持有策略。

(3) 投资组合保险策略(portfolio-insurance strategy)。投资组合保险策略是在将一部分资金投资于无风险资产,以保证资产组合最低价值的前提下,将其余资金投资于风险资产,并随着市场的变动调整风险资产和无风险资产的比例,同时不放弃资产升值潜力的一种动态调整策略。当投资组合价值因风险资产收益率的提高而上升时,风险资产的投资比例也随之提高;反之则下降。因此,当风险资产收益率上升时,风险资产的投资比例随之上升,如果风险资产收益继续上升,投资组合保险策略将取得优于买入并持有策略的结果;如果收益转而下降,则投资组合保险策略的结果将因为风险资产比例的提高而受到更大的影响,从而劣于买入并持有策略的结果。

投资组合保险策略的设计包括组合中投资产品的组成、投资比例以及保险载体3个部分。通常,组合中的投资产品以国债、货币基金、股票型基金和混合型基金为主,通过有效搭配不同类型的投资工具和保险载体,分散投资风险,控制市场的波动性,从而实现最佳投资收益。在管理避险策略基金时,通常采用投资组合保险策略。

(二) 影响因素

资产配置作为投资管理的重要环节,其目标在于协调提高收益与降低风险之间的关系,这与投资者的特征和需求密切相关。因而,短期投资者与长期投资者、个人投资者与机构投资者等不同类型的投资者对资产配置也会有不同的选择。一般而言,投资者在进行资产配置时主要应考虑如下5个因素。

1. 影响投资者风险承受能力和收益要求的各项因素

这类因素包括投资者的年龄、投资周期、资产负债状况、财务变动状况与趋势、财富净值和风险偏好等。

2. 投资工具的特征及相关性

不同投资工具的风险收益特征、流动性以及它们之间的相关性都会影响资产配置。例如,股票、债券、房地产等不同资产类别的风险收益特征和相关性不同,投资者应根据自身需求选择合适的投资组合。

3. 流动性需求

资产的流动性特征应与投资者的流动性需求相匹配。投资者应根据自己在短时间内处理资产的可能性,确立投资组合中流动性资产的最低标准。如果投资者需要频繁变现资产以应对短期资金需求,那么流动性高的资产可能会更适合。

4. 资本市场环境因素

这类因素包括国际经济形势、国内经济状况与发展动向、通货膨胀、利率变化、经济周期波动和监管等。例如,在经济繁荣期,投资者可能更倾向于增加股票等风险资产的投资。

5. 投资期限

投资者在到期日不同的资产(如债券等)之间进行选择时,应考虑投资期限的安排问题。

6. 税收政策

税收政策的变化会影响不同投资工具的税后收益,从而影响投资者的资产配置决策。例如,某些享受税收优惠的投资工具更受投资者的青睐。

二、投资组合构建

对于我国的公募基金来说,大类资产主要是指两类资产,即股票与固定收益证券。

基金设立时的目标基本上决定了大类资产的配置范围,如股票型基金一般要求股票资产的配置比例不低于80%,债券型基金要求债券资产的配置比例不低于80%,混合型基金的选择范围比较广,介于股票型基金和债券型基金之间。下面分别介绍基金中股票和债券的投资组合构建。

(一) 股票投资组合构建

股票投资组合构建通常有自上而下与自下而上两种策略。

1. 自上而下策略

自上而下策略是指先看"大环境"再看"小气候",这是一种由面到点的方法。具体来说,首先,从经济周期、经济数据、经济政策等宏观形势入手,遴选更具发展前景的行业、板块,明确大类资产、国家、行业的配置;其次,精选具有投资价值的个股,完成组合构建,实现配置目标。自上而下策略具体可以分为3个步骤。

第一步,通过研究和预测确定影响经济形势的核心变量,如消费者信心、商品价格、利率、通货膨胀率、GDP等,把握经济所处的周期位置,决定大类资产配置情况。例如,一般而言,若经济处于复苏期,可以考虑提高股票配置仓位,加大金融、能源、建材等强周期行业的配置比例;当经济景气度走高,但通胀温和,货币政策中性宽松,市场利率稳定偏低时,可以加大科技成长板块的配置比例。

第二步,辨析行业发展周期以及当前所处阶段,分析影响行业发展的关键因素,预测行业发展演进趋势、增长前景、竞争格局等,力求发现行业发展价值。也可以进行积极的板块轮换,如从周期非敏感性行业转换为周期敏感性行业,从而获得板块的差额收益。例如,2020—2022年,在碳达峰、碳中和重大战略决策的推动下,锂电、光伏、风电、储能、新能源车等行业迎来持续的需求爆发,行业进入高景气周期,正确研判、抓住机会、提早布局这些行业的基金获得理想投资回报的概率较大。

第三步,通过案头研究和实地调研,对所选行业的备选公司进行全方位、多角度分析,精选出符合条件的公司,按照一定权重买入,完成投资组合的构建。

自上而下构建投资组合是一个层层递进、不断收缩选择范围的过程,路线清晰、视野较广,投资者采用该策略能够从更高的维度思考并完成组合配置。但是,这种方法判断难度较大,存在一步判断失误即影响全局的潜在风险,也可能存在组合构建与研究过程脱节的问题。

2. 自下而上策略

自下而上策略是依赖个股筛选的投资策略,该策略重点关注各家公司的表现,而非经济或市场的整体趋势。自下而上策略不重视资产在行业上的配置,主要关注个股的选择,在实施过程中没有固定模式,只要能够挑选出业绩突出的股票即可。

自下而上策略是一种基于基本面分析的投资策略,强调根据深入研究与实地考查寻找具有持续增长潜力的优质股票,从而构建一个高度分散的投资组合。实施这种策略时,投资者应了解行业趋势与政策背景,对目标公司进行基本面分析,评估市场前景与竞争优势，构建投资组合并持续跟踪与调整。投资者在主动投资中运用的各种分析方法均可以应用在自下而上策略中。例如，运用基本面分析深入研究个股的投资价值，利用技术分析把握股票的购买时机，运用量化分析寻找被低估或者被高估的股票等。自下而上的选股理念在市场存在定价无效的情况时能够发挥有效的作用。

在不超出基金设立目标所允许的范围的前提下，信奉自上而下理念的投资经理需要结合自己对宏观经济形势的预测来选择合适的股票投资比例，信奉自下而上理念的投资经理对股票的投资比例则主要取决于其掌握的可投资股票信息的深度和广度。现实中，越来越多的基金经理采用自上而下和自下而上相结合的方式。值得注意的是，无论采用自上而下策略还是自下而上策略，投资经理构建基金投资组合时，在大类资产、行业、风格以及个股等层次都可能受到基金合同、投资政策等多方面因素的约束。在行业和风格层面上，有的基金契约规定了投资的行业或风格，如行业基金、大盘/小盘基金、价值/成长基金等，这些基金的投资范围受到较为严格的限制。有的基金没有明确的行业和风格限制，投资经理可以通过对当前市场形势的研究和判断，决定行业和风格配置。选择自下而上策略的投资经理可以不考虑行业与风格配置，只选择个股。

(二) 债券投资组合构建

债券与股票不同，其收益在很大程度上是可预测的。债券有不同于股票的独特分析方法，主要分析指标有到期收益率、利率期限结构、久期、凸性等。债券投资管理策略在20世纪经历了多次发展。20世纪60年代以前，大多数债券组合管理者采用买入并持有策略。到了20世纪70年代初期，人们对各种积极债券组合管理策略的兴趣与日俱增。20世纪70年代末和80年代初，随着通货膨胀率和利率创历史新高，债券市场收益率波动剧烈，促使许多新型金融工具应运而生。

与股票型基金类似，债券型基金需要在招募说明书中说明基金的投资目标、投资理念、投资策略、投资范围、业绩基准、风险收益特征等重要内容，这些因素决定了基金投资组合构建的理念和流程。自上而下的债券配置从宏观上把握债券投资的总体风险，分析市场风险和信用风险，进而决定在不同的信用等级、行业类别上的配置比例，通过大类资产配置、类属资产配置和个券选择3个层次自上而下地决策，最终实现基金的投资目标。

从可投资的产品类别来看，债券型基金通常投资国债、金融债、公司债、企业债、可转换债券、商业票据、短期融资券、正/逆回购等品种。从市场类别来看，基金经理需要充分研究一级市场和二级市场风险收益特征的差异，从而拟定合适的配置策略。基金经理还需要在权衡流动性和收益性的基础上，决定在银行间市场和交易所市场的配置比例。

不同于股票投资组合，构建债券投资组合还需要考虑信用结构、期限结构、组合久期、流动性和杠杆率等因素。有些机构投资者会在投资政策说明中限制非投资级债券的比例。期限结构、组合久期的选择与投资经理对市场利率变化的预期相关。此外，投资经理需要根据投资者的资金需求，对组合流动性做出安排。

(三) 投资组合构建的业绩比较基准

所有基金都需要选定一个业绩比较基准，业绩比较基准不仅是考核基金业绩的工具，也是投资经理进行组合构建的出发点。指数基金的业绩比较基准是其跟踪的指数本身，其投资组合构建的目标就是将跟踪误差控制在一定范围内。其他类型的基金在选定业绩比较基准时，需要充分考虑投资目标、投资风格的影响。投资目标决定了基金可投资资产的类别，如股票与债券的比例；投资风格决定了基金选择股票的范围。在选择业绩比较基准时，要尽可能地体现这些特征，否则业绩比较基准就失去了参考价值。

基金的业绩基准往往是复杂基准。例如，积极配置基金A选择了如下业绩比较基准：上证综指收益率×85%+上证国债指数收益率×15%。再如，小盘精选基金B选择了如下业绩比较基准：中证小盘股指数收益率×60%+上证国债指数收益率×40%；又如，某债券基金选择了如下业绩基准：中债企业债总全价指数收益率×60%+中债国债总全价指数收益率×30%+沪深300指数收益率×10%。

习题

第十三章 投资交易管理

第一节 证券市场的交易机制

一、交易制度

在任何市场中，商品的交易价格始终是最关键也是交易者最关心的因素。在经济学领域，供需关系决定了价格，而在证券市场中，价格的形成也遵循这样的规律，但实现形式并不单一，体现为以下几种制度。

(一) 报价驱动制度

采用报价驱动制度时，由做市商报出价格，公众投资者按报价与做市商进行交易。根据《股票期权交易试点管理办法》第二十八条的规定，做市商是指经证券交易所认可、为其上市交易的股票期权合约提供双边持续报价或者双边回应报价等服务的机构。在证券市场上，由具备一定实力和信誉的独立证券经营法人作为特许交易商，即做市商，不断向投资者报出某些特定证券的买卖价格(即双向报价)，并在该价位上接受投资者的买卖要求，以其自有资金和证券与投资者进行证券交易。做市商通过买卖价差和股票的换手来获取收益。在报价驱动的市场中，做市商扮演着关键角色，为市场提供流动性和稳定性，同时促进交易的进行，因此报价驱动市场也被称为做市商制度。与股票不同的是，几乎所有的债券和外汇都是通过做市商交易的。

做市商获利看起来是非常容易的，但不是所有投资者都可以充当做市商的角色。做市商为了维护证券的流动性必须具备一定的实力，充足的可交易资金和证券是必不可少的，做市商必须能随时满足投资者的交易需求，才能给市场提供流动性。当投资者卖出某种证券时，做市商以自有资金买入；当投资者购买某种证券时，做市商将其自有证券卖出。有时为了履行交易承诺，做市商之间也会进行资金或证券拆借。

另外，维持证券的价格稳定也是做市商的目标之一。虽然做市商的利润源于证券买卖差价，但如果证券买卖差价太大，做市商很难促成交易，将会失去赚取差价的机会；如果交易频繁，即便证券买卖差价小，做市商也可以赚取利润。

做市商可以分为两种，第一种是特定做市商，是指一只证券只由某个特定的做市商负责交易。在纽约证券交易所，每个特定做市商不仅可以全权负责一种证券交易，而且可以同时为多种股票做市。第二种是多元做市商，是指一只证券同时由多家做市商进行做市交易，这样可以避免一家做市商垄断市场从而操纵价格的情况发生。美国纳斯达克市场就采用这种交易制度。

做市商制度也称为柜台交易(over the counter，OTC)，这是因为早期的证券交易是在做市商办公室的柜台上完成的，而现在的OTC市场是通过网络交易系统、电话信息系统等途径进行交易的。大多场外交易都采用做市商制度。

【知识拓展】

2012年5月，上海证券交易所(以下简称上交所)首只跨市场ETF——华泰柏瑞沪深300ETF上市；同月25日，上交所发布《上海证券交易所交易型开放式指数基金流动性服务业务指引》(以下简称《业务指引》)，此处的"流动性服务"是指符合条件的证券公司按照《业务指引》的规定提供的持续双边报价服务，这和做市商的功能是一致的。

《业务指引》旨在改善交易型开放式指数基金的流动性，完善和规范流动性服务业务。提供流动性服务的证券公司被称为"流动性服务商"，流动性服务商提供流动性服务应当遵守下列规定：①买卖报价的最大价差不超过1%；②最小报价数量不低于10 000份；③连续竞价参与率不低于60%；④集合竞价参与率不低于80%。经上交所批准的流动性服务商可以为一只或多只ETF提供流动性服务。

根据上交所的统计数据，《业务指引》发布当年6至9月，4家表现突出的流动性服务商合计交易量约占华泰柏瑞沪深300ETF全市场交易总量的20%，合计申报量约占市场总申报量的84%，有效提高了该产品的流动性。

2014年1月，根据《业务指引》的安排，上交所对2013年度各ETF产品流动性服务商提供的流动性服务进行评级并公告，评级主要依据买卖报价差、平均最小报价数量、参与率、成交量等统计指标。根据流动性服务商的评级结果，上交所对其提供流动性服务所产生的相应交易费用，给予一定比例的返还或减免。

(二) 指令驱动制度

指令驱动制度也称为竞价交易制度，是指投资者向自己的经纪人下达交易指令，包括交易方向、交易数量和相应价格，经纪人将这些交易指令汇聚到交易系统，交易系统按价格与时间优先原则对不断进入的投资者交易指令进行排序，将买卖指令配对竞价成交。

在指令驱动市场上，投资者的指令是交易的核心。对于投资者而言，根据不同的市场行情下达合适的交易指令是非常关键的，这些指令可以分为以下两类。

1. 市价指令

市价指令是指没有标明具体价位，按当时市场上可执行的最好价格(报价)成交的指令。如果投资者希望以即时市场价格进行证券交易，就会下达市价指令。市价指令的特点是成交速度快，指令一旦下达可能无法更改或撤销。另外，在连续竞价交易中，证券价格是不断变化的，在投资者下达市价指令后仍可能发生变化，这时投资者将面临新的市场价格，特别是在市场价格波动十分剧烈时，市价指令的风险较大。

2. 随价指令

市价指令让投资者暴露在价格变化的风险中，如采用随价指令，投资者可以在证券价格变化之前采取措施，当证券价格变动时，投资者可以设定在某一价格买入或卖出证券。随价指令包括两类。

(1) 限价指令。限价指令是一种要求交易在指定的价格水平执行的指令。具体来说，限价指令允许投资者以低于当前市场价格的水平买入或以高于当前市场价格的水平卖出。限价指令分为限价买入指令和限价卖出指令。如果投资者认为目前目标公司的股票价格偏高，不适合买入建仓，那么可以向经纪人发出限价买入指令，即设定一个目标价格，当股票价格达到或者低于该目标价格时，执行买入指令；相反，如果投资者持有某上市公司的股票，目前的股票价格偏低，那么可以向经纪人发出限价卖出指令，这样当该公司的股票价格涨到或者高于目标价格时，执行卖出指令。

> **■ 思考**
> 比较市价指令与限价指令的优缺点。
> **提示：**
> 限价指令的优点在于可以按照投资者的预期价格成交，缺点是成交速度相对较慢，有时甚至无法成交。市价指令能确保成交，但投资者可能无法以期望的价格成交。

(2) 止损指令。止损指令是指当证券价格达到目标价格(止损点)时开始执行交易，自动以市价或更好的价格卖出。止损指令的目的在于将损失控制在投资者可接受的范围内。当投资者持有某股票并预期未来股票价格有下跌趋势时，可以下达止损卖出指令，即当该股票价格达到或低于目标价格时，及时卖出所持股票，防止损失进一步增加；相反，当投资者卖空(卖空即看跌该股票价格，股票价格下跌时获利，上涨时亏损)某股票时，可以下达止损买入指令，即指定一个价格，当股票价格达到或超过这个价格时买入股票，如果股价上涨，达到指定价格时就可以平仓，把损失降到可控范围内。

【拓展训练】 指令市场价格形成机制

在指令驱动市场，投资者不断向经纪人下达各种指令，这些指令集合于交易系统中，当买卖双方的价格和数量匹配时，交易完成并形成价格。

假设某天某时刻，某上市公司股票价格情况如表13-1所示。

表13-1 某上市公司股票实时报价情况

卖方			买方		
序号	价格/(元/股)	数量/手	序号	价格/(元/股)	数量/手
1	24.60	28	1	24.59	22
2	24.61	32	2	24.58	27
3	24.62	23	3	24.57	30
4	24.63	30	4	24.56	28
5	24.64	45	5	24.55	40

此时，我们考虑3种情况。

(1) 投资者A向经纪人下达买入指令，买入价格为24.60元/股，数量为28手。根据之前的成交原则，此时最低卖出价格和最高买入价格相同，数量匹配，这时24.60元/股为成交价格，成交数量为28手。

(2) 投资者B向经纪人下达买入指令，买入价格为24.61元/股，数量为28手。根据之前的成交原则，此时买入价格高于最低卖出价格，此最低卖出价格为成交价格，投资者将以24.60元/股的价格成交28手股票。

(3) 投资者C向经纪人下达卖出指令，卖出价格为24.58元/股，数量为30手。根据之前的成交原则，此时卖出价格低于市场即时最高买入价格，则优先以最高买入价格成交，即24.59元/股，成交数量为22手，其余8手将以24.58元/股的价格继续与第二高买入价格成交。价格为24.58元/股时，有27手买入数量，根据时间优先原则，按指令提交时间先后顺序成交8手，剩余的19手将继续等待成交指令，这时投资者的平均卖出价格为：$(24.59 \times 22 + 24.58 \times 8)/30 = 24.587$元/股。

(三) 经纪人制度

经纪人制度是指在规范合法的前提下，由经纪人直接向客户提供证券交易、证券信息、证券分析、证券投资理财等服务的一种高层次、多功能、专业化的新型服务制度。经纪人是为买卖双方介绍交易并以此获取佣金的中间商人。大宗股票、债券、房地产等商品具有特殊性，交易不频繁且只在少数投资者之间交易，经纪人市场因此而形成。这是因为，如果商品交易不频繁，做市商就不能获得理想的买卖差价，而且会面临持有成本，在这种情况下，做市商通常不会为其做市；如果投资者数量有限，不能形成有效的价格指令，指令驱动市场也不会容纳类似交易品。经纪人可以根据客户的指令来寻找相应的交易者，也可以依靠自身掌握的信息资源来寻觅买家和卖家，以此促成交易，赚取佣金。交易价格的形成是买卖双方谈判的结果(与指令驱动市场相同)，但市场流动性却不能依赖买卖双方，而主要依靠经纪人来维持。

【知识拓展】 做市商与经纪人的比较

(1) 两者的市场角色不同。做市商在报价驱动市场中居于关键性地位，他们在市场中与投资者进行买卖双向交易；经纪人是在交易中执行投资者的指令，并没有参与到交易中。

(2) 两者的利润来源不同。做市商的利润主要来自证券买卖差价；经纪人的利润主要来自为投资者提供经纪业务的佣金。

(3) 对市场流动性的贡献不同。在报价驱动市场中，做市商是市场流动性的主要提供者和维持者；在指令驱动市场中，市场流动性是由投资者的买卖指令提供的，经纪人只负责执行这些指令。

做市商与经纪人有时可以共同完成证券交易，当做市商之间进行资金或证券拆借时，经纪人往往是不错的帮手，有些经纪人甚至专门服务于做市商。

美国纽约证券交易所的特定做市商同时也充当了经纪人的角色。特定做市商会得到投资者的一系列报价，这时，如果投资者的买卖报价能够满足成交条件，那么做市商就不会动用自有资金或证券，而是直接促成交易，除非做市商自己的报价要优于投资者的报价。如果投资者的报价无法完成交易，这时做市商就会发挥"做市"的功能，用自有资金或证券促成交易，在维持证券价格稳定的同时保持市场流动性。此时经纪人和做市商的角色往往是冲突的。作为经纪人，他们应该执行客户的指令，确保客户的证券能以合适的价格成交；但作为做市商，他们又希望能以较低的价格买入证券，再以较高的价格卖出。

二、交易方式

(一) 现货交易

证券市场的交易方式主要是现货交易，即如果投资者要买入一定数量的证券，必须拥有与市场价格等值的货币资金；如果投资者要卖出证券，证券账户上必须有属于投资者支配范围内的足量的可交易证券。现货交易作为历史上最古老的证券交易方式，是一种较安全的证券交易形式，也是场内交易和场外交易中广泛采用的证券交易形式，它具有以下特点：一是交割迅速，交割风险低；二是实物交易，卖方向买方转移证券，买方向卖方转移资金；三是操作简单，投资性弱。

现货交易要求证券交易双方在证券买卖成交的同时，按照成交价格即时进行证券交割和资金结算，属于"一手交钱、一手交货"的典型形式。但在现代现货交易中，证券成交与交割之间通常有一定的时间间隔，时间间隔的长短依据证券交易所规定的交割日期确定，具体包括：当日交割，也称"$T+0$"交割，即在成交当日进行交割；次日交割，又称"$T+1$"交割，即在成交完成后下一个营业日办理交割；例行交割，依照交易所的规定确定交割时间，往往是在成交后5个营业日内进行交割。

(二) 期货交易

期货交易是指买卖双方先行成交后,在未来某一约定时间按预先约定的价格交割的一种交易方式。期货交易是在远期现货交易的基础上产生的,它是一种标准化的远期交易方式。

期货交易和现货交易的主要区别在于以下两点:一是交割期限不同。现货交易交割期短;而期货交易交割期长,可以是1个月、3个月、6个月等。二是履行交割的情况不同。现货交易在成交后都要履行实际交割;而期货交易不是为了履行交割,它是利用交割期内证券价格的变动,通过对冲交易赚取差价的。

(三) 证券回购交易

证券回购交易是指证券买卖双方在成交的同时约定于未来某一时间以某一价格再进行反向交易的行为。证券回购交易实质上是一种以有价证券作为抵押品拆借资金的信用行为,也是证券市场上一种重要的融资方式。具体做法是证券持有方(融资者、资金需求方)以持有的证券作为抵押,获得一定期限的资金使用权,期满后则归还借贷的资金,并按约定支付一定的利息;而资金贷出方(融券方、资金供应方)暂时放弃相应资金的使用权,从而获得融资方的证券抵押权,并于回购期满时归还对方抵押的证券,收回融出资金并获得一定的利息。

目前,我国证券回购交易的券种有国库券和经中国人民银行批准发行的金融债券。我国办理证券回购交易业务的主要场所有沪、深证券交易所及经国务院和中国人民银行批准的全国银行间同业市场。我国开展的证券回购交易主要有债券质押式回购交易和债券买断式回购交易两种。

(四) 保证金交易

保证金交易是指投资者凭借自己提供的保证金和信誉,取得经纪人信用,从证券经纪商那里借得资金或证券,以便进行超过自己可支付范围的交易。投资者的信用在这种交易中非常重要,因此保证金交易也称为信用交易。在我国,保证金交易又被称为融资融券交易。

如果一位投资者持有资金10 000元或者价值10 000元的证券,在现货交易中,在不考虑交易成本的条件下,他只能购买等值的证券或通过卖出证券获得等值的资金。如果采用保证金交易,他可以向证券经纪商借款10 000元,再加上自有资金,可交易金额就会达到20 000元。投资者用于投资的自有资金或证券称为保证金,而保证金除以所融资金额或融券价值的比率称为保证金率。

1. 买空交易

买空交易是指投资者看涨证券价格,借入资金购买证券,也叫融资交易。当证券价格上涨后,卖出相应的证券并归还借款。

【案例分析】

以上交所的融资交易为例,假设某投资者在上交所进行融资交易,他选择某证券公司作为经纪公司,投资者的自有资金为20 000元。某日投资者观察到某公司的股票价格为50元/股,他通过行业状况分析判断该公司股票价格有上涨的趋势,因此准备进行融资交易。以下是他了解到的信息。

关于修改《上海证券交易所融资融券交易实施细则(2023年修订)》第三十九条的通知

(1) 上交所规定的融资融券保证金比例已由100%降至80%,融资保证金比例=保证金/(融资买入证券数量×买入价格)×100%。

(2) 上交所规定的维持担保比例下限为130%,维持担保比例=(现金+信用证券账户内证券市值总和)/(融资买入金额+融券卖出证券数量×当前市价+利息及费用总和),更通俗地讲,维持担保比例=(自有资产+借入资产)/借入资产或总资产/负债总额。

(3) 上交所规定融资融券业务最长时限为6个月。

(4) 该证券公司的融资融券年利率为8.6%。

投资者向该证券公司融资20 000元(此时保证金比例未达到最低限额80%),买入800股该公司的股票。如果该公司的股票价格下降至40元/股,维持担保比例为(未考虑融资利息费用)

(40×800)/20 000=160%

假设该公司的股票价格继续下降至32.5元/股,维持担保比例为(未考虑融资利息费用)

(32.5×800)/20 000=130%

此时,维持担保比例已经达到最低限额,如果股票价格进一步下降,证券公司就会要求投资者在2个交易日内追加担保,且追加担保后的维持担保比例不得低于150%,这被称为保证金催缴。假如该投资者在2个交易日内无法追加担保,那么证券公司就会根据约定采取强制平仓措施,以市场价卖出投资者的800股股票。

融资交易是为了将股票上涨时的利润扩大化。假设半年后,该公司的股票价格上涨了20%,即达到60元/股,采取现货交易的投资者收益率也将会是20%,但采取融资交易的投资者则不同,以上述投资者为例,其收益率为

$$\frac{60\times 800-40\,000-20\,000\times 4.3\%}{20\,000}=35.7\%$$

股票价格只上涨了20%,但投资者却可以获得35.7%的收益率。但需注意,融资交易也会同样放大投资者的损失率。

如果半年后该公司的股票价格没有上涨而是下降了25%,即37.5元/股,此时投资者的收益率为

$$\frac{37.5\times 800-40\,000-20\,000\times 4.3\%}{20\,000}=-54.3\%$$

表13-2反映出该公司股票价格变动对投资者收益率的影响(假设在持有期内该公司的股票没有进行任何形式的股利分红,且不考虑股票交易费用)。

表13-2 买空投资收益计算明细

	最终股票价格/(元/股)	投资收益率/%	非融资情况下投资收益率/%
初始投资额:20 000元 融资额:20 000元 初始股票价格:50元/股 投资数量:800股 融资年利率:8.6% 融资期限:6个月	40	−44.3	−20.0
	42	−36.3	−16.0
	44	−28.3	−12.0
	46	−20.3	−8.0
	48	−12.3	−4.0
	50	−4.3	0.0
	52	3.7	4.0
	54	11.7	8.0
	56	19.7	12.0
	58	27.7	16.0
	60	35.7	20.0

动态资源
融资融券对投资者收益的影响

值得注意的是,即使在融资交易结束时,该公司的股票价格也没有发生变化,投资者还是需要支付融资贷款利息。

2. 卖空交易

卖空交易即融券业务,投资者看跌证券价格,可以向证券公司借入一定数量的证券卖出,当证券价格下降时再以当时的市场价格买入证券归还证券公司,自己则得到投资收益。需要注意的是,在融券交易没有平仓之前,投资者融券卖出所得资金除买券还券外,是不能用于其他用途的。

与买空交易一样,在标的证券价格变化时,融券业务的维持担保比例也必须大于130%,当维持担保比例小于130%时,投资者就会收到证券公司的催缴通知。这时,投资者可以选择在信用账户中增加资金,也可以选择用标的证券或其他认可的证券来增加担保比例。但使用证券充抵保证金时,对于不同的证券,必须以证券市值或净值按不同的折算率进行折算。

【案例分析】

某客户信用账户内持有200万元现金和市值1500万元的证券C,融资买入400万元证券A,并以5元/股的价格融券卖出100万股证券B,那么

$$\text{客户维持担保比例} = \frac{(\text{现金}+\text{信用账户内证券市值})}{(\text{融资买入金额}+\text{融券卖出数量}\times\text{当时市价}+\text{利息及费用总和})}$$

$$= \frac{(200+5\times100+400+1500)}{(400+100\times5+0)} \times 100\%$$

$$=288.89\%$$

一、维持担保比例划分标准

维持担保比例110%，为平仓线，券商会给客户账户强制平仓。

维持担保比例130%，为警戒线，券商会向客户发追保通知。

维持担保比例140%，为关注线，券商会实时关注客户账户的维保比例情况。

维持担保比例300%，为提取线，客户可以从信用账户转出资金(维持担保比例在300%以下是无法从信用账户转出资金的)。

二、追加担保物与平仓规定

1. 出现追保的情形

T日日终清算后，维持担保比例低于130%。

2. 追保方式及要求

(1) 转入资金或可充抵保证金的证券或自行平仓。

(2) 追保后，$T+1$日日终清算维持担保比例不低于130%或$T+2$日日终清算维持担保比例不低于140%。

3. 出现强制平仓的情形

(1) 追保期限内，$T+1$日日终清算维持担保比例低于130%且$T+2$日日终清算维持担保比例低于140%。

(2) T日日终清算维持担保比例低于110%。

(3) 融资融券合约到期未申请展期或展期未通过，未按规定偿还融资融券负债。

(4) 融资融券合同期限已届满，未按约定偿还负债。

(5) 出现法定、约定解除或终止合同的情形，投资者尚有未清偿债务。

(6) 司法机关或其他有权机关依法对客户信用证券账户或信用资金账户记载权益采取财产保全或强制执行措施时，客户尚有未清偿债务。

4. 平仓规定

出现强制平仓情形时，证券公司有权自主选择平仓的品种、数量、价格、时机、顺序。投资者知悉并同意，强制平仓规模可能超过投资者对公司所负债务，投资者对强制平仓结果予以认可。

融资融券业务同样会放大投资收益率或损失率，如同杠杆一样增加投资结果的波动幅度。为防范融资融券的投资风险，证券交易所对参与融资融券的证券公司做出了严格规定，只有符合一定标准的证券公司才能开展此项业务。同时，融资融券对于投资者的要求也较高，目前大部分证券公司要求普通投资者开户时间须达到18个月，且持有资金不得低于50万元人民币。此外，《上海证券交易所融资融券交易实施细则》对于可用于融资融券的标的证券做出了详细规定，如标的证券为股票的，须符合细则中的条件，因为满足条件的股票往往不会出现剧烈的股价波动，这样一方面减少了投机机会，另一方面降低了投资者的风险。

第二节 交易执行

交易执行是指根据投资策略和决策,在资本市场上实施买卖证券的行为。交易执行是投资决策的实现过程。作为投资管理流程中的一个环节,交易执行的时机、成本等因素直接影响投资业绩。在证券市场发展的早期,机构投资者往往可以通过选股和择时手段获取高回报和超额收益,交易执行的贡献并不突出。随着市场发展日趋成熟,市场有效性增强,战胜市场会越来越困难。交易执行的优化能够降低交易成本,提高交易效率,进而提升投资绩效,尤其是对于指数型和量化型基金来说,交易执行的优化将越来越重要。我国基金公司通常自建交易室,由自己的交易员进行买方直通交易。近年来,随着QDII、期货、期权等业务的发展,经纪商卖方交易和算法交易成为新的渠道和方式。如何对不同交易渠道与方式进行评价和甄选,是基金公司必须面对并解决的问题。

一、最佳执行

基金经理和交易员的共同目标是为投资组合创造价值。在实践中,交易员对投资组合收益的贡献往往被忽视,而执行较差的指令却很容易被识别,因此交易员倾向于在执行中采用被动方式以规避风险,但同时也失去了创造价值的机会。对基金公司来说,交易管理的核心不应该是识别每一单执行的优劣,而是建立一个可以全面评估交易绩效的交易管理体系。

如今,最佳执行被应用于交易管理领域并成为主流理念。CFA(Chartered Financial Analyst,特许金融分析师)协会将"最佳执行"定义为公司(包括买方和卖方)基于规定的投资目标和投资限制,为最大化客户投资组合价值而采用的交易流程。在不断变化的市场环境中,投资专业人员必须管理交易过程,履行对客户的责任。交易从决策到执行完毕的每一步都需要各方承担最佳执行的责任。

CFA协会提出了最佳执行的实施框架,具体包含3个方面,即过程、披露和记录。投资管理公司应制定政策和编制流程,通过最佳执行管理来实现客户资产价值最大化,相关政策和流程应体现对交易质量的管理;投资管理公司应向现有和潜在客户披露交易技术、渠道和经纪商方面的信息,以及任何可能与交易相关的利益冲突;投资管理公司应妥善管理档案记录,提供其在合规和披露义务方面的佐证,包括经纪商选择等事项。

二、交易成本

交易成本是指为了实施业务决策而发生的所有成本和费用。交易成本分析是最佳执行实践中的关键环节。一般来说,交易成本可划分为两大

动态资源
交易执行的显性成本和隐性成本

类,即显性成本和隐性成本。

(一) 显性成本

显性成本是指不包含在交易价格以内的费用支出,又称为直接成本或价外成本,它一般可以准确计量,也可以事先确定,能够以现金或货币等形式支付。显性成本是投资者在参与证券交易时应缴纳的费用,主要包含佣金(证券公司收取)、证券交易经手费(交易所收取)、证券交易监管费(证监会收取)、证券交易印花税(国家税务机关收取)及其他费用。其中,证券交易经手费、监管费及印花税等均由证券公司代为收取。

1. 佣金

佣金是指交易成功后,投资者根据交易额,按照一定比例付给经纪人的费用。证券交易是投资者通过证券经纪公司在交易所进行的,完成交易后应向经纪人支付佣金。据中国证券业协会提供的数据,145家证券公司在2023年度实现营业收入4059.02亿元,行业代理买卖证券业务净收入(含交易单元席位租赁)984.37亿元,收入占比24.25%,仍是证券业收入的主要组成部分。佣金是证券交易的主要成本之一,为降低证券交易成本,提高投资者的投资信心,推动证券市场的发展、繁荣,佣金制度在全球范围内发生了较大的变革。我国实施从最早的固定佣金比例到最高限额内向下浮动的佣金标准改革,旨在推动证券市场的规范化、国际化、市场化。目前,对于A股,上交所、深交所收取的佣金不会高于股票交易金额的0.3‰,实行买卖双向收取;北交所收取的佣金一般为股票交易金额的0.8‰,实行买卖双向收取,每笔交易佣金不足5元的,按5元收取。对于B股,其佣金不会高于股票交易金额的3‰,每笔交易佣金沪B起点1美元,深B起点5港币。A股大宗交易按标准费率下浮30%收取;B股、基金大宗交易按标准费率下浮50%收取。

2. 证券交易经手费

经手费是证券交易过程中由券商收取的一种费用,也称为证券交易服务费。这种费用是根据交易金额的一定比例来计算的,主要用于券商提供交易通道、技术支持等服务。经手费大多包含在佣金内。自2023年8月28日起,沪深交易所A股、B股股票交易经手费由按成交金额的0.0487‰双向收取下调为按成交金额的0.0341‰双向收取,大宗交易经手费按照成交金额的 0.02387‰双向收取;北交所普通股、优先股按成交金额的0.125‰双向收取。

3. 证券交易监管费

监管费包括证券交易监管费和机构监管费。证券交易监管费是代监管机关收取的。中国证监会向上海、深圳证券交易所收取的证券交易监管费的收费标准:对股票按年交易额的0.2‰收取;对证券投资基金和债券免收证券交易监管费。证监会向上海期货交易所、郑州商品交易所和大连商品交易所收取的期货市场监管费收费标准:按年交易额的0.01‰收取;对中国金融期货交易所收取的期货市场监管费,亦按上述收费标准执行。

4. 证券交易印花税

印花税是代税务机关收取的费用。A股、B股、优先股的证券交易印花税对出让方按成交金额的0.5‰征收。证券交易印花税是交易费用的重要组成部分。

5. 其他费用

证券交易结束后，还需要向证券登记结算机构支付一定的费用，这部分费用称为过户费，按成交金额的0.01‰收取。

近年来，一种新的显性成本也开始出现，即交易技术供应商的收费。有能力实现按交易业务流量收费的技术供应商包括前台交易系统、后台结算系统以及交易网络系统的供应商。

股票交易费用以股票成交为前提，股票不成交不产生费用。投资者需要注意的是，上海证券交易所的收费标准和深圳证券交易所的收费标准略有不同。

(二) 隐性成本

隐性成本是包含在交易价格以内的、由具体交易导致的额外费用支出(相对于没有该笔交易的情形而言)，一般无法准确计量，也不能事先确定，因此往往容易被忽视。隐性成本又称为间接成本或价内成本，包含买卖价差、冲击成本、机会成本、对冲费用等。

1. 买卖价差

买卖价差是当前最低卖出价与最高买入价之间的差额。买卖价差在很大程度上是由证券类型及其流动性决定的。一般而言，大盘蓝筹股流动性较好，买卖价差小；小盘股则反之。在成熟的金融市场中，如美国金融市场，股票总体流动性较好，买卖价差较小；而在新兴的金融市场中，总体上买卖价差较大。另外，金融市场在不同的时段也会表现出不同的流动性。

2. 冲击成本

冲击成本全称为"价格冲击成本"，或称为流动性成本，是指一定数量的交易指令下达后形成的市场价格与交易指令没有下达的情况下市场可能的价格之间的差额，可用来衡量股市的流动性。新的交易指令可能改变当前买卖双方的平衡，导致价格走势不利于该指令的执行。冲击成本是由交易总量较大导致不能按照预期价格全部成交而多支付的成本。所以，当投资者买到想买的所有仓位数量时，其花费的成本往往比预想的成本要高。交易指令的交易数量越大，冲击成本就越高。

除了流动性需求，信息泄露也是产生冲击成本的原因。大规模的交易指令不太可能很快执行完毕，在交易执行过程中，可能会发生人为的消息泄露，也可能有人通过市场价格序列变动推测出交易指令的内容并跟进，共同推动价格变动，从而造成更高的冲击成本。

作为一种事后计算指标，冲击成本难以精确计量。一方面，证券价格在不断变化中，无法预测在该笔交易不发生的情况下，证券价格如何变化；另一方面，由于价格序列本身就存在趋势，无法推测交易指令对证券价格的变化有多大推动作用。

3. 机会成本

机会成本包括从投资者下达订单开始到订单执行完毕(或者最终没有执行而撤单)期间的价格风险。基金经理提交指令后,交易员有时可能需要一些时间来分析市场,或者等待合适的价格。在此过程中,价格可能会向有利或者不利的方向变动,从而产生延迟成本。价格向有利方向变动时,会产生收益(负成本);价格向不利方向变动时,会带来额外成本,也可能造成交易全部或部分无法完成。无法完成的交易意味着投资决策无法执行,也会带来未交易证券的成本。

4. 对冲费用

机构投资者在大规模调整投资组合时,为了降低冲击成本,往往需要较长时间,从几天到几个月都有可能。在此期间,实际投资组合与目标投资组合存在差距,将会造成风险敞口,从而带来机会成本。投资管理人可以使用远期、期货、互换等衍生工具在转持过程中进行风险对冲,以缩减实际投资组合与目标投资组合的差距。在这些衍生工具中,有的是市场交易活跃、成本低廉的单一对冲工具,有的是成本昂贵的定制化对冲工具,无论选择哪种对冲工具,都会产生对冲费用。

三、执行缺口

执行缺口(implementation shortfall)是指采用投资决策时的证券市场价格建仓的模拟投资组合(理想组合)与采用实盘交易建仓的真实投资组合之间的收益率之差,其本质就是交易成本。在理想交易中,投资者可以迅速地以决策时的基准价格完成一定数量的证券交易,且不存在交易成本。但现实与理想存在差距,执行缺口可以将现实交易过程中的所有成本量化。

【案例分析】

投资者计划购买500股某上市公司的股票,这时该公司的股票价格为5元/股,此为基准价格(benchmark price)。

第一个交易日,投资者向经纪人下达限价指令,将目标购买价格定为4.9元/股,然而本交易日股票价格有所上涨,收盘价为5.1元/股(未成交)。

第二个交易日,投资者根据第一个交易日的情况修订了限价指令,将目标价格修改为5.2元/股,本交易日内最终成交400股,假设交易佣金为0.02元/股,不考虑其他交易成本,股票收盘价格为5.5元/股。

在理想交易中,投资者可以5元/股的价格购买500股股票,该组合被称为基准组合。到第二个交易日收盘,基准组合收益为

$5.5 \times 500 - 5 \times 500 = 250(元)$

然而,在实际交易中,投资者以5.2元/股的价格购买了400股股票,且付出了0.02元/股

的交易佣金，其实际组合收益为

$$5.5\times 400 - 5.2\times 400 - 0.02\times 400 = 112(元)$$

此时，执行缺口被定义为

$$执行缺口 = \frac{基准组合收益 - 实际组合收益}{基准组合成本} = \frac{250 - 112}{5\times 500} = 5.52\%$$

这就意味着投资者损失了5.52%的潜在投资收益。

下面对执行缺口进行分拆。

首先，这里的显性成本(explicit cost)是佣金。

$$显性成本 = \frac{佣金}{基准组合投资额} = \frac{0.02\times 400}{5\times 500} = 0.32\%$$

除显性成本外，还存在多种隐性成本。

在第一个交易日，投资者已经看到了投资机会，但由于设置了限价指令而没有完成任何交易，这就产生了延迟成本(delay cost)。

$$延迟成本 = \frac{第一个交易日收盘价 - 基准价格}{基准价格} \times 实际投资执行比例$$

$$= \frac{5.1 - 5}{5} \times \frac{400}{500} = 1.6\%$$

在第二个交易日，投资者进行了证券交易，但成交价格比第一个交易日收盘价高，投资者面临的成本是已实现损失(realized loss)，即在交易中已经实现的损失。

$$已实现损失 = \frac{实际交易价格 - 第一个交易日收盘价}{基准价格} \times 实际投资执行比例$$

$$= \frac{5.2 - 5.1}{5} \times \frac{400}{500} = 1.6\%$$

最后，由于投资者计划购买500股股票，但只完成了400股，失去了另外的100股股票的交易机会，由此产生了机会成本。此时交易未完成的机会成本为

$$交易未完成的机会成本 = \frac{第二个交易日收盘价 - 基准价格}{基准价格} \times 未实现投资比例$$

$$= \frac{5.5 - 5}{5} \times \frac{100}{500} = 2\%$$

将上述成本相加，可得

$$0.32\% + 1.6\% + 1.6\% + 2\% = 5.52\%$$

综上，执行缺口为5.52%。

该案例中，在5.52%的交易成本中，显性成本也就是佣金，只有0.32%，隐性成本则达到5.2%。所以，控制隐性成本十分重要。

面对复杂多变的全球资本市场，投资者应根据经济周期、市场波动、管理人业绩等

因素，定期或不定期地对现有投资组合进行调整。在调整过程中，投资组合中的全部或部分资产被转化为其他资产，或者从一个基金管理人手里转到另一个基金管理人手里。机构投资者对投资组合的大规模调整，又称为资产转持。从表面上看，这只是一个卖出现有资产、买入目标资产的过程，但随着资产配置多元化和信托责任的转移，投资组合的重组和转换变得越来越频繁和复杂。因此，基金管理人应当在日常交易和资产转持过程中，重视隐性成本，优化交易方法，缩小执行缺口。

四、算法交易

机会成本与冲击成本之间存在冲突。当交易执行速度较快时，机会成本低，但冲击成本高；当交易执行速度较慢时，冲击成本低，但机会成本高。当投资者进行大额交易时，不希望交易对市场产生太大的冲击(冲击成本)，同时也不希望交易拖太久导致市场价格向不利方向变动或失去交易机会(机会成本)。这就向交易执行提出了一个挑战：如何平衡冲击成本和机会成本？这也被称为"交易员困境"。算法交易(algorithmic execution)是有效应对这一挑战的一种工具，它能够帮助交易员在成本与风险之间进行权衡，找到符合资产组合管理目标的平衡点。

(一) 算法交易的概念

算法交易是交易员在二级市场进行交易时所使用的一种程序化交易方式，是遵循数量规则、用户指定的基准和约束条件，使用计算机来确定订单最佳执行路径、执行时间、执行价格以及执行数量的一种交易方法。算法交易的核心是交易模型，模型源于交易理念和数据分析的有机结合。交易员把指定交易量的交易指令输入模型，并在模型中设定目标(如基准、价格或时间等)，模型会根据指令和目标计算执行指令的时机和交易额。有的模型还能智能地将订单发送至流动性最好的交易通道，这被称为"智能路由"。

> ■ 思考
>
> 自动交易、算法交易和程序化交易有什么区别？
>
> 提示：
>
> 自动交易是指在交易过程中由计算机辅助、没有人工干预的各种交易的总称，包括算法交易和程序化交易。
>
> 算法交易更强调特定交易决策的执行，即如何快速、低成本、隐蔽地执行大批量订单。
>
> 程序化交易更强调投资决策，即通过某种策略生成自动执行的交易指令，以便实现某个特定的投资目标。

(二) 算法交易的类型

算法交易有多种策略类型,应用较为普遍的是基于历史交易数据的逻辑算法,如时间加权平均价格算法(time-weighted average price,TWAP)、成交量加权平均价格算法(volume weighted average price,VWAP)、跟量算法(time volume,TVOL)、执行缺口算法(implementation shortfall,IS)等。

(1) 时间加权平均价格算法。它是根据特定的时间间隔,在每个时间点上将订单均匀拆分并提交的算法,是最简单的一种传统算法交易策略。该算法旨在使交易对市场影响最小化的同时提供一个平均执行价格。

(2) 成交量加权平均价格算法。它是基本的交易算法之一,它将大额订单按照规定期限内预测的交易量分布比例拆分成多个小额订单并进行委托交易,旨在以尽可能接近市场按成交量加权的均价完成交易,以尽量减小该交易对市场的冲击。

(3) 跟量算法。它旨在帮助投资者跟上市场交易量,若市场交易量增加则同样增加这段时间的下单成交量,反之则相应减少这段时间的下单成交量。交易时间的选择主要取决于交易期间市场的活跃程度。

(4) 执行缺口算法。它是一种成本驱动型的优化算法,旨在尽量不造成大的市场冲击,在此前提下尽快以接近客户委托时的市场成交价来完成交易。

(三) 算法交易与传统的人工交易相比所具有的优势

(1) 算法交易实现了人工无法完成的优化策略过程,可达到减小市场冲击和降低交易成本的目的。算法交易专注于订单的执行过程,通过程序系统交易,将一项大额交易拆分成多项小额交易,以此来尽量减小对市场造成的冲击,从而降低交易成本,控制市场冲击成本,争取最优的成交价格和数量。算法交易的内在逻辑为利用市场交易的特点来执行订单,实现风险可控和成本可控。

(2) 算法交易程序判断的时间短,相较于人工交易,更容易以即时价格成交,提高交易的执行效率。伴随着大单拆分,不同的小单按照不同的价格进行动态成交,交易员在执行这些复杂而频繁的交易时总是需要思考和判断,有可能错过最佳交易时机,增加等待风险或交易成本。

(3) 算法交易可以最大限度地减少由人为失误造成的交易错误。人的疏忽、贪婪、恐惧难以避免,这些非理性因素给交易带来了不确定性,而算法交易可以最大限度地避免人的影响。

(4) 算法交易通过计算机下单,可以减少传统交易的人力投入,只需要雇佣少量的交易员对整个算法交易过程进行监控和维护即可。

(5) 算法交易能确保复杂的交易及投资策略得以执行。算法交易有助于精准下单,细致量化报单的价格和数量,特别是对于复杂的交易策略,算法交易可以同时执行数目众多的股票交易,实现传统交易不能实现的交易策略。

(6) 算法交易能够隐藏交易意图。对于进行大规模交易的投资者，特别是机构投资者来说，通过将大单拆细进行交易，能够隐藏交易意图，从而避免对手根据自己的"套路"出牌。

(7) 算法交易模型确定后，可以在较长时期内观察其有效性和可复制性。

在国际上，算法交易已被对冲基金、企业年金、共同基金等机构投资者广泛使用。任何投资策略都可以使用算法交易来执行订单，包括做市、场内价差交易、套利等。随着我国基金行业管理的日益精细化，算法交易已被提上议程。随着公募基金管理资产规模的日益扩大，基金公司逐渐把部分交易特别是指数基金交易转移到算法交易上来。

习题

第十四章 风险管理

第一节 风险的类型

风险源于不确定性,是未来的不确定事件可能带来的影响。基金公司所面临的风险有多种表现形式,按照不同的标准,可以分为不同的类型。从基金公司内外部面临的风险来看,基金公司日常运营中的风险可以分为投资风险、操作风险、合规风险以及非正常经营情况下的危机处理,即业务持续风险。

一、投资风险

(一) 投资风险的类型

投资风险是在公司管理投资组合过程中所产生的风险,主要包括市场风险、信用风险和流动性风险,主要责任人是投资部门。

1. 市场风险

市场风险是指基金投资行为因证券价格受到宏观政治、经济、社会等环境因素的影响而面对的风险。当基金投资于证券市场时,证券价格不但受其自身业绩、所属行业的影响,还会受到政府出台的经济政策、经济周期等宏观因素的影响,从而表现出一种不确定性。即使基金具有分散风险的功能,但由于证券市场存在固有的风险,投资于各种证券的基金难免会面临风险。

市场风险和特定风险(非系统性风险)构成了投资风险。市场风险也称为系统性风险,虽然可以通过其他方式进行对冲,但不能通过投资多样化来消除。市场风险的来源包括经济衰退、政治动荡、利率变化、自然灾害和恐怖袭击,具体包括政策风险、经济周期性波动风险、利率风险、购买力风险、汇率风险等。

管理市场风险,应严格遵循谨慎、分散风险的原则,充分考虑客户财产的安全性和流动性,实行专业化管理,控制、防范、化解市场风险;应在充分研究评估的基础上,构建投资组合,建立内部监控和跟踪机制,关注投资组合的收益质量风险;应运用前景分析和压力测试等技术,评估投资组合在极端市场状况下的最大损失情况,以及提前制定应对措施。

2. 信用风险

信用风险源于贷款的借贷方、债券发行人以及回购交易和衍生产品交易对手的违约可能性。根据信用风险的来源，可以将其分为债券信用风险和交易信用对手风险。

(1) 债券信用风险。债券信用风险主要是指发行债券的借款人可能因发生财务危机等因素，不能按期支付契约约定的债券利息或偿还本金，从而使投资者蒙受损失的风险。在所有债券之中，财政部发行的国债有中央政府作担保，往往被市场认为没有违约风险，而除中央政府以外的地方政府和公司发行的债券或多或少地存在违约风险。因此，信用评级机构要对债券进行评价，以反映其违约风险。一般来说，如果市场认为一种债券的违约风险相对较高，那么该债券的收益率就会较高，以弥补投资者可能承受的损失。

(2) 交易对手信用风险。交易对手信用风险主要是指交易对手未能履行约定的义务而造成经济损失的风险。未结算的证券、商品和外汇交易，从交易日开始就存在交易对手风险，特别是交易对手信用风险。交易对手信用风险可能与市场风险、流动性风险、法律风险和操作风险都有关系。由于未结算的证券、商品和外汇交易的市场价值随着市场因素的变化而变化，基金承担的交易对手信用风险也会随之发生变化。

信用风险事件会给持有相关债券的基金和基金公司带来不利影响，具体包括：相关债券估值急剧下跌，基金净值受损；相关债券流动性丧失，很难变现；投资者集中赎回基金，带来流动性风险；基金公司自有资金受到损失，遭受监管处罚。

管理信用风险时，应对交易对手和投资品种的信用风险进行有效的评估和防范，在将信用风险控制于可接受范围内的前提下，尽可能寻求更高的风险调整收益，具体措施包括：建立针对债券发行人的内部信用评级制度和交易对手信用评级制度；加强监控，及时发现、汇报和处理信用风险。

债券基金经理的核心任务是管理信用风险，控制基金持有的债券信用等级，并进行适度的分散化投资，避免基金对单一债券或债券类别承担过大的信用风险。

3. 流动性风险

《公开募集开放式证券投资基金流动性风险管理规定》

流动性是指资产在短期内以低成本完成市场交易的能力。流动性风险是指因市场交易量不足，导致不能以合理价格及时进行证券交易的风险，或投资组合无法应付客户赎回要求所引起的违约风险。资产的流动性好，则买卖容易，价格稳定，从而降低投资者的交易成本；当资产的流动性变差时，随着买卖价差的增大，投资者往往会蒙受损失。

基金的流动性风险是指基金管理人未能及时变现基金资产以应对投资者赎回申请的风险，本质上是基金组合资产的变现能力与投资者赎回需求的匹配与平衡问题，主要表现在两方面：一方面，基金管理人在建仓时或者在为实现投资收益而卖出证券时，可能会由于市场流动性不足而无法按预期的价格在预定的时间买入或卖出证券；另一方面，开放式基金发生投资者赎回时，所持证券流动性不足，基金管理人被迫以不适当的价格大量抛售股票或债券，或无法满足投资者的赎回需求。以上两种情况均可能对基金净值造成不利影响。

与市场风险和信用风险相比,流动性风险形成的原因更加复杂,它是一种综合性风险。市场、信用、操作等各个方面的风险管理缺陷,都可能导致流动性问题。影响基金流动性的主要因素有金融市场整体的流动性、证券市场的走势、基金公司流动性管理流程和措施、基金类型以及基金持有人结构与行为特征等。有时,市场局部的流动性问题会演变成整个金融体系的流动性危机。在市场剧烈下行、基金净值出现较大回撤时,基金持有人的赎回要求往往会大幅增加,如果基金日常的流动性无法满足投资人的赎回要求,基金管理人就不得不抛售资产,这将导致基金净值下跌,进一步引起更多赎回,其极端情况类似于银行的挤兑风险,最终可能导致基金清盘。

管理流动性风险的措施包括:建立适时、合理、有效的风险管理机制;平衡资产的流动性与盈利性;建立流动性预警机制,将流动性风险控制在可承受的范围之内。

(二) 投资风险的管理措施

(1) 密切关注宏观经济指标和趋势、重大经济政策动向、重大市场行动,评估宏观因素变化可能带来的系统性风险,定期监测投资组合的风险控制指标,制定应对策略。

(2) 密切关注行业的周期性、市场竞争、价格、政策环境和个股的基本面变化,构建股票投资组合,分散非系统性风险。应特别加强投资证券管理,对于市场风险较大的证券,应建立内部监督机制、快速评估机制和定期跟踪机制;对于重大投资,应加强监测;对于基金重仓股、单日个股交易量占该股票持仓显著比例、个股交易量占该股票流通值显著比例等进行跟踪分析。

(3) 建立风险管理制度和风险监控体系。针对债券发行人的内部信用评级制度,结合外部信用评级,实施发行人信用风险管理;建立严格的信用风险监控体系,以便及时发现信用风险,及时汇报和处理;制定流动性风险管理制度,平衡资产的流动性与盈利性;分析投资组合持有人的结构和特征,关注投资者的申赎意愿。

(4) 运用定量风险模型和优化技术,分析风险的来源和因素。可利用敏感性分析,找出影响投资组合收益的关键因素;可运用情景分析和压力测试技术,评估投资组合对大幅和极端市场波动的承受能力;对投资组合资产进行流动性分析和跟踪,关注投资组合的资产流动性结构和基金品种类型等因素的流动性匹配情况;测算外部市场环境的重大变化对投资组合的影响,相应调整资产配置和投资组合。

(5) 建立风险预警机制。当流动性风险指标达到或超出预警阈值时,应启动流动性风险预警机制,按照既定投资策略调整投资组合资产结构,或剔除个别流动性差的证券,将投资组合的流动性维持在安全水平。

(6) 制定风险处置预案,在风险事件发生后能够及时有序地进行处置,建立健全安全保障和应对机制,防范风险外溢。

二、操作风险

(一) 操作风险的表现

操作风险是指由于人为错误、计算机系统故障、工作程序和内部控制缺陷或外部因素带来的交易失误,导致基金资产或基金公司财产损失、基金公司声誉受损以及受到监管部门处罚等的风险。

操作风险是基金公司所有部门都要应对的风险,主要表现为制度和流程风险、信息技术风险、人力资源风险。制度和流程、人员和系统中的任何一个因素出现异常,都会导致操作风险的发生。因此,建立有效的制度和流程控制机制,减少人为错误、系统失灵和内部控制缺陷,才能减少操作风险的发生。

1. 制度和流程风险

制度和流程风险包括两方面:一是适当性风险,即公司制度、关键业务和新业务操作流程及授权设计不合理带来的风险;二是有效性风险,即公司制度、业务操作流程和授权没有得到有效执行带来的风险。

2. 信息技术风险

信息技术风险受到高度依赖信息技术系统的基金公司的高度重视,这主要是因为,随着基金行业的成长,基金产品将越来越多样化和复杂化,基金业务高度依赖以计算机技术为代表的信息技术。随着金融业和金融市场的全球化发展,一些操作失误可能会带来极其严重的后果。在一些金融机构中,操作风险导致的损失已经明显大于市场风险和信用风险导致的损失,关注操作风险已成为基金公司不可回避的话题。信息技术系统不能提供正常服务、在系统中授权不当等都会造成重大损失,所以,信息技术系统,尤其是重要的信息技术系统应具有在各种情况下确保业务持续运作的冗余能力。

3. 人力资源风险

人力资源风险包括两方面:一是管理人力资源不当所产生的风险,包括缺少符合岗位专业素质要求的员工、过高的关键人员流失率、关键岗位缺乏适用的储备人员和激励机制不当等带来的风险;二是员工个人的道德风险,包括员工违背法律法规、公司制度和职业道德,通过不法手段牟取利益所带来的风险。

(二) 操作风险的管理措施

为了规避操作风险,基金公司应对业务风险进行整理、评估,制定相应的管理措施,并在业务进行中对风险管理情况进行持续跟踪,具体包括以下几个方面。

(1) 建立合规、适用、清晰的日常运作制度体系,包括制度和日常工作流程,尤其是关键业务操作的制约机制;建立必要的职责分离制度,明晰前台、后台或关键岗位的职责分工和制约机制,加强对员工在制度和流程方面的培训;建立有效的控制程序,强化对制度和流程有效性的稽核。

(2) 建立信息安全管理体系，对硬件、操作系统和应用程序、数据和操作环境进行监管，对设计、采购和使用环节实施控制；加强业务系统操作平台建设，全面查找设计漏洞，完善系统软件。

(3) 确保关键岗位人员具有符合要求的专业资格和能力，持续开展业务学习和培训；加强道德风险防范制度建设，倡导良好的职业道德文化，加强风险意识教育，定期开展员工职业道德培训；制定员工守则，确保员工行为规范有所依据。

三、合规风险

近年来，多家基金公司被曝出从业人员利用未公开信息进行交易的丑闻，对基金行业造成了极坏的影响。诚信体系不健全、合规管理意识缺乏、高层管理人员重视不够是基金公司违规行为屡禁不止的重要原因。少数基金管理人缺乏主动合规的意识，合规管理存在形式主义倾向。更有少数基金管理人不考虑如何建立合规管理机制和真正做好合规管理工作，而只是想办法应付外部监管部门。基金公司内部人员对合规风险管理的认识尚未统一，导致合规风险在基金行业呈现有增无减的发展趋势。

(一) 合规风险的类型

合规风险是指因公司及员工违反法律法规、基金合同和公司内部规章制度等而导致公司可能遭受的法律制裁、监管处罚、重大财务损失和声誉损失风险。

合规风险主要包括投资合规风险、交易合规风险、销售合规风险、信息披露合规风险和反洗钱合规风险。在大多数情况下，合规风险产生于基金管理人的制度决策、管理和交易执行环节，往往表现出制度缺陷和治理结构缺失的特征。合规风险管理对基金管理人来说具有重要的现实意义，它是基金管理人全面风险管理体系的重要组成部分。下面详细介绍投资交易过程中涉及的投资合规风险、交易合规风险和信息披露合规风险。

> ■ 思考
>
> 合规风险和操作风险、声誉风险、道德风险一样吗？
> 提示：
> 操作风险主要产生于操作环节和操作人员，其背后往往潜藏着操作环节不合理和操作人员缺乏合规守法意识的问题。声誉风险是指因基金管理人的经营管理及其他行为或外部事件导致利益相关方对公司负面评价的风险。道德风险是指基金管理人员为牟求私利故意采取不利于公司和行业的行为导致的风险。

1. 投资合规风险

投资合规风险是指因基金管理人和投资业务人员违反相关法律法规和公司内部规章而产生的处罚和损失风险。投资业务是基金管理人的核心业务，投资运作部门在基金管理人内部组织体系中占据特殊地位。

基金管理投资合规风险包括：基金管理人未按法规及基金合同规定建立和管理投资对象备选库；利用基金财产为基金份额持有人以外的第三人牟取利益；利用职务便利获取内幕信息以外的其他未公开信息，从事或者明示、暗示他人从事相关交易活动，运用基金财产从事操纵证券交易价格及其他不正当的证券交易活动；不公平对待不同投资组合，直接或者通过与第三方的交易安排在不同投资组合之间进行利益输送；基金收益分配违规失信以及公司内控薄弱、从业人员未勤勉尽责，导致基金操作失误等。

2. 交易合规风险

投资交易过程的风险管理

交易合规风险是指在交易执行环节，违反法律、法规、交易所规则、公司内部制度、基金合同等导致公司可能遭受法律制裁、监管处罚、公开谴责等的风险。

交易合规风险管理主要体现在交易规定的执行和交易行为的监控过程中，通过制度化、系统性地进行事前、事中和事后的监控和管理，可以防范操纵证券市场、不公平对待不同投资组合、利用基金财产为基金份额持有人以外的第三人牟取利益等违法违规行为。

3. 信息披露合规风险

信息披露合规风险是指基金管理人在信息披露过程中，违反相关法律法规和公司规章，对基金投资者形成了误导或对基金行业造成了不良声誉，受到处罚和声誉损失的风险。

由于基金管理人在资本市场的特殊地位，其发布的相关信息可能会对市场造成较大的影响，妨碍市场公平交易原则，所以，基金管理人必须按照相关规定披露信息。

(二) 合规风险的管理措施

近年来，基金管理人合规风险时有发生，一度成为国内资本市场关注的焦点。为确保基金管理人的投资管理流程符合法律法规、行业标准以及内部规章制度，预防和减少合规风险，根据《基金管理公司风险管理指引(试行)》，应采取以下措施。

(1) 建立有效的投资流程和投资授权制度。

(2) 每日跟踪评估投资比例、投资范围等合规性指标执行情况，确保投资组合的合规性指标符合法律法规和基金合同的规定。

(3) 重点监控投资组合中是否存在内幕交易、利益输送和不公平对待不同投资者等行为。

(4) 在交易系统中设置风险参数，对投资合规风险进行自动控制，对于无法在交易系统中控制的投资合规风险，应通过加强手工监控、多人复核等措施予以控制。

(5) 对交易异常行为进行定义，通过事后评估对基金经理、交易员和其他人员的交易行为(涉及交易价格、交易品种、交易对手、交易频度、交易时机等方面)进行监控，加强对异常交易行为的跟踪、监测和分析。

(6) 建立完善的内部控制体系，包括财务审批、内部审计、风险管理方面的制度和流程，确保各项业务活动合规、规范、高效。

(7) 建立信息披露风险责任制，将应披露的信息落实到各相关部门，向各部门明确其对提供的信息的真实性、准确性、完整性和及时性负全部责任，信息披露前应经过必要的合规性审查。

四、业务连续风险

业务连续风险是指由于公司危机处理机制、备份机制准备不足，导致危机发生时公司不能持续运作的风险。也就是说，公司不具备应对风险、自动调整和快速反应的能力，当非计划业务破坏发生时，无法保证公司业务连续运转。

(一) 业务连续风险的管理措施

基金管理人应建立一套有效的业务连续管理体系，完善公司的风险管理体系，具体包括两方面内容。一方面，在日常运营中，应认识到潜在的危机和影响，针对公司主要业务制定风险评估和监测办法、建立重要部门风险指标考核体系以及业务人员的道德风险防范系统等，做好事前预警预防；另一方面，一旦遭遇突发事件，公司应及时采取应急、应变措施和危机处理机制，及时制订确保业务连续运转的恢复计划，管理层和员工应能有效响应非计划业务中断，降低负面影响，提高市场竞争力。

基金公司总部以及分公司应制订书面的商业应急和灾难恢复计划，这些计划应覆盖公司主要业务运营范围，明确负责灾难恢复和危机处理的人员以及责任范围。在计划中，应建立危机处理决策、执行及责任机构，制定各种可预期的极端情况下的危机处理制度，包括危机认定、授权和责任、业务恢复顺序、事后检讨和完善等内容；应根据严重程度对危机进行分级归类和管理；应建立危机预警机制，包括信息监测及反馈机制。应急和灾难恢复计划应定期测试，每年至少测试演习一次。

(二) 业务连续风险的管理原则

业务连续风险管理应遵循如下原则。

(1) 完备性原则。尽可能充分考虑到各个环节可能出现的突发危机情况，清楚界定相关部门和岗位的责任，制定相应的处理办法。

(2) 预防为主的原则。应对公司各业务流程和组织结构进行全面分析，识别和分析危机隐患、发生概率、危害程度、影响范围等，预先制定应对措施。

(3) 及时报告原则。当危机发生时，公司任何知情人员都应立即根据公司制度要求，履行报告义务。

(4) 优先性原则。当发生影响业务运营的危机时，公司各项资源应优先满足危机处理的需要，最大限度地降低危机的不利影响。

(5) 相互协作原则。在危机处理过程中，公司各部门和员工应在公司危机处理委员会的统一指挥和协调下，相互配合、相互协作，尽快解决危机。

(6) 积极沟通原则。在危机处理过程中，公司应遵循真诚、坦率的原则，在有利于处理危机的前提下，加强信息交流，积极争取监管部门、公司客户的信任。

(7) 尽快恢复原则。危机处理完毕后，应迅速恢复公司各项业务的正常运营。

(8) 认真总结原则。危机处理完毕后，公司及相关部门应及时总结经验教训，采取预防措施，避免此类危机再次发生。

第二节　风险管理体系

基金公司风险管理的目标是建立健全风险管理体系，全员参与风险管理，在日常经营中将公司风险降至最低，确保经营管理合法合规，受托资产安全，财务报告和相关信息真实、准确、完整，不断提高经营效率，实现公司发展战略。建立健全风险管理体系，应在围绕风险管理目标的基础上，构建完备的风险管理组织架构，建立相应的制度和程序，并通过宣传教育、风险培训等方式健全全面风险管理文化，引导员工养成防范风险的意识和习惯，避免风险行为，同时明确风险管理责任，确保风险管理体系落地。风险管理体系如图14-1所示。

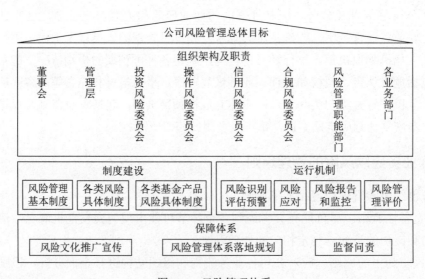

图14-1　风险管理体系

一、风险管理组织架构

为有效实施风险管理，基金公司应高度重视风险管理的组织保障和制度保障，建立完备的风险管理组织并建立相应的制度和流程。风险管理组织架构应该科学有效、职责清晰，与公司的业务特点、规模和复杂程度相适应。董事会、监事会、管理层应依法履行职责，形成高效运转、有效制衡的监督约束机制，保证风险管理的贯彻执行。2014年6月26日，中国证券投资基金业协会正式发布了《基金管理公司风险管理指引》(以下简称《指引》)，自上而下梳理了董事会、公司管理层、公司管理层下设风险管理委员会、风险管理职能部门或岗位、各业务部门、各级员工在风险管理中的职责。

(一) 董事会

董事会应对有效的风险管理承担最终责任，并履行以下风险管理职责：确定公司风险管理总体目标，制定公司风险管理战略和风险应对策略；审议重大事件、重大决策的风险评估意见，审批重大风险的解决方案，批准公司基本风险管理制度；审议公司风险管理报告；授权董事会下设的风险管理委员会或其他专门委员会履行相应的风险管理和监督职责。

(二) 公司管理层

公司管理层应对有效的风险管理承担直接责任，并履行以下风险管理职责：根据董事会的风险管理战略，制定与公司发展战略、整体风险承受能力相匹配的风险管理制度，确保风险管理制度得以全面、有效执行；在董事会授权范围内批准重大事件、重大决策的风险评估意见和重大风险的解决方案，并按章程或董事会相关规定履行报告程序；根据公司风险管理战略和各职能部门与业务单元职责分工，组织实施风险解决方案；组织各职能部门和各业务单元开展风险管理工作；向董事会或董事会下设专门委员会提交风险管理报告。

(三) 风险管理委员会

公司管理层可以设立风险管理委员会，协助管理层履行以下职责：指导、协调和监督各职能部门和各业务单元开展风险管理工作；制定相关风险控制政策，审批风险管理重要流程和风险敞口管理体系，并与公司整体业务发展战略和风险承受能力相一致；识别公司各项业务所涉及的各类重大风险，对重大事件、重大决策和重要业务流程的风险进行评估，制定重大风险的解决方案；识别和评估新产品、新业务的新增风险，并制定控制措施；重点关注内控机制薄弱环节和可能给公司带来重大损失的事件，提出控制措施和解决方案；根据公司风险管理总体策略和各职能部门与业务单元职责分工，组织实施风险应对方案。

(四) 风险管理职能部门或岗位

公司应设立独立于业务体系汇报路径的风险管理职能部门或岗位，并配备有效的风险管理系统和足够的专业人员。风险管理职能部门或岗位对公司的风险管理承担独立评估、监控、检查和报告职责,具体包括:执行公司风险管理战略和决策,拟定公司风险管理制度,并协同各业务部门制定风险管理流程、评估指标;对风险进行定性和定量评估,改进风险管理方法、技术和模型,组织推动建立并持续优化风险管理信息系统;对新产品、新业务进行独立监测和评估,提出风险防范和控制建议;督促相关部门落实公司管理层或其下设风险管理委员会的各项决策和风险管理制度,并对风险管理决策和风险管理制度执行情况进行检查、评估和报告;组织推动风险管理文化建设。

(五) 各业务部门

各业务部门应当执行风险管理的基本制度和流程,定期对本部门的风险进行评估,对风险管理有效性负责,具体应当承担以下职责:执行公司风险管理政策,研究制定本部门或业务单元业务决策和运作的各项制度和流程并组织实施,具体制定本部门业务相关的风险管理制度和应对措施、控制流程、监控指标等,或与风险管理职能部门(或岗位)协作制定相关条款,确保风险管理的原则与要求贯穿业务开展全过程;随着业务的开展,对本部门或业务单元的主要风险进行及时识别、评估、检讨、回顾,提出应对措施或改进方案并落实;严格遵守风险管理制度和流程,及时、准确、全面、客观地将本部门的风险信息和监测情况向管理层和风险管理职能部门或岗位报告;配合和支持风险管理职能部门或岗位的工作。

(六) 各级员工

各部门负责人是部门风险管理的第一责任人,基金经理(投资经理)是相应投资组合风险管理的第一责任人,公司所有员工是本岗位风险管理的直接责任人,负责具体风险管理职责的实施。员工应当牢固树立内控优先和全员风险管理理念,加强法律法规和公司规章制度培训学习,增强风险防范意识,严格遵守法律法规、公司制度和流程以及各项管理规定。公司应当将风险管理纳入各部门和所有员工年度绩效考核范围。

二、风险管理程序

风险管理的主要环节包括风险识别、风险评估、风险应对、风险报告和监控及风险管理体系评价。各环节相互关联、相互影响、循环互动,同时应依据内部环境、市场环境、法规环境等内外部因素的变化及时更新完善。

(一) 风险识别

风险识别是指对尚未发生的、潜在的和客观存在的各种风险系统地、连续地进行识别和归类,并分析产生风险事故原因的过程。

风险识别应当覆盖公司各个业务环节,涵盖所有风险类型。公司应当定期对已识别的风险进行回顾,及时了解和研究新法规、新业务、新产品和新金融工具等。公司应在风险识别过程中,对业务流程进行梳理和评估,针对业务流程中的主要风险点建立相应的控制措施，明确相应的控制人员，不断完善业务流程。

(二) 风险评估

风险评估是指在风险识别的基础上，估计风险发生的概率和损失程度。公司可采取定量和定性相结合的方法进行风险评估，但应保持评估方法的一致性，协调好整体风险和单个风险、长期风险和中短期风险的关系。

(三) 风险应对

风险应对是指在确定决策主体经营活动中存在的风险并分析风险概率及风险影响程度的基础上，根据风险性质和决策主体对风险的承受能力制定回避、承受、降低或者分担风险等的相应防范计划。公司应当建立风险事件登记制度和风险应对考评管理制度，明确风险事件的等级划分标准、责任追究机制和跟踪整改要求。

(四) 风险报告和监控

风险报告和监控是确保投资项目成功的关键环节。基金公司应当建立完备的报告监测体系，对风险指标进行系统和有效的监控，根据风险事件发生频率和事件的影响来确定风险报告的频率和路径。风险报告应明确风险等级、关键风险点、风险后果及相关责任、责任部门、责任人，同时提出风险处理建议和责任部门反馈意见等，确保公司管理层能够及时获得真实、准确、完整的风险动态监控信息，明确并落实各相关部门的监控职责。

(五) 风险管理体系评价

公司应当定期对风险管理体系进行评价，对风险管理系统的安全性、合理性、适用性和成本与效益进行分析、检查、评估和修正，以提高风险管理的有效性，并根据评价结果、外部环境变化和公司新业务的开展情况对风险管理体系进行完善和更新。

第三节 不同类型基金的风险管理

基金公司在日常运营中，应针对不同产品的特点制定相应的投资风险管理方法和流程，形成内部投资指引，并将其纳入风险管理系统，以实现对基金投资风险的有效管理。投资风险管理分为事前、事中以及事后3个环节。事前风险管理主要包括对可投证券池、交易对手库的管理，以及按照法律法规、公司制度和产品合同规定设置基金的投资限制和需要监控的风险指标。事中风险管理体现为在投资过程中，对持仓证券和基金整体风险指标进行监控，对不符合投资限制的投资指令进行预警或拦截，对超过投资限制的风险指标及时进行调整。事后风险管理包括风险指标计算、压力测试、风险收益归因等。风险管理贯穿基金投资管理全流程。

一、股票基金的风险管理

相较于混合基金、债券基金与货币基金，股票基金的预期收益与风险皆为最高。股票基金提供了一种长期而高额的增值性，但收益越高，风险越大。股票基金的投资风险包括非系统性风险和系统性风险。

通过组合理论和资本市场理论可知，通过投资组合可以大大降低个股投资的非系统性风险。股票基金可以通过设置个股最高比例来控制个股风险，实现风险分散化。

系统性风险往往是投资回报的来源，是投资组合需要主动暴露的风险。从风险管理的角度来看，应确保投资经理对该系统性风险的暴露符合投资方针的规定。很多基金公司按照基金合同规定限制基金的可投资股票范围。

(一) 股票基金风险的衡量指标

衡量股票基金风险的指标主要有标准差、β系数、持股集中度、行业投资集中度、持股数量等。

有的股票基金的净值增长率波动很大，有的股票基金的净值增长率波动可能较小。净值增长率波动程度越高，基金的风险就越大。基金净值增长率的波动程度可以用标准差来计量，通常按月计算。

股票基金主要投资于股票，其净值变动与股票市场变化相关度较高。如果某基金的β系数为1，说明该基金净值的变化与指数的变化幅度相当；如果某基金的β系数大于1，说明该基金是一只活跃或激进型基金；如果某基金的β系数小于1，说明该基金是一只稳定或防御型基金。

衡量持股集中度的常用指标为前十大重仓股占比(前十大重仓股投资市值/基金股票投资总市值×100%)，比值越大，表示投资组合越集中，其面临的个股风险可能无法充分分散，投资经理可能希望通过承担较高的个股风险来获取超额收益。

基金行业投资集中度通常用基金重配行业占全部行业配置(即基金持股总市值)的比重来衡量，一般用前三大行业或者前五大行业占基金所有行业配置的比例来反映行业配置集中度水平。

持股数量通常用于判断基金投资风险的分散情况。持股数量越多，投资风险越分散，所面临的个股风险越低。

(二) 股票基金的风格分析指标

通过分析股票基金所持有的全部股票的平均市值，可以看出基金对大盘股、中盘股和小盘股的投资风险暴露情况。计算基金持股平均市值可以采用算术平均法，也可以采用加权平均法或其他较为复杂的方法。

在实践中，可以通过基金所持有的全部股票的平均市盈率、平均市净率判断股票基金是倾向于投资价值型股票还是倾向于投资成长型股票。如果股票基金的平均市盈率、平均市净率小于市场指数的市盈率和市净率，可以认为该股票基金属于价值型基金；反之，则可以将其归为成长型基金。

通过基金股票换手率可以衡量基金买卖股票的频率，反映基金经理的投资风格，通常可以用基金股票交易量的一半与基金平均净资产之比来衡量，公式为

$$基金股票换手率 = \frac{期间基金股票交易量/2}{期间基金平均净资产}$$

用基金股票交易量的一半作为分子的原因在于，"一买一卖"才构成一次完整的换手。换手率的倒数为基金持股的平均时间。低换手率基金倾向于长期持有股票，高换手率基金则倾向于频繁买入与卖出股票。高换手率基金和低换手率基金在牛市及熊市中也是各有所长，投资者可以根据风险偏好做出选择。但是，如果换手率过高，意味着操作过于频繁，会增加基金交易成本，对收益产生一定的不利影响。

二、债券基金的风险管理

债券基金的投资对象主要有国债、可转债、企业债等。由于债券收益波动较小，债券基金通常相对更为稳定，但不意味着毫无风险。债券基金不同，风险与收益也有一定的区别。总体来说，风险与收益并存，两者是正相关的，风险较高的债券基金，收益可能也相对更可观。

造成债券基金业绩表现波动的风险主要有利率风险、信用风险、流动性风险。

(一) 利率风险

利率风险是指市场利率变动会引起债券价格波动，从而对债券基金资产价值及投资回报产生影响。通常情况下，债券的价格与市场利率呈反向变动。当市场利率下降时，债券价格通常会上涨，债券基金的净值也随之上涨；反之则会下降。因此，债券基金存在因利率上升或下降导致净值下跌或上涨的风险。

债券基金的久期是投资组合中所有债券的久期的加权平均值。债券基金久期越长，净值随利率波动的幅度就越大，承担的利率风险就越高。通常用久期乘市场利率的变化率来衡量利率变动对债券基金净值的影响。

债券基金通常以组合中已有的债券作为抵押品，融资买入更多债券，这个过程也称为加杠杆。杠杆会增大基金对利率变化的敏感度，增加基金的利率风险。通常用债券基金的总资产和净资产的比率来表示杠杆率。债券基金的杠杆率可以超过100%。在目前的法规下，开放式债券基金的杠杆率上限为140%，封闭式债券基金的杠杆率上限为200%，定期开放式债券基金在开放期内的杠杆率上限为140%，在封闭期的杠杆率上限为200%。

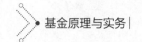

为了防范利率风险,可采取分散投资的措施,即采用购买不同期限债券、长短期配合的方式。如果利率上升,短期投资可以迅速找到高收益投资机会;如果利率下降,长期债券能保持高收益。总之,不要把所有的鸡蛋放在同一个篮子里。

> ■ **思考**
>
> 如果某债券基金的久期是5年,那么,当市场利率下降1%时,该债券基金的资产净值将增加多少?当市场利率上升1%时,该债券基金的资产净值将如何变化?
>
> **提示:**
>
> 根据久期的定义,债券价格的变化约等于久期乘市场利率的变化率,方向相反。因此,当市场利率下降1%时,该债券基金的资产净值将增加5%;当市场利率上升1%时,该债券基金的资产净值将减少5%。

(二) 信用风险

信用风险是指债券基金投资组合中的债券发行人(如企业、政府或其他组织)未能按照债券契约条款履行支付本金或利息义务的可能性。一般而言,发行人的财务状况越差,债券信用风险越大。如果市场认为一种债券的违约风险相对较高,该债券的收益率就会较高,以弥补可能承受的损失。

在所有债券之中,财政部发行的国债由于有政府作担保,往往被市场认为没有违约风险。除中央政府以外的地方政府和公司发行的债券则或多或少地有违约风险。信用评级机构应对债券进行评价,以反映其违约风险。

控制债券信用风险的直接方法就是不买主体经营状况不佳或信誉不高的发行人发行的债券。在选择债券时,一定要仔细了解发行公司的情况,包括公司的经营状况及其以往债券兑付情况。在持有债券期间,应尽可能对公司的经营状况进行跟踪了解,以便及时卖出债券。由于国债的投资风险较低,保守型投资者应尽量选择投资信用风险低的国债。

针对债券信用风险的监控指标主要有基金所持债券的平均信用等级、各信用等级债券的占比以及单个债券或发行人特定的信用风险。一般来说,不同的投资标的会有不同的信用评估模型和信用违约矩阵。

(三) 流动性风险

流动性风险是指债券持有人在需要将债券转换为现金时,可能面临无法迅速以市场价格卖出债券,或者必须以低于市场价格折价出售债券的风险。债券市场波动、债券到期期限或债券持有人结构、发行人的信用评级变化等都是影响债券流动性的因素。此外,流动性风险也指由于债券市场交易量少,发生变现困难、流通不易而导致的风险。对于公募基金而言,投资者的大额赎回也可能导致流动性风险。

从不同债券品种来看,国债、政策性金融债的流动性通常好于企业债、公司债,高等级信用债的流动性一般好于低等级信用债，公开募集债券的流动性好于私募发行的债券(如中小企业私募债)。

衡量债券基金流动性风险的指标主要有持仓集中度、流动受限资产比例、现金比例、短期可变现资产比例、区间可变现资产比例等。

为了防范流动性风险，投资者可以采取以下措施：尽量选择交易活跃的债券(如国债等)，便于以较低的成本变现；合理安排投资组合，避免债券到期日或者存款到期日过于集中，适度控制存量，适时调节增量；准备一定的现金以备不时之需，这是因为为了应对流动性问题进行的债券转让通常会增加债券交易成本，降低投资者的收益。

为了应对可能发生的流动性风险，基金管理人通常需要持续监控基金组合的变现天数分布、长期停牌股票、定向增发、流动性较差证券的投资情况，并根据实际情况适当调整投资组合结构。

另外，债券还会面临提前赎回风险、再投资风险、可转债的特定风险和债券回购风险等。

三、混合基金的风险管理

混合基金是指同时投资于股票、债券和货币市场等工具，且不属于股票基金、债券基金和基金中基金的基金。混合基金的股票仓位比股票型基金和债券型基金更灵活，风险管理措施也更加多样化，具体可根据基金的股票仓位和面临的主要投资风险进行控制。

在目前的法规下，混合基金的股票仓位更灵活，这使得混合基金在市场下跌时有了规避系统性风险的可能。当股票仓位较高时，可以参照股票型基金，对基金行业集中度、持股集中度等风险指标进行监控；当债券仓位较高时，可以参照债券型基金，侧重对基金组合久期、持债集中度等风险指标进行监控。

此外，在投资混合基金的过程中，还需要回顾和评估风险管理流程，根据基金组合状况和市场状况不断修正和完善风险管理体系。

四、货币市场基金的风险管理

(一) 货币市场基金的主要风险

货币市场基金以收益稳定、流动性强、购买限额低、资本安全性高、风险小等特点吸引投资者的关注，是短期投资的较好选择。货币市场基金的监管基本围绕两大风险：一是投资组合风险；二是流动性风险。

投资组合风险是指基金资产净值大幅下跌、利率飙升、信用事件等引发的风险。为防范投资组合风险，应从投资范围、组合期限、投资比例等方面对货币市场基金投资行为进行规范。

流动性风险的实质是赎回请求超过资产变现能力，因此，防范流动性风险应主要从提高资产变现能力和限制赎回请求两方面入手。在极端情况下，政策也允许货币市场基金寻求外部支持。

在互联网金融浪潮和金融科技创新的带动下，货币市场基金曾迎来一波爆发式增长，与此同时，面临的流动性风险、信用风险也在增加，危机下的影响面更广。有不少货币市场基金在短期业绩的驱动下，曾以高杠杆、低信用策略迎来较大发展，但在2013年6月和2016年年底市场发生重大变化时，这些基金付出了惨痛的代价。危机过后，市场逐渐对货币市场基金的定位进行调整，监管机构也及时出台新的货币市场基金监管规则，提高了对货币市场基金的流动性、资产安全性等方面的要求。

(二) 衡量货币市场基金的风险指标

衡量货币市场基金的风险指标主要有投资组合平均剩余期限和平均剩余存续期、融资回购比例、浮动利率债券投资情况以及投资对象的信用评级。

1. 投资组合平均剩余期限和平均剩余存续期

投资组合平均剩余期限和平均存续期越短，货币市场基金的流动性越好，利率风险越低。在货币市场基金实际运作中，持有人集中度对流动性风险管理有很大影响。持有人集中度高的货币市场基金面临的大额赎回风险更高，基金管理人可能无法及时将组合资产变现应付赎回。因此，持有人集中度高的货币市场基金应根据实际情况，严格控制投资组合平均剩余期限和平均剩余存续期。

2. 融资回购比例

一般情况下，货币市场基金的杠杆比例越高，其收益越高，但风险也越大。因此，在比较不同货币市场基金收益率(通常指7日年化收益率)时，应同时考虑其杠杆运用情况。

根据目前的法规，除非发生巨额赎回、连续3个交易日累计赎回20%以上或者连续5个交易日累计赎回30%以上的情形外，货币市场基金债券正回购的资金余额不得超过净资产的20%。所以，货币市场基金的杠杆风险通常比债券基金低。

3. 浮动利率债券投资情况

货币市场基金可以投资剩余期限小于397天但剩余存续期超过397天的浮动利率债券。由于该债券实际剩余存续期往往很长(如10年)，其流动性风险、信用风险和利率风险比其他剩余期限相同的债券更高。在判断基金组合剩余期限分布时，应充分考虑浮息债投资情况。

4. 投资对象的信用评级

货币市场基金通常投资于信用债券中的较高等级债券和其他金融工具，法规对此有明确规定。例如，货币市场基金投资于主体信用评级低于AAA的机构发行的金融工具占基金资产净值的比例合计不得超过10%，其中单一机构发行的金融工具占基金资产净值的比例合计不得超过2%。

根据近年的信用情况，高等级债券并非没有违约风险，短期内到期的债券也并非完全安全。基金管理人可以通过提高信用研究水平、提高信用债券入池要求、紧密跟踪发行人情况、降低组合集中度等方式来降低信用债券违约风险。

五、指数基金和 ETF 的风险管理

(一) 指数基金的风险管理

指数基金是指以指数成分股为投资对象的基金,其主要投资目的是取得与指数相近的收益率,投资策略为被动投资。指数基金因较低的管理费、申赎费等成本优势以及较高的透明度而受到投资者的青睐。

指数基金的风险指标主要是跟踪误差,跟踪误差越大,反映其跟踪标的偏离度越大,风险越高;跟踪误差越小,反映其跟踪标的偏离度越小,风险越低。跟踪误差主要源于基金分红、基金费用、现金留存和抽样复制等,因此,基金管理人可以从上述各因素入手,实现对跟踪误差的控制。

(二) ETF的风险管理

ETF一种特殊类型的指数基金,它的申购和赎回必须以一篮子股票换取基金份额或者以基金份额换回一篮子股票。ETF的风险主要有申购和赎回清单出错、基金投资运作风险以及 ETF 认购期风险等。

对于 ETF 的第一大风险点"申购和赎回清单出错",基金公司的事前防范措施包括:尽量降低人工调整指数权重,多渠道保证数据源的正确性,关注成分股公司行为;对于基金分红等处理,应减少手工操作、严格权限、专门审核;设置成分股现金替代标志,在标志设置完毕前再次确认;审慎对待异常情况。

与其他指数基金一样,ETF不可避免地要承担所跟踪指数面临的系统性风险,抽样复制、现金留存、基金分红以及基金费用等都会导致跟踪误差。此外,二级市场价格常常高于或低于基金份额净值,这也会导致跟踪误差。

六、避险策略基金的风险管理

在我国,避险策略基金通常使用一种恒定比例投资组合保险技术(constant proportion portfolio insurance,CPPI)实现避险,这种技术的基本思路是将大部分资产(保险底线)投入固定收益证券,以保证避险周期结束时能收回本金,同时将剩余的小部分资金(安全垫)乘一个放大倍数投入股票市场,以博取股票市场的高收益。

如果股票市场上涨,CPPI 按照放大倍数计算出的投资股票市场的资金会增加,从而增加基金的投资收益;如果股票市场下跌,CPPI 计算出的投资于股票市场的资金量会减少,基金会将一部分资金从股票市场转移至风险较小的债券市场,从而规避股票市场下跌的风险,防止基金总资产低于事先确定的保险底线。

实施避险策略时,应做到以下几点。

(1) 避险策略基金投资的稳健资产不得低于基金资产净值的80%,且稳健资产投资组合的平均剩余期限不得超过剩余避险策略周期。

(2) 稳健资产以外的资产为风险资产,基金管理人应当采用客观研究方法,审慎建立风险资产投资对象备选库,审慎确定风险资产的投资比例,并采取适度分散风险的投资策略。

(3) 明确保障义务人,选择符合审慎监管要求的商业银行、保险公司作为基金的保障义务人。

七、跨境投资的风险管理

我国涉及跨境投资的基金有QDII基金、港股通基金和QDLP(qualified domestic limited partner,合格境内有限合伙人)基金等。

(一) 跨境投资的风险种类

跨境投资标的涉及不同国家和地区,各个国家和地区的制度各不相同,如果不熟悉当地情况,容易出现法律和合规风险。同时,部分国家和地区市场交易系统和机制相对落后,导致交易和结算流程复杂,在人员不足和制度不健全的情况下容易引发风险。具体而言,跨境投资风险主要有政治风险、汇率风险、税收风险、投资研究风险、交易和估值风险、合规风险。

(二) 跨境投资的风险管理策略

(1) 通过不同国家和地区的资产组合配置分散风险。由于海外市场之间的关联性相对较低,基金可通过实施多个国家和地区之间的资产组合配置来有效分散系统性风险。

(2) 多币种投资和汇率避险操作相结合。QDII基金投资于全球多币种市场,不仅可以有效降低投资单一市场所面临的汇率风险,还可以分享比人民币走势更好的货币对人民币升值带来的好处。此外,QDII基金可以通过一些外汇远期合约和货币交换等衍生工具来进行汇率避险操作。

习题

第十五章 基金业绩评价

第一节 基金业绩评价概述

一、基金业绩评价的作用

基金业绩评价是指通过一些定量指标或定性指标,对基金的风险、收益、风格、成本、业绩来源以及基金管理人的投资能力进行分析与评判,目的是评估基金投资在多大程度上实现了投资目标,以及基金经理执行基金投资计划的成功程度。

基金业绩评价是一个复杂的过程,它不仅涉及基金业绩的度量,也包括基金经理的主动管理能力、业绩持续性以及投资风格等多方面的分析和评估。基金业绩评价是促进基金行业健康发展的重要环节,建立一套完备的基金业绩评价体系对于基金投资者和基金管理人都具有非常重要的意义。

对于基金投资者而言,基金业绩评价能帮助他们了解基金在过去一段时间的投资收益情况及其同时所承担的风险,帮助他们综合评估基金经理在过去一段时间取得的投资成果,识别具有投资管理能力的基金经理。投资者可以通过跟踪基金策略理性选择与其投资目标、投资管理能力以及投资风格相适应的基金进行投资。

对基金管理人而言,由于信息披露或者品牌宣传等外部需求,基金公司需要对所管理的基金进行业绩评价。由于基金经理的投资策略与投资风格不同,通过基金业绩评价,有助于基金公司客观地量化分析基金经理的业绩水平,为投资目标匹配、投资计划实施与内部绩效考核提供参考。

对于基金经理而言,投资绩效的高低直接影响其报酬的丰厚程度,对其在基金经理市场中的竞争力也有深远的影响。通过对基金经理管理的基金进行科学合理的绩效评价,能够诊断影响投资目标实现的每一个因素的贡献程度,从而建立反馈机制,强化投资过程中高效率的方面,弱化或改进那些效率不高或对投资目标的实现没有贡献的方面,进而提升基金经理的投资管理能力。

二、基金业绩评价的原则

基金业绩评价应遵循如下原则。

(1) 长期性原则，即注重对基金的长期评价，培育和引导投资人的长期投资理念，不得以短期、频繁的基金评价结果误导投资人。

(2) 公正性原则，即保持中立地位，公平对待所有评价对象，不得歪曲、诋毁评价对象，防范可能发生的利益冲突。

(3) 全面性原则，即全面综合评价基金的投资收益和风险或基金管理人的管理能力，不得将单一指标作为基金评级的唯一标准。

(4) 客观性原则，即基金评价过程和结果客观准确，不得使用虚假信息作为基金评价的依据，不得发布虚假的基金评价结果。

(5) 一致性原则，即基金评价标准、方法和程序保持一致，不得使用未经公开披露的评价标准、方法和程序。

(6) 公开性原则，即使用市场公开披露的信息，不得使用公开披露信息以外的数据。

三、基金业绩评价应考虑的因素

全球投资业绩标准

为了有效地进行基金业绩评价，在基金业绩评价过程中，应考虑以下因素。

(一) 基准指标

在进行基金业绩评价时，应明确业绩评价的基准指标，因为不同的基准指标会直接影响基金的业绩评价结果。基准指标是评价基金业绩时不可或缺的重要参考指标，不仅为投资者提供了收益预期的参考，而且为基金设计提供了参照。比如，指数基金直接产生于对基准指数的复制或者样本抽样。基准指标本身的资产战略分配、股票构成与风险特征，为基金的投资程序控制和风险量化提供了界限和范围。基准指标也为比较不同类型风格的基金的表现提供了基础。同样，侧重于投资不同市值股票(大中小型)的基金也应该选取对应的基准指数，从而对不同基金的风险或收益回报水平进行客观评估。

(二) 综合业绩度量

在进行基金业绩评价时，除了采用以回报率表示的比较相对业绩的方法，还应在计算回报率的同时考虑风险，明确基金产生风险调整后的超额收益的能力。风险调整后的超额收益有正负之分，基金产生正的风险调整后的超额收益的能力是衡量基金管理人的投资管理能力最重要的指标，正的风险调整后的超额收益也是主动管理型基金为投资者创造经济效益的终极体现。在进行综合业绩度量时，应考查投资过程的以下方面：一是资产配置；二是主要资产类别的权重变化；三是在各资产类别中的证券选择。此外，还要考查基金长期的投资风格、风险偏好和基金的市场定位，评估基金管理人是否具有战略性投资理念，绩效是否具有可持续性。

(三) 基金管理规模

基金存在一些固定成本，如研究费用和信息获得费用等。与小规模基金相比，规模较大的基金的平均固定成本更低。同时，规模较大的基金可以有效减少非系统性风险。但是基金规模过大，对可选择的投资对象、被投资股票的流动性等都有不利影响。此外，基金管理规模会影响基金管理人的投资行为，进而影响基金业绩，因而在基金业绩评价过程中应考虑基金管理规模，分析比较规模加权的基金收益率。

(四) 时间区间

在不同时期，经济、政治等因素会导致证券价格存在很大的差距，这就使得同一基金在不同时间区间的表现可能产生很大差距，因而不具有可比性，而不同基金在不同时间区间的收益和风险更加不具有可比性，因此，基金业绩评价需要考虑时间区间。

第二节　基金业绩度量

一、绝对收益

基金业绩评价的首要步骤是计算基金投资收益率。绝对收益是指在一定时间区间已经实现的投资回报，它度量的是投资的增值或贬值，常用百分比来表示收益率。绝对收益的计算涉及如下指标。

(一) 持有区间收益率

投资者购买投资产品，关心的是在持有期间获得的收益率。持有区间收益率是投资综合收益率，通常包含两部分，即资产回报率和收入回报率。资产回报是指资产价格的上升或下降，收入回报包括分红、利息等，相关的计算公式为

$$资产回报率 = \frac{期末资产价格 - 期初资产价格}{期初资产价格} \times 100\%$$

$$收入回报率 = \frac{期间收入}{期初资产价格} \times 100\%$$

(二) 现金流和时间加权收益率

股票红利应在持有区间末发放，因此，持有区间收益率的计算方法较为简单。现实中，计算基金持有区间收益率需要考虑更为复杂的情况，一是基金包含的证券发放红利或利息的时间都不一样；二是基金投资者在持有区间会进行申购和赎回，这会带来更多的现金流出或流入。

以上两种情况使得基金在期末和期初之间有现金流产生，可以通过定义现金流入和流出计算每个时间段的收益率，然后计算整个区间的投资收益率。这种在现金流出或流入的情况下剔除资金额增减变化的影响以后计算的收益率即为时间加权平均收益率(time-weighted rate of return，TWR)。具体是指以现金流进流出的时间为节点划分单位时间期间，在每个单位时间期间计算其金额加权收益率后，计算整个时间期间收益率的几何平均数。它考虑了资金的时间价值，运用了复利思想，类似几何平均收益率。值得注意的是，每个区间的期末资产净值为对应时间节点现金流发生前的资产净值，期初资产净值为对应时间节点现金流发生后的资产净值。以上过程可表示为

$$R=(1+R_1)\times(1+R_2)\times\cdots\times(1+R_n)-1=\prod_{t=1}^{n}(1+R_t)-1 \tag{15-1}$$

式中：R_t表示第t个时间段的收益率。

该方法将收益率计算区间分为子区间，每个子区间可以是一天、一周、一个月等。每个子区间以现金流发生的时间划分，将每个区间的收益率以几何平均的方式相连接，这样基金的申购和赎回以及分红等资金进出不会影响收益率的计算。

(三) 平均收益率

在衡量和比较不同基金的多期收益率时，常常会用到平均收益率指标。平均收益率一般可以分为算术平均收益率和几何平均收益率。其中，算术平均收益率即计算各期收益率的算术平均值。算术平均收益率(R_A)的计算公式为

$$R_A=\frac{\sum_{t=1}^{n}R_t}{n}\times100\% \tag{15-2}$$

式中：R_t表示t期收益率；n表示期数。

几何平均收益率(R_G)的计算公式为

$$(1+R_G)^n=(1+R_1)\times(1+R_2)\times\cdots\times(1+R_n)$$

$$R_G=\left(\sqrt[n]{\prod_{i=1}^{n}(1+R_i)}-1\right)\times100\% \tag{15-3}$$

知识链接
货币的时间价值

与算术平均收益率不同，几何平均收益率运用了复利的思想，即考虑了货币的时间价值，这一点与上文提到的时间加权收益率类似。

> ■ **思考**
>
> 算术平均收益率、几何平均收益率、时间加权收益率有怎样的关联？
>
> **提示：**
>
> 算术平均收益率大于几何平均收益率，两者之差随收益率波动加剧而增大。
>
> 几何平均收益率与时间加权收益率都运用了复利的思想，不同的是，前者要开 n 次方，后者不开 n 次方。这意味着几何平均收益率计算的是投资在 n 期内的平均收益率，时间加权收益率计算的是投资在 n 期内所获得的总收益率。
>
> 几何平均收益率是通过对时间进行加权来衡量收益情况的，克服了算术平均收益率会出现的上偏倾向，因此更能反映真实收益情况。

【案例分析】

某基金份额净值在第一年初为100元，到了年末达到150元，但时隔一年，在第二年末又跌回100元。假定在此期间基金没有分红，第一年的收益率为50%，计算式为 $R_1=(150-100)/1\times100\%=50\%$；第二年的收益率为 -33.3%，计算式为 $R_2=(100-150)/150\times100\%=-33.3\%$。

如果按照算术平均收益率来计算，这两年的平均收益率为8.35%，计算式为 $R_A=(50\%-33.3\%)/2\times100\%=8.35\%$；如果按照几何平均收益率来计算，则平均收益率为0，计算式为 $R_G=\{[1+50\%)\times(-33.3\%)]^{\frac{1}{2}}-1\}\times100=0$。

实际上，尽管投资者进行了两年投资，但他的实际财富从数值上来看并未发生任何变化，其净收益为0。此时，几何平均收益率才能反映其真实收益情况。

(四) 基金收益率的计算

基金收益一般包括两部分：一部分是资本利得，即基金资产在二级市场上利用证券价格波动获得的买卖价差；另一部分是基金资产在评估期间所获取的利息、红利等收益。由于基金单位资产净值不受基金份额申购和赎回的影响，基金收益率一般基于基金资产净值来计算。

基金资产净值是基金总资产减去总负债后的余额，与公司账面价值(权益)的概念相似。公募基金的资产净值通常以基金单位资产净值的形式公布，也称份额净值，其计算公式为

$$期末基金单位资产净值=\frac{期末基金资产净值}{期末基金单价总份额}$$

与基金资产净值不同，利用基金单位资产净值计算收益率只需考虑分红。假定红利发放后立即对本基金进行再投资，且红利以除息前一日的单位资产净值为计算基准立即进行再投资，分别计算每次分红期间的分段收益率，考查期间的时间加权收益率可通过分段收益率连乘求得，相关的计算公式为

$$R=[(1+R_1) \times (1+R_2) \times (1+R_3) \times \cdots \times (1+R_n)-1] \times 100\%$$

$$=\left(\frac{\text{NAV}_1}{\text{NAV}_0} \times \frac{\text{NAV}_2}{\text{NAV}_1-D_1} \times \cdots \times \frac{\text{NAV}_{n-1}}{\text{NAV}_{n-2}-D_{n-2}} \times \frac{\text{NAV}_n}{\text{NAV}_{n-1}-D_{n-1}} - 1\right) \quad (15\text{-}4)$$

式中：R_1表示第一次分红前的收益率，R_2表示第一次分红后到第二次分红前的收益率，以此类推；NAV_0表示期初份额净值；NAV_1，$\cdots$，NAV_{n-1}分别表示各期除息日前一日的份额净值；NAV_n表示期末份额净值；D_1，D_2，$\cdots$，D_n分别表示各期份额分红。

以上计算方法的假设前提之一，是红利以除息前一日的单位资产净值减去每份基金分红后的单位资产净值为计算基准立即进行了再投资。在实际操作中，基金往往规定红利以除息日的单位资产净值为计算基准确定再投资份额。

二、相对收益

基金的相对收益又称超额收益(excess return)，代表一定时间区间内基金收益超出业绩比较基准的部分。从广义来说，相对收益的概念也涵盖主动收益(active return，表现为直接差额形式)、阿尔法收益(alpha return，表现为回归形式)等。投资者和基金管理公司可以根据基金特征选择适当的指数作为业绩比较基准，进而评估基金的相对收益。

相对收益可以采用算术法(arithmetic method)与几何法(geometric method)进行计算，相关的计算公式为

$$\text{ER}_a = R_p - R_b \quad (15\text{-}5)$$

$$\text{ER}_g = \frac{R_p+1}{R_b+1} - 1 \quad (15\text{-}6)$$

式中：ER_a表示采用算术法计算的相对收益；ER_g表示采用几何法计算的相对收益；R_p表示基金收益；R_b表示基准收益。

两种方法的计算结果可能不同，采用算术法计算的相对收益较为直观，应用也更为广泛。

业绩比较基准是衡量基金投资绩效的重要标准，可以帮助投资者评估基金经理的投资能力和表现。不同类型的基金对应不同的基准，选择与基金类型和投资策略相对应的业绩比较基准，可以更准确地反映基金的表现，帮助投资者更好地评判基金的投资价值。

如何选择业绩比较基准呢？在评价基金业绩的各种模型中，大多会涉及基准组合这一要素。传统的资本资产定价模型和套利定价模型都将基金组合的业绩与选定的基准组合进行对比，度量结果对基准组合的选取比较敏感，而真正的市场组合又根本无法观察，而且不一定能保证其收益率具有均值—方差的有效性，所以度量结果往往存在偏差。

在实际操作中，一般根据投资范围和投资目标选取基准指数，可以是全市场指数、行业指数、风格指数，也可以是由不同指数复合而成的复合指数。如果基金的目标是投资特定市场或特定行业，就可以选取该市场或行业指数作为业绩比较基准。混合型基金

通常选取几个指数的组合作为基金业绩比较基准,例如,沪深300指数×65%、中证全债指数×35%。

三、风险调整后收益

20世纪60年代以前,评价基金业绩时主要采取基金单位净资产和基金投资收益率这两个指标,但收益率的高低总是相对的,因此应对基金资产组合的风险进行系统和合理的量化分析。马科维茨投资组合理论提供了精确测量证券投资组合收益和风险的手段,在此基础上,建立了风险调整后的收益评估方法,构成了现代基金业绩评价理论的核心。

下面介绍几种常用的风险调整后收益指标。

(一) 夏普比率

夏普比率是由诺贝尔经济学奖得主威廉·夏普提出的,是以资本资产定价模型为依据、以资本市场线为基准、以市场组合作为特定组合业绩参照的业绩测度指标。夏普比率是某一时期内投资组合平均超额收益与这个时期收益的标准差之比,即投资组合承担单位风险所获得的超额收益,用公式可表示为

$$S_p = \frac{\overline{R}_p - \overline{R}_f}{\sigma_p} \tag{15-7}$$

式中:S_p表示夏普比率;$\overline{R}_p$表示基金平均收益率;$\overline{R}_f$表示平均无风险收益率;σ_p表示基金收益率的标准差。

基金收益率和无风险收益率应用平均值,这是因为在测度期间两者都是在不断变化的。夏普比率数值越大,表示单位总风险下超额收益率越高。

值得注意的是,当组合超额收益为负数,除以较大(小)的总风险时,夏普比率会得到较小(大)的负数,基金业绩反而变得较佳(差),从而产生错误的评价结论。

【案例分析】

假设当前一年期定期存款利率(无风险收益率)为3%,基金P和证券市场在一段时间内的表现如表15-1所示。

表15-1 基金P和证券市场的平均收益率和标准差

项目	基金P	证券市场(M)
平均收益率/%	35	25
标准差	0.4	0.2

此时,$S_p = \dfrac{35\% - 3\%}{0.4} = 0.80$,$S_M = \dfrac{25\% - 3\%}{0.2} = 1.10$

可见,在风险调整之前,基金P的收益率达到35%,高于市场平均收益率的25%。但

基金P波动性太大，其标准差0.4高于市场的标准差0.2，因此，经风险调整后，基金P的夏普比率低于整个市场水平。由此看来，虽然基金P的平均收益率高于市场水平，但由于P承担了比市场更高的总体风险，P的风险调整后超额收益低于市场水平，即P的绩效低于市场水平。

在夏普比率计算过程中并未涉及业绩比较基准，而是选用市场无风险收益率，因此它是绝对收益率的风险调整分析指标。

(二) 特雷诺比率

特雷诺比率以资本资产定价模型为基础，以证券市场线为基准，以β系数度量风险，表示单位系统性风险下的超额收益率。在风险偏好一定的情况下，较大的比值对应的投资组合对投资者的吸引力更大，计算公式为

$$T_p = \frac{\overline{R}_p - \overline{R}_f}{\beta_p} \tag{15-8}$$

式中：T_p表示特雷诺比率；$\overline{R}_p$表示基金平均收益率；$\overline{R}_f$表示平均无风险收益率；β_p表示系统风险。

【案例分析】

假设最近5年内，市场组合的平均收益率为12%，短期国库券的名义收益率为5%。假设一家大型养老基金公司3位基金经理管理的投资组合业绩如表15-2所示。

表15-2　3位基金经理的业绩表现

投资经理	平均年收益率/%	β值
A	15	1.1
B	10	0.9
C	17	1.2

可以计算出市场组合以及3个投资组合的特雷诺比率为

$$T_m = \frac{0.12 - 0.05}{1} = 0.07 \qquad T_A = \frac{0.15 - 0.05}{1.1} = 0.091$$

$$T_B = \frac{0.10 - 0.05}{0.9} = 0.056 \qquad T_C = \frac{0.17 - 0.05}{1.2} = 0.1$$

结果表明，基金经理B不仅是3位基金经理中业绩最差的，而且其投资组合业绩还低于整体市场投资组合业绩。基金经理A和C都取得了比整体市场投资组合业绩更好的业绩，且基金经理C的业绩要好于基金经理A。就证券市场线而言，基金经理A和基金经理C管理的投资组合的坐标值都位于证券市场线的上方。

与夏普比率一样，当组合超额收益为负数，除以较大(小)的系统风险时，特雷诺比率会得到较小(大)的负数，基金业绩反而变得较佳(差)，从而产生错误的评价结论。

> ■ 思考
>
> 比较特雷诺比率与夏普比率的异同。
>
> 提示：
>
> 特雷诺比率与夏普比率相似，均假定风险与收益之间呈线性关系，区别在于特雷诺比率衡量的是系统性风险，而夏普比率衡量的是总体风险。但对于一个充分分散化的基金组合而言，其总体风险等于系统性风险，因而特雷诺比率等于夏普比率。

(三) 詹森α

詹森α是以资本资产定价模型为基础，以证券市场线为基点发展出的一个风险调整后收益指标，它衡量的是基金组合收益中超过资本资产定价模型预测值的那一部分超额收益，即在证券市场线上方具有相同风险值的那部分投资组合收益，用公式表示为

$$\alpha_p = (\overline{R}_p - \overline{R}_f) - \beta_p (\overline{R}_M - \overline{R}_f)$$

$$= \overline{R}_p - [\overline{R}_f + \beta_p (\overline{R}_M - \overline{R}_f)] \tag{15-9}$$

式中：$\overline{R}_M$ 表示市场平均收益率，其余字母含义同前。

詹森α与特雷诺比率一样，假定投资组合充分分散化，即投资组合的风险仅为系统性风险，用β系数衡量。詹森α仅在相同风险等级的基金群体中可以比较，在不同风险等级的基金群体中不可比较。

当 $\alpha_p = 0$ 时，说明基金组合收益率与处于相同风险水平的市场指数收益率不存在显著差异；当 $\alpha_p > 0$ 时，说明基金表现优于市场指数表现；当 $\alpha_p < 0$ 时，说明基金表现弱于市场指数表现。

夏普比率、特雷诺比率和詹森α的比较

【知识拓展】 特雷诺比率、詹森α与证券市场线的关系

资本资产定价模型是风险调整后收益指标的理论基础。我们使用资本资产定价模型将投资组合收益分解为与市场风险相关的β带来的收益以及超额的α收益。如图15-1所示，证券市场线表示市场风险暴露程度以及与之相对应的收益。詹森α是投资组合收益扣除市场风险暴露部分剩余的收益。特雷诺比率是无风险收益到投资组合收益两点间直线的斜率，反映了承担单位市场风险所获得的超额收益。

风险调整收益计量模型从不同的风险补偿角度对基金收益进行调整，使评价结果兼顾风险和收益两个维度。值得注意的是，上述几个风险调整后收益指标的计算均假定投资组合的风险与收益之间线性相关，并且在整个时间区间内均线性相关。在应用资本资产定价模型进行事后风险调整时，应注意以下几点。

(1) 理论上的无风险收益率(证券市场线中使用的无风险收益率)与实际应用中的国债收益率往往不同。

(2) 没有被普遍接受或使用的完全具有代表性的市场指数。

(3) 证券的波动性会使统计误差变得很大,并对超额收益α的测度造成实质影响。

(4) β系数并不是固定不变的。

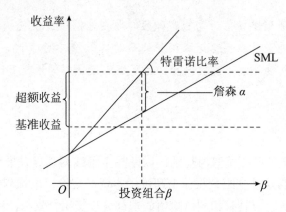

图15-1 特雷诺比率、詹森α与证券市场线的关系

【拓展训练】

5只基金A、B、C、D、E近3年的平均收益率标准差和β系数如表15-3所示。

表15-3 基金收益与风险分析(3年)

基金名称	平均年收益率/%	标准差	β系数
A	35	0.23	1.1
B	20	0.3	1.1
C	17	0.27	1.3
D	25	0.2	0.8
E	28	0.21	0.9
证券市场(M)	18	0.25	1.0
国库券(F)	5		

根据这些数据,可以计算出夏普比率、特雷诺比率和詹森α,结果如表15-4所示。

表15-4 风险调整后基金业绩评估(3年)

基金名称	夏普比率	特雷诺比率	詹森α
A	1.30	0.27	0.16
B	0.50	0.14	0.01
C	0.44	0.09	0.5
D	1.00	0.25	0.05
E	1.10	0.26	0.11
证券市场(M)	0.52	0.13	0

根据表15-4的结果,对3种评价方法进行比较。

夏普比率使用标准差考量总风险,而特雷诺比率仅考虑投资组合的系统性风险。虽然夏普系数法和特雷诺系数法都能给基金业绩排序,但无法明确基金业绩比基准好多少百分比或差多少百分比。

特雷诺系数法、詹森系数法用β系数表示风险。詹森系数法虽不适合给基金业绩排序,但经适当调整后,詹森系数法和特雷诺系数法可以产生相同的业绩排名。

如果基金的非系统性风险完全分散,意味着总体方差等于系统方差,那么3种方法评价的排序会达成一致;当基金没有完全分散非系统性风险时,詹森α和特雷诺比率评价的基金排序高于夏普比率得出的结果。

(四) 信息比率与跟踪误差

信息比率(information ratio,IR)的计算方法与夏普比率类似,但引入了业绩比较基准的因素,因此它是对相对收益率进行风险调整的分析指标,计算用公式为

$$\text{IR} = \frac{\overline{R}_p - \overline{R}_b}{\sigma_{p-b}} \tag{15-10}$$

式中:$\overline{R}_p$表示投资组合平均收益率;$\overline{R}_b$表示业绩比较基准平均收益率,与$\overline{R}_p$之差即为超额收益;σ_{p-b}表示跟踪误差。

信息比率是单位跟踪误差所对应的超额收益。信息比率越大,说明该基金在同样的跟踪误差水平上能获得更大的超额收益,或者在同样的超额收益水平下跟踪误差更小。

第三节 基金绩效归因分析

一、基金绩效分解

基金业绩的来源多种多样,有的源于在牛市阶段较高的股票仓位,有的源于对行业和个股的选择,有的源于对利率变化的把握等。对基金总体业绩的评估并不能反映业绩来源,因此需要对基金业绩进行归因分析。基金绩效归因是评估基金收益来源的技术,回答的是"收益从哪里来"这个问题,主要用于分析基金超额业绩的取得是否归因于基金经理的杰出能力。基金绩效归因分析的第一步是对基金业绩进行分解,具体包括3个方面。

(一) 绝对收益分解

绝对收益分解的本质是对基金总收益的分解,具体考查在特定区间内,每只证券和每个行业如何贡献投资组合的整体收益,即考查各个因素对基金总收益的贡献。假设在考查区间内没有交易行为,每只证券的贡献为自身的收益率乘初始权重,即

$$C_i = \frac{BMV_i}{\sum_{i=1}^{n} BMV_i} \times R_i \tag{15-11}$$

式中：BMV_i表示证券期初市场价格；R表示区间收益率；C表示收益贡献；i表示单个收益贡献因素；n表示贡献因素总数量。

绝对收益分解通过分析每个证券和行业的贡献，提供了一种了解投资组合收益来源的直观方式，可帮助投资者和基金管理者更好地理解基金的表现。绝对收益分解广泛应用于基金业绩评价中，特别适用于对主动管理能力的评判。

(二) 相对收益分解

相对收益分解的目的是通过分析基金与业绩比较基准在资产配置、证券选择等方面的差异，找出基金跑赢或跑输业绩比较基准的原因。

对基金业绩进行相对收益分解时，常使用Brinson模型。该模型将基金的超额收益主要归因于资产配置效率与证券选择效率两个方面。资产配置效应是指把资金配置在特定的行业子行业或其他投资组合子集带来的超额收益，而证券选择效应是指挑选证券带来的超额收益。

Brinson模型有两种超额收益分解方案，即Brinson-Hood-Beebower(BHB)方案和Brinson-Fachler(BF)方案。下面以BHB方案为例进行分析。

BHB方案通过构建虚拟组合，将超额收益分解为选择收益、配置收益和交互收益。BHB方案在计算配置收益时，采取对标的资产基准收益扣减基准组合整体收益的操作，将超额收益分解为选择收益和配置收益。

在一个持有期内，设w_i^P和w_i^B分别表示第i项资产在基金组合和基准组合中的权重，r_i^P和r_i^B分别表示第i项资产在基金组合和基准组合中的收益率，那么基金组合和基准组合的收益率为

$$R^P = \sum w_i^P r_i^P \tag{15-12}$$

$$R^B = \sum w_i^B r_i^B \tag{15-13}$$

下面，从资产配置与标的资产选择两个维度对基金组合和基准组合的超额收益进行分解。

对于资产配置，基金经理的目标是增持表现良好的资产、减持表现不好的资产，那么在持有基准组合中的资产类别不变的情况下(收益率为r_i^B)，基金组合通过改变基准组合中各类资产权重(权重为w_i^P)而构造的虚拟组合的收益率，反映的是仅做资产配置而不做标的资产选择时的组合收益率，记作R^A，那么

$$R^A = \sum w_i^P r_i^B \tag{15-14}$$

资产配置行为产生的超过基准组合的收益，体现了基金组合在各类资产间的配置能力，称之为配置收益，记作AR，那么

$$AR = R^A - R^B = \sum (w_i^P - w_i^B) r_i^B \tag{15-15}$$

在保持基准组合中各类资产权重不变的情况下(权重为w_i^B)，基金组合通过选择具体的标的资产(收益率为r_i^P)而构造的虚拟组合的收益率，反映的是仅做标的资产选择而不做资产配置的收益率，记作R^S，那么

$$R^S = \sum w_i^B r_i^P \tag{15-16}$$

证券选择行为产生的超过基准组合的收益，体现了基金组合在各类资产间的标的选择能力，称之为选择收益，记作SR，那么

$$SR = R^S - R^B = \sum w_i^B (r_i^P - r_i^B) \tag{15-17}$$

(三) 风险调整收益分解

投资绩效归因评估主要分析基金超额业绩的取得是否应归因于基金管理人的杰出能力。西方学者早在1966年就开始对此进行深入的理论研究，基本研究思路是采用传统的资本资产定价模型作为基准和出发点，将基金经理投资基金的择时能力和选股能力明确分离和准确量化，然后进行相关评估和能力分析。

法玛(Fama, 1972)提出了风险调整回报率方法的详细分析框架，分解技术的基础是假定总业绩源于风险承受能力和证券选择能力，他将詹森超额收益分解为

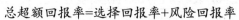

总超额回报率=选择回报率+风险回报率

公式为

$$TR = R_p - R_f = [R_p - \beta_p R_x] + [\beta_p R_x - R_f] \tag{15-18}$$

式中：R_p表示基金组合收益；R_f表示无风险组合收益；R_x表示市场基准组合收益；β_p表示基金组合风险；$R_p - R_f$衡量了詹森超额收益；$TR = [R_p - \beta_p R_x]$衡量了证券选择能力，$RP = [\beta_p R_x - R_f]$表示基金预期应有的超额收益率，衡量了风险承受能力。

法玛进一步将风险承受能力分解为投资者承受风险的能力和基金经理承受风险的能力；将证券选择能力进一步分解为净选择能力和分散化能力。最后，根据计算出来的各个指标进行基金间的横向比较，从而反映基金管理人投资才能的高低。

二、基金选股和择时能力分析

基金业绩评价是对基金投资管理能力的评价，并尽可能区分运气与能力的影响，因为只有能力驱动的业绩才是可持续的。对于基金投资组合而言，投资管理的三大根本能力为风险管理能力、证券选择能力和时机选择能力。投资组合管理的首要任务是风险

管理，即在控制风险的基础上创造稳定、可持续的超额收益，而超额收益主要源于证券选择和时机选择。法玛认为，基金业绩可以通过两种预测能力进行分析：一是"微观预测"能力，指相对于股票市场整体而言，预测个股的价格走势的能力；二是"宏观预测"能力，指预测整个股票市场的总体价格走势的能力。通常前者称为证券选择能力，后者称为市场时机选择能力。

评价证券选择能力，主要看基金经理能否识别那些相对于整个市场而言被低估或高估的证券产生额外收益的能力。在资本资产定价模型下，主要体现为基金经理能否识别那些期望收益明显偏离证券市场线的股票，并预测与股票收益相关的非系统性因素或具体股票的特征因素。

评价时机选择能力，主要看基金经理能否根据对市场走势的估计，即估计什么时候出现牛市、什么时候出现熊市，来调整基金资产行业或证券配置，以增加或降低对市场的敏感度，进而跑赢基金基准、创造超额收益。当基金经理预计市场行情上升时，会选择β值相对较大的证券组合；当基金经理预计市场行情将下跌时，会选择β值相对较小的证券组合。

以此思路为基础衍生出众多理论模型，应用较为广泛的有特雷诺和玛泽的T-M模型、亨里克森和莫顿的H-M模型、查恩和莱维伦的C-L模型，如表15-5所示。

表15-5 对基金经理市场时机把握能力进行检验的主要模型

模型名称	模型结构	研究者	时间
T-M模型	$R_p - r_f = \alpha + \beta_1(R_m - r_f) + \beta_2(R_m - r_f)^2 + \varepsilon_p$ 如果β_2在统计上显著大于0，表明基金存在时机选择能力	Treynor Mazuy	1966
H-M模型	$R_p - r_f = \alpha + \beta_1(R_m - r_f) + \beta_2(R_m - r_f)^2 D + \varepsilon_p$ D是虚拟变量，当$R_m - r_f > 0$时，$D=1$，否则$D=0$。如果β_2在统计上显著大于0，表明基金存在时机选择能力	Henriksson Merton	1981
C-L模型	$R_p - r_f = \alpha + \beta_1 \min(0, R_m - r_f) + \beta_2 \max(0, R_m - r_f) + \varepsilon_p$ 其中，β_1、β_2分别表示空头市场与多头市场下的β系数，当$\beta_2 - \beta_1 > 0$时，表示基金经理人存在择时能力	Chang Lewellen	1984

特雷诺和玛泽(Treynor & Mazuy, 1966)首先对基金经理的时机选择能力进行了计量分析，他们认为，具备择时能力的基金经理应能预测市场走势，并能进行相应的资产调整。根据调整后的组合收益波动情况与市场收益波动情况的关系特征(呈现直线、折线或是曲线)，可以判断基金经理是否持续跑赢了市场。

亨里克森和莫顿(Henriksson & Merton, 1981)提出了另一种相似但更简单的方法对基金的证券选择和时机选择能力进行分析。他们引入了一个虚拟变量，认为具有择时能力的基金经理能预测市场收益与危机收益之间的差异大小，然后根据这种差异，将资金有效率地分配于证券市场，并且可以预先调整资金配置，以减少市场收益低于无危机收益时的损失。

查恩和莱维伦(Chang & Lewellen, 1984)对H-M模型进行了改进，根据市场买卖盘的强弱引进双β概念，通过比较两个β差值的大小，判断基金的择时能力。这个模型相比前两个模型具有更强的适用性。

上述模型中的α都表示基金经理的证券选择能力,均通过检验组合β值变动的有效性来判断基金经理的时机选择能力。如果基金经理不进行市场时机选择操作,仅采取证券选择操作,投资组合的β值应该是稳定的;如果基金经理能够成功地预测市场走势,并据此进行时机选择操作,投资组合的β值应该是变动的。

第四节 基金业绩持续性和风格分析

一、基金业绩持续性分析

基金业绩持续性是指基金在一个时期内业绩是否连贯和保持一致性,即前期业绩较好的基金在未来一段时间内的业绩是否也会相对较好,而前期业绩较差的基金在未来一段时间内的业绩是否也会相对较差。基金业绩持续性分析着眼于对基金过去的表现与未来的表现之间关系的研究,也就是对基金业绩是否具有可预测性的研究。

早在夏普和詹森提出基金业绩分析指标之前,有关基金业绩持续性的分析就已经开展了。国外对基金业绩持续性的实证研究成果较多,常用的研究方法主要有以下3种。

(一) 基于基金输赢变化的或然表法

或然表实际上是一种简单的概率分布表,它是一种对所有样本基金整体业绩的长期持续性进行检验的方法。对于同一只基金前后两期的业绩变化,可以用"输—赢""输—输""赢—输""赢—赢"来表示。如果或然表中上述4个概率相等,说明基金业绩不存在持续性;如果或然表中"赢—赢"概率大于"赢—输"概率、"输—输"概率大于"输—赢"概率,说明基金业绩存在持续性。

(二) 基金收益率排序的 Spearman 等级相关系数检验法

Spearman 等级相关系数检验法将基金前后期的业绩进行排序,用 Speaman 等级相关系数检验前后期基金业绩排名顺序是否发生变化。如果特定基金的业绩在基金整体中的排名在前后期保持稳定的水平,表明该基金的业绩具有持续性。

(三) 基金收益序列的自相关检验法

自相关检验法主要通过检验基金超额收益序列的自相关是否显著,来对基金业绩的持续性进行检验。当各阶自相关系数都为正时,可认为基金的绝对业绩具有持续性。

二、基金投资风格检验方法

基金投资风格分析被广泛认为具有价值和适用性,是对基金业绩进行评价的前提。基金投资风格分析是进一步挖掘基金信息(或者对繁杂的信息进行归纳总结)的过程,以便分析基金业绩的来源,从而评估基金未来业绩的可持续性。识别基金投资风格的方法有事前分析和事后分析两种。事前分析是根据基金招募说明书中的投资目标和投资策略来确定基金的投资风格;事后分析是根据基金在实际运作期间表现的特征来识别投资风格,具体又可以分为两种方法,一种方法是基于持仓(holdings-based)的风格分析,另外一种方法是基于净值(return-based)的风格分析。学术界及业界的研究和应用主要集中于事后分析。

(一) 基于持仓的风格分析

基于持仓的风格分析是指从基金的持仓出发,对持仓的标的和结构进行分析,归纳并总结持仓的特点。这种方法的优点在于直截了当,不需要复杂的算法和模型,仅通过单一的证券分类,并按照统一的框架来确定风格特征,就能准确地分析基金的持仓风格以及风格漂移的情况;缺点是要求比较高,首先要获取持仓数据,其次需要对投资标的建立风格模型,数据的实时性较差且收集成本较高。该方法适用于专户投资的风格分析。在实践中,这种方法被基金公司和评估机构广泛采用。

(二) 基于净值的风格分析

基于净值的风格分析是指从基金的净值出发,通过构造因子指标等解释变量以及构建计量模型来推断基金对于各因子的风格暴露和风格漂移的情况。这种方法的优点在于对数据要求不高,模型维护成本较低;缺点是随机性比较强,容易造成分析结果不准确的情况。理论上净值已经涵盖基金操作的所有信息,但是想要拆分出风格确实不容易。该方法适用于分析公募基金、私募基金、养老金产品等持仓信息不容易获取的基金产品。

除此之外,一些学者运用数学规划、神经网络、混沌理论等提出了许多全新的基金业绩评价方法,但是由于这些方法需要运用较深的数理知识,且评价结果较为抽象不易理解,难以为人们所接受。至今,传统的基金业绩评价指标仍然较为流行并被广泛使用。

第五节 基金业绩评价体系

一、国内基金业绩评价业务介绍

随着基金行业的发展,基金产品不断增多,基金规模不断扩大,基金组合投资策略不断丰富，同时，由于低成本、高效率投资的优势，基金成为越来越多个人投资者和机构投资者参与资本市场的媒介。在此背景下，基金业绩评价和研究成为基金行业不可或缺的环节，基金产品评价服务渐成规模，在帮助投资者选择基金以及鞭策基金管理人遵照契约、主动提升投资管理能力方面的影响也日渐加深。

目前，国内基金市场上的评价机构分为外资基金评价机构和内资基金评价机构。2010年5月，中国证券业协会公布了第一批具有协会会员资格的10家基金评价机构名单。其中，证券投资咨询机构及独立基金评价机构有3家，分别是晨星资讯(深圳)有限公司、天相投资顾问有限公司、北京济安金信科技有限公司；证券公司有4家，分别是中国银河证券股份有限公司、海通证券股份有限公司、招商证券股份有限公司、上海证券有限责任公司；基金评奖媒体有3家，分别是中国证券报社、上海证券报社和深圳证券时报社有限公司。

基金业绩评价包括基金分类、评价指标计算、评价结果分析及发布等多个环节，经过多年的发展和实践，国内外基金评价机构已经形成各具特色、各有侧重的基金业绩评价方法体系。

二、国外主流基金业绩评价框架

下面以晨星评价体系为例进行说明。成立于1984年的晨星公司(Morningstar，Inc)是美国著名的基金评级公司，是最具影响力的基金评价机构，其基金评价体系在国际上也是较为成功的。晨星(中国)将基金评价的成熟理念、方法和经验引入国内市场，推动了中国基金业的成长。

(一) 基金分类

对基金进行分类是晨星评级的基础，晨星基金分类(Morningstar category)以基金投资组合分析为基础，而不是只参照基金名称或招募说明书中关于投资范围和投资比例的描述，即采用定性分析和定量分析相结合的方法。该方法多年来不断发展完善，为投资人挑选基金、认识基金风险以及构建基金组合提供了支持，并成为行业标准。

(二) 衡量基金收益的方法

晨星评价体系衡量基金收益的方法包括：对基金季度收益率情况以及全年收益率情况进行比较；对基金买卖可能发生的费用、税收进行校正；与各种市场指数进行比较；与同类型基金进行比较并排名等。

(三) 计算基金的风险调整后收益

晨星评价体系建立在风险调整后收益的基础之上。不同的理论体系对"风险调整后收益"的理解是不同的，计算方法也不同。一种方法是先利用杠杆调整两只基金的风险水平,再对两者进行比较;另一种方法以投资人风险偏好为基础,认为投资人喜欢高收益而厌恶风险,不考虑风险和收益是如何结合的。晨星评价体系关注投资人的风险偏好,根据每只基金在计算期间月度回报率的波动程度,尤其是下行波动的情况,以"惩罚风险"的方式对基金回报率进行调整。

(四) 采用星级评价的方式

晨星公司于1985年首次推出晨星星级评价(Morningstar rating)体系,借助星级评价的方式,协助投资人分析每只基金在同类基金中的过往业绩表现。随着市场的发展,投资人改变了投资方式,由最初投资一两只基金到选择多只基金构建投资组合,这意味着基金评级需要在更加细化的分类中进行。为此,1996年,晨星公司引入分类星级评价方法(category rating),对基金进一步细分。新的评价体系以期望效用理论为基础衡量基金的风险调整后收益,体现基金各月度业绩表现的波动变化,更加注重反映基金资产的下行波动风险。

晨星公司根据风险调整后收益指标,对不同类别的基金分别进行评级,将基金划分为5个星级。晨星星级代表投资产品的风险评估等级,从高到低依次为五星级、四星级、三星级、二星级和一星级。一般来说,晨星公司以最近3年的星级为标准评定基金级别,时间低于3年的基金不予评级。晨星把每只具备3年以上业绩数据的基金归类,在同类基金中,按照"晨星风险调整后收益"指标(Morningstar risk-adjusted return)对基金由大到小进行排序:前10%被评为五星级;接下来的22.5%被评为四星级;中间的35%被评为三星级;随后的22.5%被评为二星级;最后的10%被评为一星级。在具体确定每个星级的基金数量时,采用四舍五入的方法。晨星公司提供基金3年、5年和10年评级结果,并将在下阶段推出综合评级。晨星公司还会根据所有历史时期的基金星级情况,计算历史星级平均数。根据《华尔街日报》的调查,投资者集中投资被晨星公司评为四星级、五星级的基金(三星级以下的基金完全是资金净流出的)。另外,基金在行销过程中需要借助晨星评级来提升市场知名度和影响力,晨星评级结果也是国外基金广告行销中需要刊载的内容。

习题

参考文献

[1] CFA Institute. CFA Program Curriculum Level I Volume 4[M]. New York：Wiley，2016.

[2] CFA Institute. CFA Program Curriculum Level II Volume 6[M]. New York：Wiley，2016.

[3] 中国证券业协会. 证券市场基础知识[M]. 北京：中国财政经济出版社，2011.

[4] 中国证券投资基金业协会. 证券投资基金(上册)[M]. 2版. 北京：高等教育出版社，2017.

[5] 中国证券投资基金业协会. 证券投资基金(下册)[M]. 2版. 北京：高等教育出版社，2017.

[6] 李心丹. 行为金融学：理论及中国的证据[M]. 上海：三联书店，2004.

[7] 张晓辉，吕鹰飞. 金融学基础[M]. 北京：中国财政经济出版社，2023.

[8] 李学峰. 证券投资基金管理[M]. 北京：首都经济贸易大学出版社，2023.

[9] 尹海英，姜丽凡. 投资银行业务[M]. 北京：清华大学出版社，2021.

[10] 中国人民银行调查统计司. 2023年第四季度城镇储户问卷调查报告[R]. 北京：中国人民银行，2024.

[11] 中国证券业协会. 证券市场基本法律法规[M]. 北京：中国财政经济出版社，2023.

[12] 中国证券投资基金业协会. 中国证券投资基金业年报2023[M]. 北京：中国财政经济出版社，2023.

[13] 李艳萍. 探析沪港通对人民币国际化进程的推动作用[J]. 中国经贸，2014(10).

[14] 叶俊英. 欧盟的证券投资基金立法探究[J]. 证券市场导报，2003(3).

[15] 中国证券监督管理委员会. 欧盟另类投资基金管理人指令[M]. 北京：法律出版社，2013.

[16] 巴曙松. 中国QDII与QFII基金发展状况评估与展望[Z]. 中国金融四十人论坛，2010.

[17] 晨星(中国)研究中心. 晨星中国基金评级概要说明[Z]. 2021.